Sammlung Außerdeutscher Strafgesetzbücher
in deutscher Übersetzung

Herausgegeben von
Professor Dr. Hans-Heinrich Jescheck,
Direktor des Instituts für ausländisches und internationales Strafrecht
an der Universität Freiburg i. Br.
und Professor Dr. Gerhard Kielwein, Saarbrücken

LXXII.

Das Cubanische Gesetzbuch der Sozialen Verteidigung

Berlin 1957

Walter de Gruyter & Co.

vormals G. J. Göschen'sche Verlagshandlung · J. Guttentag, Verlagsbuchhandlung · Georg Reimer · Karl J. Trübner · Veit & Comp.

Das Cubanische Gesetzbuch der Sozialen Verteidigung

vom 4. April 1936
(in Kraft seit dem 9. Oktober 1938)

Übersetzt und mit einer Einleitung versehen
von
Dr. iur. Günter Blau
Landgerichtsrat in Hannover

Gedruckt mit Unterstützung der Gesellschaft für Rechtsvergleichung

Berlin 1957

Walter de Gruyter & Co.

vormals G. J. Göschen'sche Verlagshandlung · J. Guttentag, Verlagsbuchhandlung · Georg Reimer · Karl J. Trübner · Veit & Comp.

Archiv-Nr. 246357/72
Satz und Druck: Thormann & Goetsch · Berlin-Neukölln

Inhaltsverzeichnis

Gesetzbuch der sozialen Verteidigung

ERSTES BUCH

Allgemeiner Teil

ZWEITES BUCH
Von den Straftaten

DRITTES BUCH

Von den Übertretungen

VIERTES BUCH

Von den sichernden Maßregeln

Einleitung

Bis zum Jahre 1938 galt in Cuba das noch während der Zugehörigkeit der Insel zu Spanien durch königlich spanisches Dekret vom 23. Mai 1879 in Kraft gesetzte spanische Strafgesetzbuch vom 17. Juni 1870. Dieses Gesetz stellte nur eine Neufassung des bereits im Jahre 1850 einmal geänderten spanischen Strafgesetzbuches von 1848 dar, das seinerseits auf den Napoleonischen Codex von 1819 und den französischen Code pénal von 1810 zurückging. Es handelte sich also um ein in vieler Hinsicht veraltetes Gesetz, das den um die Wende vom 19. zum 20. Jahrhundert aus Europa nach Iberoamerika einströmenden vielfältigen dogmatischen und kriminalpolitischen Reformideen — trotz lebhafter Novellengesetzgebung, die nach Erlangung der Unabhängigkeit vom spanischen Mutterland einsetzte, — nicht mehr angepaßt werden konnte.

Diese neuen Lehren — die Anthropologie Lombrosos, die soziologische Strafrechtsdoktrin Enrico Ferris und Garófalos, die kriminalpolitische Richtung eines Adolphe Prins und Franz von Liszt, die kühnen Entwürfe eines Carl Stooss, der Pragmatismus Saldañas und die Normentheorie Bindings — beschäftigten indessen die für Strafrechtsprobleme von jeher besonders aufgeschlossenen lateinamerikanischen Kriminalisten, nicht zuletzt diejenigen Cubas, welche durch die lange koloniale Abhängigkeit der Insel von Spanien einen womöglich noch innigeren Kontakt mit den europäischen Geistesströmungen hatten, aufs lebhafteste[1]).

So konnte es nicht ausbleiben, daß schon bald nach der Jahrhundertwende amtliche und nichtamtliche Versuche unternommen wurden, den antiquierten código penal von 1879 durch ein dem Zeitgeist besser entsprechendes Strafgesetz zu ersetzen.

Nach einem wenig originalen und bald in Vergessenheit geratenen ersten Entwurf aus dem Jahre 1903 gewann der mit dem Namen des Habaneser Strafrechtslehrers *Gonzalez Lanúza* verbundene, in den Jahren 1908—1910 entstandene Entwurf größere Bedeutung. Der souveräne Kenner lateinamerikanischer Strafrechtsentwicklung *Luis Jiménez de Asúa*[2]) zählt ihn zu den Vorläufern des geltenden código de defensa social[3]). Der Entwurf lehnt sich aufgrund einer etwas einseitigen Animosität seines Autors gegenüber allem, was mit Spanien zusammenhing, — dessen Joch man gerade abgeschüttelt hatte! —, an das damals geltende italienische Strafgesetzbuch von 1889, den codice Zanardelli, an. Seine „Modernität" ist daher begrenzt. Er steht noch ganz auf dem Boden des klassischen Vergeltungsstrafrechts. Sichernde Maßregeln sieht der Entwurf — wenn man von dem schon im damals geltenden cubanischen

---

[1]) Über den Einfluß europäischer Strafrechtstheorien auf die lateinamerikanische Lehre und Strafgesetzgebung vgl. eingehend meinen „Gefährlichkeitsbegriff und sichernde Maßregeln im iberoamerikanischen Strafrecht", Bonn 1951 S. 31 ff.

[2]) Vgl. über ihn die oben Anm. 1 genannte Schrift S. 60 ff sowie meine Rezension ZStW Bd. 66 (1954) S. 297 ff., Bd. 69 (1957) S. 178 ff.

[3]) Tratado de derecho penal, tomo I, Buenos Aires 1950, S. 1018.

código penal vorgesehenen „manicomio“ (Irrenanstalt) oder „asilo“ (Asyl) für Geisteskranke absieht — nicht vor.

Erst nach dem ersten Weltkrieg erhielt die zeitweise eingeschlafene Reformbewegung wieder Auftrieb — vor allem im Zusammenhang mit der in den romanischen Ländern stark beachteten Spätblüte des italienischen Positivismus, der „scuola positiva“, die unter der Federführung Ferris den berühmten Entwurf für den Allgemeinen Teil eines italienischen Strafgesetzbuches, den „Progetto 1921“, hervorbrachte[4]).

Dieser Progetto 1921 inspirierte in Cuba Moisés Vieites und Fernando Ortiz in den Jahren 1922, 1926 und 1928 zu kühnen Entwürfen, die immer Marksteine innerhalb der Entwicklung der „scuola positiva“ sein werden, wegen ihrer doktrinären Überspitzung und technischen Mängel aber keine Aussicht auf Verwirklichung durch den cubanischen Gesetzgeber hatten. Ich habe die Entwürfe Ortiz und Vieites an anderer Stelle[5]) eingehend behandelt. Einige Hinweise auf ihre Besonderheiten mögen daher hier genügen:

Die beiden Entwürfe des Kriminalisten *Vieites* zu einem „Codex zum Schutz der Gesellschaft“ („Codigo Protector de la sociedad“) — von denen der zweite zunächst in französischer Übersetzung veröffentlicht wurde[6]) — wandten den positivistischen Grundsatz von der Gefährlichkeit des Täters als einzigem Anknüpfungspunkt für strafrechtliche Reaktionen so kompromißlos an, daß sie auf tatbezogene Strafdrohungen überhaupt verzichteten. Die Verbotsnormen und der Katalog der Sanktionsarten stehen unverbunden nebeneinander. Vom Richter wird erwartet, daß er bei Straffälligkeit oder „praedeliktualer“ Gefährlichkeit eines Individuums diejenige der im Gesetz bezeichneten Maßregeln verhängt, die den persönlichen Umständen des Betreffenden, seiner spezifischen Behandlungsbedürftigkeit, am besten Rechnung trägt. Die Entwürfe von Vieites fallen ferner dadurch aus dem Rahmen überkommener Strafgesetzgebung, daß sie keinen Allgemeinen Teil aufweisen. Die üblicherweise sonst dort zusammengefaßten allgemeinen Lehren und Begriffsbestimmungen finden sich — ähnlich wie in den Halsgerichtsordnungen des deutschen Mittelalters! — verstreut bei den einzelnen Straftatbeständen. — Die Entwürfe von Moisés Vieites sind seinerzeit in der internationalen Strafrechtsliteratur sehr unterschiedlich bewertet worden. Während der Italiener Tancredo Gatti der fortschrittlichen Originalität des Entwurfes 1928 Anerkennung zollte[7]), bezeichnete Jiménez de Asúa beide Entwürfe als dilettantische „Mißgeburten“ („engendros“)[8]). Immerhin haben sie sicherlich dazu beigetragen, das jetzt geltende „Gesetzbuch der sozialen Verteidigung“ mit positivistischem Gedankengut anzureichern.

Auch der Entwurf *Ortiz* aus dem Jahre 1926 war der Lehre der „scuola positiva“ verpflichtet[9]). Ebenso wie der italienische „Progetto 1921“ bestand er nur aus einem Allgemeinen Teil von 351 (!) mehrfach unter-

---

[4]) Näheres in meinem „Gefährlichkeitsbegriff usw“ a. a. O. S. 46 ff mit weiteren Nachweisen.

[5]) „Gefährlichkeitsbegriff usw.“ a. a. O. S. 142—148.

[6]) Vieites, Projet de Code Pénal, übersetzt von Whitmarsh, Paris 1928.

[7]) Vgl. den Aufsatz „Il nuovo progetto di codice penale cubano“ in La Giustizia Penale Jgg. 1929 fasciculo 10.

[8]) Tratado de Derecho Penal, Tomo I, S. 1009.

teilten Artikeln. Schon diese Weitschweifigkeit empfahl ihn nicht als Modell für eine Strafrechtsreform. Auch dieser Entwurf kennt vorbeugende Maßnahmen gegen „praedeliktuale" Gefährlichkeit, wie sie später in das jetzt geltende Gesetz Eingang fanden. Auch geht er von der für das cubanische Strafrecht typischen Strafbarkeit juristischer Personen aus.

Die folgenden Jahre 1929—1931 waren mit parlamentarischen Debatten über die verschiedenen Entwürfe ausgefüllt. Im Jahre 1930 veröffentlichte *Francisco Fernandez Plá*, Mitglied der Gesetzgebungskommission, den Gegenentwurf eines Strafgesetzbuches, der, obwohl konservativer als die vorangegangenen Entwürfe, doch die soziale Gefährlichkeit als Element der Strafzumessung und Geltungsgrund der sichernden Maßregeln hervorhob. Juristische Personen sollten nach diesem „Anteproyecto" nicht mehr bestraft werden können.

Schließlich übertrug der cubanische Justizminister im Jahre 1931 dem damaligen Staatsanwalt und späteren Richter am Obersten Gerichtshof *Diego Vicente Tejera* die Ausarbeitung eines neuen Strafgesetzentwurfes, welcher der Gesetzgebungskommission als Beratungsgrundlage dienen sollte. Dieser Auftrag verlor jedoch bald darauf infolge der politischen Wirren, die über Cuba hereinbrachen, seine amtliche Legitimation. Ende 1934 legte stattdessen der Präsident des im Verlauf der Umwälzungen neu geschaffenen Staatsrates, *Federico Laredo Brú*, der Regierung eine „Ley de Bases"[10]), einen Grundgesetzentwurf, vor, der die Richtlinien für eine künftige Strafrechtsreform enthielt. Dieser Entwurf wurde der Vorsitzenden einer neu gegründeten Strafrechtskommission *Candita Gomez Calás* vorgelegt, die ihrerseits eine neue Ley de Bases entwarf. Dieses Grundgesetz wurde Arbeitsgrundlage der Kommission, die für jedes der 4 Bücher, in die das neue Strafgesetz unterteilt werden sollte, Referenten mit der Ausarbeitung betraute. Auch *Tejera* wurde zum Referenten bestellt. Er hatte, obwohl sein Auftrag aus dem Jahre 1931 durch den politischen Umsturz im Grunde gegenstandslos geworden war, gleichwohl in mehrjähriger privater Arbeit den Entwurf eines „Codigo de Represión Criminal" von insgesamt 469 Artikeln fertiggestellt, den er jetzt der Kommission zur Annahme empfahl[11]). Dieser Entwurf war fraglos in technischer und systematischer Hinsicht der reifste und ausgewogenste aller bisherigen Entwürfe. Er war auch keineswegs so konservativ, wie der Titel vermuten läßt, bekannte sich vielmehr zu einem zweispurigen System von Strafen und sichernden Maßregeln, das modernen kriminalpolitischen Forderungen und kriminologischen Erkenntnissen weitgehend entsprach.

Gleichwohl wurde der Entwurf Tejera von den Mitgliedern der Kommission verworfen. Tejera zog sich daraufhin aus der Kommission zurück und veröffentlichte seinen Entwurf als Privatarbeit im Jahre 1936[12]).

---

[9]) Eine italienische Übersetzung erschien in der Zeitschrift „Scuola positiva" 1926 S. 397 ff. Vgl. ferner die Besprechung von Ferri ebenda Jhrgg. 1927 S. 382 ff.

[10]) „Bases" sind nach Gatti a. a. O. S. 55 nach iberoamerikanischem Sprachgebrauch in ein System gebrachte Grundsätze, die als Richtlinien für ein neu zu beschließendes Gesetz gedacht sind. Die „Ley de Bases" stellt die Delegation an die Gesetzgebungskommission dar, welche die darin enthaltenen Grundsätze zu beachten hat.

[11]) Über diesen Entwurf vgl. meinen „Gefährlichkeitsbegriff usw." S. 148 ff.

[12]) Erschienen im Verlag Jesús Montero, La Habana.

Schon vor Ausscheiden Tejeras aus der Strafrechtskommission hatte diese die „Ley de Bases" in der von Candita Gomez Calás ausgearbeiteten Fassung öffentlich zur Diskussion gestellt. Zahlreiche Gelehrte und Praktiker des Strafrechts nahmen in der Folgezeit in Gutachten und Denkschriften kritisch dazu Stellung. Erst im Jahre 1935 stellte die Kommission daraufhin den endgültigen Gesetzesentwurf fertig. Ungeachtet der oben mitgeteilten Unterteilung der Kommission in 4 Abteilungen kann vornehmlich *José Augustin Martinez* das Verdienst für sich in Anspruch nehmen, den Büchern I, II und IV des Gesetzes die definitive Fassung verliehen zu haben. Für das die Übertretungen regelnde Buch III zeichnete *Armando M. Raggi* verantwortlich.

Am 4. April 1936 wurde der Entwurf vom Ministerrat gebilligt und wenige Tage später, am 11. April 1936, in der Gaceta Oficial veröffentlicht. Überraschenderweise wurde das Inkrafttreten des Gesetzbuches dann aber doch wieder suspendiert. Ein Gesetz vom 7. Oktober 1936 bestimmte, daß der Código erst nach Ablauf von 2 weiteren Jahren anzuwenden sei. So ist er erst seit dem 9. Oktober 1938 geltendes Recht.

*

Zugleich mit dem Código de Defensa Social wurde ein Vollzugsgesetz, das der bekannte cubanische Kriminologe *Israel Castellános* redigiert hatte, verkündet[13]). Auch dieses Gesetz, das später durch eine Ausführungsverordnung („Reglamento") vom 7. Oktober 1938 erläutert wurde, ist zunächst für 2 Jahre suspendiert worden und dann gemeinsam mit dem Código in Kraft getreten.

Nach diesem Gesetz obliegt einem „Obersten Rat der Sozialen Verteidigung" die Aufsicht über den Vollzug der Freiheitsstrafen und der mit Freiheitsentzug verbundenen sichernden Maßregeln. Dieser Rat setzt sich aus neun planmäßigen und einer Anzahl Honorar-Mitgliedern zusammen. Erstere werden vom Präsidenten der Republik ernannt. Zu ihnen zählen die Inhaber der Lehrstühle für Strafrecht, juristische Anthropologie, gerichtliche Medizin, Psychiatrie und Erziehungswissenschaft an der Universität Habana, je ein Beamter der Staatsanwaltschaft und der rechtsprechenden Gewalt, der Direktor des Zentralinstituts für Strafvollzugsanthropologie und der Generalinspektor des Gefängniswesens. Honorarmitglieder sind stets: ein Vertreter der Akademie der Wissenschaften, ein Mitglied der „Ökonomischen Gesellschaft der Freunde des Landes", ein Mitglied der Rechtsanwaltskammer von Habana, der Leiter der Abteilung Wohlfahrt des Wohlfahrts- und Gesundheitsministeriums, ein Vertreter der zivilen Wohlfahrtsorganisation, ein Mitglied der Strafvollzugsabteilung des Roten Kreuzes, je ein Mitglied des „Lyceum Femenino" von Habana, der Gesellschaft der „Damas Isabelinas" und der Liga „Protección Penal". — Die mitgeteilte Zusammensetzung des obersten Strafvollzugsorgans, bei dem alle bedeutsamen Zuständigkeiten im Bereich des Vollzugswesens liegen, zeugt nicht nur von dem Bestreben, die Probleme des Strafvollzugs von einem unabhängigen Gremium auf wissenschaftlicher Grundlage lösen zu lassen, sondern auch von dem lebhaften, weitverzweigten und vielfach institutionell verankerten Interesse der Cubaner für Fragen des Strafrechts und des Strafvollzugs. — Das Vollzugsgesetz regelt im übrigen die kriminalanthropolo-

---

[13]) Näheres über dieses Gesetz in meinem „Gefährlichkeitsbegriff usw." S. 171 ff.

gische Untersuchung und Klassifizierung der Gefangenen, die Organisation der Strafanstalten, den in 4 Stufen gegliederten Progressivvollzug und das Institut der bedingten Entlassung, deren Überwachung einem weiteren Gremium, den „Officiales de Prueba", anvertraut ist, welche etwa die Funktion unserer Bewährungshelfer ausüben.

*

Von den Gesetzen, welche den Codigo de defensa social in materiellrechtlicher Hinsicht ergänzen, bedarf die *Cubanische Verfassung* aus dem Jahre 1940 besonderer Erwähnung. Es dürfte nicht viel Verfassungsgesetze geben, die ebensoviel strafrechtlich relevante Normen enthalten wie das cubanische. Außer der auch sonst anzutreffenden Habeas-corpus-Garantie und dem Grundsatz „nullum crimen, nulla poena sine lege" finden wir in ihr, ähnlich wie im Grundgesetz der Deutschen Bundesrepublik, eine Bestimmung, nach der die Todesstrafe grundsätzlich abgeschafft ist (Art. 25), allerdings nicht ohne Einschränkung: Mitglieder der bewaffneten Streitkräfte fallen bei militärischen Delikten ebensowenig unter die Abolitionsnorm wie „Personen, die während eines Krieges mit einem ausländischen Staat des Landesverrates oder der Spionage zugunsten des Feindes schuldig sind." Andere Artikel bestimmen, daß solche Strafgesetze rückwirkende Kraft haben, die den Täter günstiger stellen (Art. 21); daß die Vermögenseinziehung verboten ist (Art. 24); daß keinem Cubaner die Staatsangehörigkeit aberkannt werden darf (Art. 30); daß politischen Verbrechern Asyl zu gewähren ist (Art. 31); daß jede Handlung strafbar ist, durch die ein Cubaner behindert wird, am politischen Leben der Nation teilzunehmen (Art. 31); daß ein angemessener Widerstand bei Verletzung der in der Verfassung gewährleisteten Individualrechte nicht rechtswidrig ist (Art. 40); daß jede Art Zwang strafbar ist, der darauf abzielt, einen Bürger anläßlich einer Wahl zu nötigen, seinen Willen in einer bestimmten Weise kundzutun, in einem bestimmten Sinne abzustimmen oder sich einer bestimmten politischen Gruppe anzuschließen (Art. 101). Artikel 127 garantiert die parlamentarische Unverletzlichkeit und Immunität. Artikel 145 erläutert die strafrechtliche Verantwortlichkeit des Präsidenten der Republik. Art. 191 schreibt die Einrichtung von Jugendgerichten vor u. a. m.

*

Das Gesetzbuch der Sozialen Verteidigung, — das umfangreichste Strafgesetzbuch Lateinamerikas und sicherlich eines der dickleibigsten überhaupt! — entlehnt seine Gliederung zu einem nicht unbeträchtlichen Teil dem spanischen código penal von 1928, dem es auch viele Bestimmungen des Besonderen Teiles entnommen hat. Als Modell dienten ferner der schon erwähnte Entwurf Lanúza, der die cubanische Tradition der Strafdrohungen gegenüber juristischen Personen begründete, und die italienischen Strafgesetzbücher von 1889 (codice Zanardelli) und 1930 (codice Rocco).

Obwohl die betont avantgardistische Bezeichnung vermuten läßt, daß es sich hier um eine besonders folgerichtige Verwirklichung positivistischen Gedankengutes im Sinne Enrico Ferris handele, zeigt sich bei näherem Zusehen, daß der Código de Defensa Social keineswegs ein besonders revolutionäres Gesetz ist, daß er vielmehr, ungeachtet einiger kühner und nicht immer glücklicher Gedanken, letzten Endes den zweispurigen

Strafgesetzen zuzurechnen ist, die nach dem 1. Weltkrieg allenthalben entstanden. Diego Vicente Tejera, der nach der Ablehnung seines eigenen Entwurfes in anerkennenswerter Selbstverleugnung mit der Herausgabe des bedeutendsten Kommentars zum Código de Defensa Social begann[14]), bekennt freimütig[15]): „... wenn wir, nachdem jahrelang schmerzlicherweise jenes überalterte Strafgesetz bei uns gegolten hatte, ein Gesetz erlassen hätten, das auf den Überspitzungen der uns umgebenden Theorien gegründet gewesen wäre, so würden wir damit eine derartige Erschütterung unseres Gesellschaftsgefüges hervorgerufen haben, daß mehr Schaden als Nutzen gestiftet worden wäre. Diese Zurückhaltung gebietende Erwägung veranlaßte uns, ein Gesetzbuch des Übergangs zu schaffen; das heißt: ein in jeder Hinsicht eklektisches Gesetz, weder der kriminalpolitischen Richtung voll zugehörig, noch positivistisch, auch nicht dazu angetan, die klassische Strafrechtslehre zu verneinen, vielmehr bestrebt, keinen allzu brüsken, allzu unvermittelten Wechsel der Rechtsordnung und nicht mehr Umwälzungen herbeizuführen, als erforderlich erschien. Unser Gesetzbuch der Sozialen Verteidigung ist somit eine Zusammenfassung alles Gangbaren und Nützlichen, das die modernen Strafrechtsschulen hervorgebracht haben, in Einklang gebracht mit den Erfordernissen unseres Vaterlandes ..."

Zu dem gleichen Ergebnis — das übrigens im Widerspruch zu den vom Geist der „scuola positiva" geprägten Amtlichen Motiven, der „Relacion sobre el proyecto preliminar del libro I" und dem „Informe", der der Gesetzgebungskommission gegebenen Erläuterung, steht[16]) — gelangt auch ein so unvoreingenommener, erfahrener Kritiker wie Luis Jiménez de Asúa. Er schreibt[17]): „... Was die allgemeine Orientierung, den Wechsel in der Benennung des Gesetzbuches und die Ersetzung des Ausdruckes ‚Strafe' durch ‚Sanktion' betrifft, so möchte die Erläuterung (‚Informe'), die dem I. Buch beigegeben ist, glauben machen, daß es sich um ein eindeutig positivistisches Werk handle. Dort wird gesagt, daß das ‚Gesetz als integrierende Grundsätze das Prinzip der sozialen Verteidigung und der gesetzlichen Verantwortung anerkenne', und kurz zuvor wird versichert, daß ‚die Gefährlichkeit des Individuums, offen gelegt durch

---

[14]) Tejera y Garcia, Comentarios al Código de Defensa Social, Bd. I bis VI (La Habana 1944—1948). Nach dem frühen Tode Tejeras hat der Richter beim Tribunal Supremo Evilio Tabío die Kommentierung fortgesetzt. Das Gesamtwerk umfaßt 14 Bände.

[15]) Comentarios al Código de Defensa Social, Tomo I, Parte General, S. 8 f.

[16]) In der „Relacion"" (abgedruckt bei Menéndez, Código de Defensa Social, La Habana 1952, S. 15 ff) heißt es u. a.:

„Es handelt sich nicht mehr um ein ‚Straf'-Gesetzbuch, verfaßt, um den Verbrecher zu strafen, indem ihm ein Leiden auferlegt wird (malum pasionis quod inflingitur ab malum actionis). Das neue Gesetzbuch ist vielmehr von dem radikal andersartigen Grundsatz der Verteidigung der Gesellschaft gegen das Verbrechen bestimmt. Es handelt sich nicht um die Bestrafung des Verbrechers, sondern um die Verteidigung der Gesellschaft, die Neuerziehung und Resozialisierung des Schuldigen und die Entschädigung der Opfer des Delikts. Die Übels-Strafe des primitiven Rechtes ist daher in unserm Entwurf durch die Behandlungs-Strafe, oder, wie man heute zutreffender sagt, die Sanktion ersetzt worden ...

Bei der Zumessung der Sanktion ist in erster Linie die zutage getretene Gefährlichkeit des Täters zu berücksichtigen, d. h. sein mehr oder weniger antisozialer Charakter, soweit er eine Schädigung oder eine Gefahr für die soziale Ordnung befürchten läßt ..."

[17]) Tratado de Derecho Penal, Tomo I, S. 1018.

einige spezifische Symptome, die das Gesetz ständige Anzeichen der Gefährlichkeit nennt, oder durch die begangene Straftat, das maßgebende Kriterium für die Zumessung der Sanktionen darstellt'. Aber schon die Systematik des Gesetzes beweist, daß das nicht so ist. Schon die Unterscheidung zwischen der eigentlichen kriminellen Verantwortlichkeit, die Anknüpfungspunkt der Sanktionen ist (Bücher I, II und III), und der Gefährlichkeit, die sichernde Maßregeln nach sich zieht (Buch IV), steht dem entgegen. Aber vor allem ist zu bemerken, daß das System des Gesetzbuches insgesamt nur auf der Grundlage der Schuldfähigkeit (‚imputabilidad') — jenes den Positivisten so verhaßten Begriffes — funktioniert. Diese erscheint nicht nur als einschränkendes Moment in den Artikeln 34 und 35, sondern stellt das wichtigste Kriterium für die Unterscheidung und Anwendung der Maßnahmen zur Bekämpfung des Verbrechens, der ‚Sanktionen' einerseits, der sichernden Maßregeln andererseits, dar, deren radikale Trennung jeden echten Positivisten empören würde. Es handelt sich folglich um ein von der kriminalpolitischen Richtung inspiriertes Gesetz, und wir sagen das nicht tadelnd, sondern ausgesprochen lobend, da jedes moderne Strafgesetz dieser Richtung zu folgen haben wird . ."

Wie kam es zu der ausgefallenen, so revolutionär anmutenden und dem Inhalt keinesfalls kongruenten Benennung des „Gesetzbuches der sozialen Verteidigung"? Tejera bemerkt in der Einleitung zu Band I seines Kommentars lakonisch: „. . . Dr. José Augustín Martínez schlug den Namen, den das Gesetz heute trägt, vor, und sein Vorschlag wurde angenommen; dabei stellte er nur eine Modifikation der Gedankengänge von Vieites dar . . . aber der Name macht noch nicht die Sache . ."

Immerhin regte die neuartige Bezeichnung einige mexikanische Staaten zur Nachahmung an. Die Strafgesetzbücher von Chihuahua, Yucatan und Veracruz-Llave — aber auch nur sie! — haben im Hinblick auf das cubanische Vorbild gleichfalls die Benennung „Código de Defensa Social" erhalten.

*

Als einer der hervorstechenden Mängel des Gesetzes ist schon die Weitschweifigkeit genannt worden. Sie wirkt sich sowohl im Allgemeinen Teil aus, wo etwa die Anzeichen geringerer oder größerer Gefährlichkeit in einem kaum zu überbietenden Perfektionismus aneinandergereiht sind, als vor allem auch im Besonderen Teil, wo sie zu so grotesken Bestimmungen wie dem Art. 194 führt, demzufolge Besucher von Gaststätten, Cafés usw. durch das Betreten dieser Örtlichkeiten keinen Hausfriedensbruch begehen! Als besonders abschreckendes Beispiel ist in diesem Zusammenhang auch die kasuistische Aufgliederung des Betrugstatbestandes zu nennen, welche die verfehlte Kasuistik des qualifizierten Diebstahles im deutschen Strafgesetzbuch vergleichsweise als annehmbare gesetzliche Lösung erscheinen läßt. Allerdings darf zur Entlastung des cubanischen Gesetzgebers nicht verschwiegen werden, daß gerade die offenbaren technischen Mängel des Gesetzes meistens auf den als Modell benutzten ausländischen Vorbildern beruhen. So findet sich die dem Gefährlichkeitsdogma Hohn sprechende Bestimmung, daß die Mindestdauer der Einweisung zurechnungsunfähiger Täter in psychiatrische Krankenanstalten nach den Strafdrohungen für die begangene Tat abzustufen ist (Art. 588 Ziff. 2—5), auch im geltenden italienischen Codice penale von 1930 (Art. 219). In anderen Fällen sind die Mängel der Vorbilder gemildert worden. So wird es dem cubanischen Richter immer noch leichter fallen, die Strafe anhand der enumerativ aufgeführten Gefährlichkeitsmerkmale (vgl. z. B. Art. 73, 74 sowie 97) zuzumessen, als etwa dem spanischen Richter, dessen Gesetzbuch noch sehr viel diffizilere, arithmetisch ausgeklügelte Strafzumessungsregeln enthält.

Dieser Versuch des cubanischen Gesetzgebers, die subjektiv und objektiv mildernden bzw. erschwerenden Merkmale der Sozialgefährlichkeit und der Tatschwere möglichst erschöpfend aufzuzählen war bei der Buntscheckigkeit des Lebens natürlich von vornherein zum Scheitern verurteilt. Anerkennung verdient bei dieser Sachlage die Aufnahme einer die Analogie zulassenden Generalklausel (Art. 47), die dem Richter gleichwohl den notwendigen Ermessensspielraum verschafft.

Bedenklich — bei einer Betrachtungsweise, die den Rechtsstaat und die Rechtsicherheit als überragende Strafrechtswerte ins Auge faßt — erscheint die Mitbehandlung der sog. praedeliktualen Gefährlichkeit im Strafgesetzbuch (Art. 48 C), der mit sichernden Maßregeln begegnet wird (Art. 580 A 1). Diese Bestimmungen beruhen auf der im spanischen und iberoamerikanischen Schrifttum weiterentwickelten Lehre Enrico Ferris und können nur zutreffend gewürdigt werden, wenn man den übermächtigen und eigenartigen Einfluß ermißt, den diese Lehre auf das lateinamerikanische Strafrechtsdenken gehabt hat[18]).

In systematischer Hinsicht vermag die Sonderbehandlung der sichernden Maßregeln in einem noch hinter den Übertretungsnormen rangierendem IV. Buch nicht zu befriedigen. Der systematisch richtige Platz wäre sicherlich im I. Buch gewesen. Da die bei strafrechtlicher Verantwortlichkeit zu verhängenden „Sanktionen" dort geregelt sind, hätten auch die Reaktionsmittel bei der an gleicher Stelle erläuterten sozialen Gefährlichkeit, die sichernden Maßregeln, dorthin gehört.

Das Gesetz bietet noch mancherlei Ansatzpunkte für eine negative Kritik. Viele Leser wird der betont autoritäre Anstrich des Gesetzbuches befremden. Die Voranstellung der Straftaten gegen die Sicherheit des Staates und die öffentliche Ordnung im Besonderen Teil und der breite Raum, der diesen alle nur irgend denkbaren Möglichkeiten erschöpfenden Zuwiderhandlungen eingeräumt wird, legen den Schluß nahe, hier sei der Gesetzgeber eines Obrigkeitsstaates bestrebt gewesen, jede Unbotmäßigkeit mit den Mitteln des Strafrechts zu ersticken. Die Neigung zur Kasuistik, die den código insgesamt kennzeichnet, mag hier jedoch einen der politischen Wirklichkeit nicht entsprechenden „Etatismus" vorspiegeln.

Schließlich ist zu bemängeln, daß die jugendstrafrechtlichen Bestimmungen des Codigo, der insoweit auch nicht durch ein Sondergesetz ergänzt wird, völlig unzureichend sind. Auf Jugendliche zwischen 12 und 18 Jahren wird nach Art. 37 Abs. B das Erwachsenenstrafrecht angewandt; nur im Vollzug wird ihnen eine Sonderbehandlung zuteil. Kinder unter 12 Jahren, die strafbare Handlungen begehen, werden bereits als sozialgefährlich angesehen und gerichtlichen Maßnahmen unterworfen (Art. 35 Abs. D)[19])!

---

[18]) Vgl. hierzu meinen „Gefährlichkeitsbegriff usw." S. 46 ff sowie mein Gutachten für den 7. Internationalen Strafrechtskongreß (Athen, 1957) in Sonderheft der ZStW zu diesem Kongreß.

[19]) Reformversuche habe ich in meinem Beitrag „Ein neuer cubanischer Jugendgesetzentwurf", ZBlJugR 1952, S. 241 ff besprochen.

Den Mängeln des Gesetzes stehen jedoch auch mancherlei Vorzüge gegenüber. Den an der Rechtsvergleichung interessierten Kriminalisten und den Strafgesetzgeber, der seinen „Lösungsvorrat" für mannigfache dogmatische und kriminalpolitische Probleme erweitern will, fesseln zahlreiche in ihrer Originalität und legislatorischen Kühnheit oft verblüffende Lösungsversuche, auch bei Sachgebieten, die auf den ersten Blick einer anderen gesetzlichen Regelung als der in unserm Rechtskreis seit Jahrzehnten überkommenen kaum zugänglich erschienen.

Was den *Allgemeinen Teil* anlangt, so ist die cubanische Lösung der „klassischen" dogmatischen und rechtspolitischen Probleme wie die Abgrenzung von Täterschaft und Teilnahme (Art. 27, 28), von Versuch und Vollendung (bemerkenswert hier: Art. 26 D, 26 E, 29), von Schuldausschließungs- und Rechtfertigungsgründen (Art. 35, 36), von Vorsatz und Fahrlässigkeit (vgl. insbesondere Art. 19, 20, 71, 72) schon deshalb von Interesse, weil der Gesetzgeber hier in Anbetracht der den Código allgemein kennzeichnenden Ausführlichkeit oft Erläuterungen gibt, die man sonst nur in Lehrbüchern und Kommentaren anzutreffen gewohnt ist. — Reizvoll ist es auch, den umfangreichen Katalog der Anzeichen größerer oder geringerer Gefährlichkeit an den Ergebnissen neuerer kriminologischer Forschungen, insbesondere der Prognose-Forschung, zu messen. Vielfach halten die aufgeführten Indizien einer solchen Betrachtungsweise stand. Sicherlich ist es auch nicht wertlos, den Richter z. B. auf die schuldmodifizierenden Auswirkungen gewisser physiologischer Zustände weiblicher Rechtsbrecher (vgl. Art. 37 L) hinzuweisen, die auch bei uns noch nicht zum richterlichen Allgemeinwissen gehören. Anerkennung verdient, daß die Sozialgefährlichkeit eines Individuums als „angeborene oder durch Gewohnheit erworbene krankhafte Praedisposition" zum Verbrechen definiert wird (Art. 48 A). Diese Formulierung steht im Einklang mit modernen kriminalbiologischen Erkenntnissen und führt über Lombrosos Lehre von der „Praedestination", die in Lateinamerika noch in hohem Ansehen steht, weit hinaus. Der mit dem Gefährlichkeitsdogma konkurrierende Grundsatz, daß jeder Täter nur nach dem Maße seiner eigenen Schuld zu bestrafen ist, wird in den Artikeln 31—33 sowie 35 und 37—41 — mag in der letztgenannten Artikelfolge auch infolge mehrfach unterlaufender dogmatischer Fehlbewertung durchgängig von der „Gefährlichkeit" die Rede sein! — subtil und scharfsinnig entfaltet. Hervorhebung verdient, daß z. B. auch die in unserm Zeitalter so bedeutsame Massensuggestion als mildernder Umstand erwähnt wird.

Hinsichtlich der *Strafbarkeit juristischer Personen,* die, wie erwähnt, der in Cuba herrschenden Strafrechtslehre seit langem entspricht, ist der internationale Meinungsstand bekanntlich kontrovers. Für den Codigo de Defensa Social ist sie schon deshalb nicht systemwidrig, weil die tragenden Begriffe „kriminelle Verantwortlichkeit" und „Sanktion" die uns in diesem Zusammenhang bewegende Problematik wegen ihrer Neutralität weithin gegenstandslos machen oder doch verschleiern. Nicht ganz klar scheint mir indessen die Frage vom Gesetzgeber beantwortet zu sein, ob juristische Personen Adressaten aller überhaupt in Betracht kommenden Strafnormen sein können, oder ob sie nur dort zur Verantwortung gezogen werden, wo sie im Besonderen Teil ausdrücklich erwähnt sind.

Was das *Strafensystem* anbelangt, so ist — abgesehen von der für iberoamerikanische Verhältnisse typischen Mannigfaltigkeit — bemerkenswert, daß bei Geldstrafen das skandinavische Tagesbußenprinzip vorgesehen ist (Art. 59). Auch die im Schweizer Strafrecht vorkommende „Friedensbürgschaft" („Kaution für gute Führung") fehlt nicht (Art. 61). Aufenthaltsverbote (Art. 62) spielen bekanntlich in der französischen Strafrechtspflege heute noch eine Rolle. — Für den *Vollzug* der Freiheitsstrafen ist auch im Código (nicht nur in der schon aufgeführten Bestimmung des Vollzugsgesetzes!) das Stufensystem vorgeschrieben (Art. 84). — Im Einklang mit den Forderungen der „scuola positiva" wird der *Wiedergutmachung des Schadens* breiter Raum eingeräumt (vgl. z. B. Art. 90, 110 ff., 121 ff.). Ihr dient die Einrichtung einer Entschädigungskasse, der eine besondere Verordnung (Reglamento de la Caja de Resarcimientos) gewidmet ist. Selbst auf dem Gebiet der Sittlichkeitsdelikte wird eine Art moralischer Wiedergutmachung durch nachfolgende Heirat anerkannt (vgl. z. B. Art. 503 A).

Das Gesetz kennt sowohl die *bedingte Verurteilung* (Art. 97) wie die *bedingte Entlassung* (Art. 98). Bei ersterer fallen die langen Bewährungsfristen auf, während es bei der bedingten Entlassung gerade sonderbar anmutet, daß die Bewährungsfrist die Strafzeit nicht übersteigen darf und die in bedingter Freiheit verbrachte Zeit auch bei Widerruf in jedem Fall auf den Strafrest anzurechnen ist.

Die *Rehabilitierung* (Art. 107, 108), die bei uns, weniger augenfällig, durch strafregisterliche Maßnahmen erreicht wird, obliegt in Cuba dem Gericht. Bemerkenswert ist, daß in Cuba die durch die Rehabilitierung ausgelöschte Vorstrafe im Falle eines gleichartigen Rückfalles — und nur dann! — wieder auflebt.

Die Anführung aller Stellen des *Besonderen Teiles*, die geeignet erscheinen, dem deutschen Leser Interesse abzugewinnen, würde den Rahmen dieser Einleitung sprengen. Nur stichwortartig — und auf Grund einer durchaus subjektiven Auswahl! — seien einige Hinweise gegeben: Dem Inselcharakter Cubas trägt die ausführliche Regelung der Straftaten gegen die Freiheit und Sicherheit der Meere (Art. 166 ff.), zu denen die in Europa nicht mehr vorkommende „Piraterie" zählt, Rechnung. Auch sonst weisen viele Bestimmungen, die sich mit der Schiffahrt, der Instandhaltung von Leuchtfeuern, der Hilfe bei Strandungen usw. befassen, auf die insularen Besonderheiten des Landes hin. — Daneben wird auch der im Zusammenhang mit dem Flugverkehr möglichen Kriminalität große Bedeutung beigemessen. Schon bei den Kollisionsnormen des Allgemeinen Teils (Art. 7) sowie bei der Aufzählung der Gefährlichkeitsindizien bei reisenden Verbrechern (Art. 41 B) ist des Flugzeugs gedacht. Hier — und bei der Erwähnung ähnlicher Materien, wie der Fernmeldetechnik, Publizistik usw. — erweist sich der Código als ein unserm technischen Zeitalter adäquates Gesetzgebungswerk.

Auf der andern Seite vermittelt freilich selbst die oft trockene Lektüre der Übertretungstatbestände im III. Buch gelegentlich Einblicke kulturgeschichtlicher Art, die in merkwürdigem Gegensatz zu der betonten „Modernität" anderer Gesetzesstellen stehen: So, wenn etwa Art. 571 in Ziff. 14 die „Hexenkunst" und in Ziff. 15 öffentliche Congatänze oder andere Veranstaltungen „afrikanischen Charakters" verbietet..

Der oben getadelte „autoritäre" Charakter des Gesetzes — in dem z. B. auch ein „Kanzelparagraph" (Art. 217) nicht fehlt! — wird verschiedentlich durch strenge, mit Strafdrohungen ausgestattete *Verbote* ausgeglichen, *die Grundrechte der Bürger zu mißachten* (vgl. u. a. Art. 181, 201, 202 ff.,

209, 210 ff., 402). Bemerkenswert ist in diesem Zusammenhang, daß auch das Recht auf ungestörte Berufsausübung in Industrie, Landwirtschaft und Handel im Rahmen der Sozialverfassung strafrechtlich geschützt ist (Art. 264 ff.).

Systematisch und sachlich kann der VI. Titel besonderes Interesse beanspruchen. Unter dem Oberbegriff *„Straftaten gegen die Rechtspflege"* sind dort so heterogene Deliktsgruppen wie falsche Anschuldigung und Meineid, unerlaubte Selbsthilfe, Parteibegünstigung (einschl. Rechtsbeugung), Bestechung, Pflichtwidrigkeiten im Strafvollzug, Selbstbefreiung von Gefangenen, Personen- und Sachhehlerei u. a. m. zusammengefaßt.

Viele Einzelbestimmungen aus diesem Absatz sind näherer Betrachtung wert. Kriminalpolitisch erwägenswerte, zum Teil aber auch abwegige Gedanken enthalten etwa die Artikel 278 (Beschaffung falscher Zeugen); Art. 282 (Rücktritt vom vollendeten Eidesdelikt); Art. 286 (Mißbrauch der weniger strengen Beweisregeln im summarischen Verfahren); Art. 290 (Vorspiegelung strafbarer Handlungen ohne Beschuldigung einer bestimmten Person); Art. 293 ff. (Erlaß „offensichtlich ungerechter" richterlicher Entscheidungen zum Nachteil oder Vorteil eines Angeklagten; — diese Vorschriften dürften kaum nachahmenswert sein; sie zeigen, welchen Gefahren die richterliche Unabhängigkeit durch den Gesetzgeber ausgesetzt werden kann)[20]); Art. 301 (strafwürdige Nachlässigkeit des Anwaltes); Art. 323 ff. (Verstöße gegen die Obhutspflicht bei Strafgefangenen, die gelegentlich [Art. 326] als so schwerwiegend angesehen werden, daß Mittäterschaft der Aufsichtsperson bei Verbrechen zum Nachteil des Häftlings fingiert wird!); Art. 332 ff. (Selbstbefreiung von Gefangenen — ein Tatbestand, dessen Poenalisierung immer sehr umstritten sein wird!).

In dem die *Urkundenfälschung* behandelnden Kapitel ist bemerkenswerterweise ein Abschnitt aufgenommen, in dem ausnahmsweise auch die „schriftliche Lüge" mit Strafe bedroht wird, dann nämlich, wenn ein Arzt wissentlich ein falsches Attest ausstellt, z. B. um jemanden von einem öffentlichen Dienst zu befreien (Art. 373). Als besonders schwerer Unterfall dieses Tatbestandes wird mit Recht die Ausstellung einer inhaltlich falschen ärztlichen Bescheinigung gewertet, die zur Einweisung in eine Heil- und Pflegeanstalt geführt hat. — Als *ärztliches Sonderdelikt* ist ferner die Behandlungsverweigerung in dringenden Fällen ausgestaltet (Art. 407).

Das Bestreben, die Amtssphäre rein zu erhalten, hatte die Normierung einer kaum zu überschauenden Vielzahl von echten und unechten *Amtsdelikten* zur Folge, die über den Besonderen Teil verstreut sind. Auffällig ist, daß einzelnen Beamten sogar näher bezeichnete wirtschaftliche Tätigkeiten bei Strafe verboten sind (Art. 430).

Von den *Verbrechen gegen das Leben und die Gesundheit,* die erst im IX. Titel behandelt werden, ist zunächst die Regelung der Beihilfe zum *Selbstmord* (Art. 437) erwähnenswert; ferner die Abgrenzung der strafbaren *Abtreibung.* Art. 443 zählt die medizinische, die kriminogene und die eugenische Indikation als Rechtfertigungsgründe auf; die soziale Indikation ist nicht anerkannt. — Die *Körperverletzungsdelikte* sind weitgehend erfolgsqualifiziert (Art. 445 ff.), — eine Regelung, die weder mit

[20]) Vgl. auch die Poenalisierung von richterlichen Zuständigkeitsüberschreitungen in Art. 416, die nicht minder bedenklich ist!

dem Gefährlichkeits-, noch mit dem Schuldgrundsatz vereinbar erscheint. Eigenartig sind die im Adhäsionsverfahren zu beurteilenden Entschädigungsansprüche des Verletzten ausgestaltet: der Gesetzgeber hat sie mit einer Wertsicherungsklausel ausgestattet (Art. 445 B). In den folgenden Kapiteln findet sich ein so „altmodisches" Delikt wie das *Duell* (Art. 448) neben den sehr „modern" und sachkundig geregelten *Sportvergehen* (Art. 449) und der *Kindesaussetzung*, der im gleichen Artikel die *Fahrerflucht* — unter dem Generalnenner des Im-Stiche-lassens hilfloser Personen — zugeordnet ist (Art. 450). — Strafbestimmungen wie die des Artikels 451, der die Schaustellung Minderjähriger bei artistischen Darbietungen verbietet, greifen in das Gebiet des *Jugendschutzes* über, dem später auch im Bereich der Sittlichkeitsdelikte besondere Aufmerksamkeit zugewandt wird (vgl. Art. 486 ff.).

Bei den „Straftaten gegen die allgemeine Sicherheit" (X. Titel) ist u. a. die *Brandstiftung* untergebracht. Beifall verdient, daß hier die zwecks Versicherungsbetruges verübte Brandstiftung als qualifizierter Fall mit höherer Strafe bedroht ist (Art. 467). Bei den unter dem gleichen Titel subsumierten, so sehr aktuellen *„Straftaten gegen Transportmittel und Nachrichtenverbindungen"* findet sich in Art. 478 eine Definition des in Fahrt befindlichen Fahrzeuges, die zu Vergleichen mit der deutschen Rechtsprechung zu diesem Punkt bei Trunkenheitsdelikten am Steuer anregt.

Im Bereich der *Sexualdelikte* ist der Kreis strafbaren Verhaltens enger gezogen als in unserer Rechtsordnung. Im Einklang mit einer auch bei uns weitverbreiteten Forderung wird Homosexualität unter Erwachsenen nur bestraft, wenn sie öffentliches Ärgernis erregt und gewohnheitsmäßig ausgeübt wird, oder wenn Außenstehende mit entsprechenden Ansinnen belästigt werden (Art. 490).

Blutschande setzt wirkliche Blutsverwandschaft voraus (Art. 492). Die „unechte" Blutschande des deutschen Strafrechts ist dem cubanischen Código unbekannt.

Aus dem gesetzestechnisch weniger geglückten, weil allzu kasuistisch geregeltem Sachgebiet der *Straftaten gegen die Ehre* (XII. Titel) soll nur eine Vorschrift hervorgehoben werden: der Artikel 513 Abs. A, der bei in einer Zeitung abgedruckten Beleidigungen den Herausgeber verpflichtet, den Widerruf „an dem gleichen Ort und in demselben Drucktypensatz, in dem die falsche Anschuldigung oder Verleumdung erschienen war", zu veröffentlichen. Ein für derartige Dementis sicherlich vorbildliches Verfahren!

Bei den *Straftaten gegen das Eigentum* (XIII. Titel) interessiert in systematischer Hinsicht, daß der Diebstahl als Unterfall des Raubes angesehen wird (Art. 529 ff.), daß elektrische Energie, Wasser, Gas und andere „Kräfte" als mögliche Gegenstände eines Diebstahls in einer besonderen Gruppe zusammengefaßt sind (Art. 529 Ziff. 2), und daß die Unterschlagung vom Diebstahl dogmatisch nicht unterschieden wird (Art. 529 Ziff. 3). Bemerkenswert erscheint ferner, daß die widerrechtliche Besitzergreifung von unbeweglichen Sachen im Anschluß an den Diebstahl beweglicher Sachen behandelt wird (Art. 533 f.). Im XIII. Titel sind auch die Konkursdelikte, Betrug, Erpressung, die „Straftaten gegen die Volkswirtschaft", die Wucherdelikte, die verbotenen Spiele und Verlosungen und die Sachbeschädigung behandelt. Der Unterschied zwischen Eigentums- und Vermögensdelikten ist dem cubanischen Gesetzgeber fremd. Von den aufgezählten Sachgebieten beanspruchen die *„Straftaten gegen* die *Volkswirtschaft*" (Art. 556 ff.) — bei Erlaß des Gesetzes noch „Manipulationen, um die Warenpreise zu verändern" überschrieben — besondere Beachtung. Dieses Kapitel enthält das Wirtschaftsstrafrecht der Republik. Hier ist der Versuch unternommen worden, mit den Mitteln des Strafrechts, die „offene Marktwirtschaft", das natürliche Gleichgewicht zwischen Angebot und Nachfrage, und im Rahmen dieser Relation die Stabilität der Preise zu gewährleisten.

Aus dem bisher gegebenen Überblick ist bereits ersichtlich, daß der Código viel „*Nebenstrafrecht*" enthält, das in anderen Ländern oft Sondergesetzen vorbehalten ist: das Konkurs- und Wirtschaftsstrafrecht, aber auch die Strafbestimmungen des Warenzeichenrechts, des Wettbewerbsrechts und des Urheberrechts (Art. 388—397). Da diese Bestimmungen quantitativ im Hinblick auf den übermäßigen Umfang der Kodifikation jedoch kaum ins Gewicht fallen, wäre es verfehlt, aus ihnen eine Rechtfertigung für die Dickleibigkeit des Gesetzes herzuleiten.

Das III. Buch „*Von den ‚Übertretungen*" gibt zu zusätzlichen Bemerkungen keinen Anlaß. Es enthält zahlreiche Verweisungen auf Gesetze und Verordnungen nicht strafrechtlichen Charakters, die aufzuspüren und abzudrucken, bzw. inhaltlich wiederzugeben meine literarischen Hilfsmittel wie auch meine Arbeitskraft — die durch die nebenher laufende Tagesarbeit oft übermäßig beansprucht war — überfordert hätte. Aus dem gleichen Grunde war ich auch genötigt, entsprechende Verweisungen im II. Buch unerläutert stehen zu lassen. Ich habe mich bei der Erwägung beruhigt, daß der mutmaßliche Leser dieser Übersetzung vor allem die Systematik des Gesetzes und die Strafrechtsnormen im engeren Sinne, weniger die Ausstrahlungen und Infiltrationen anderer Rechtsgebiete zur Kenntnis nehmen möchte. Freilich stehen nun manche Blankettbestimmungen als kaum verständliche Fragmente im Raum...

Das IV., von den *sichernden Maßregeln* handelnde Buch ist systematisch so klar gegliedert, daß der Leser getrost der Führung des Gesetzgebers überlassen werden darf. Er darf nur nicht aus dem Auge verlieren, daß das Prädikat „sichernde Maßregeln" im Grunde — bei genauer dogmatischer Betrachtung — nicht nur den „medidas de seguridad" des IV. Buches, sondern auch verschiedenen „sanciones" des I. Buches gebührt[21]). Die Begriffsvermischung zeigt sich schon darin, daß der Gesetzgeber der Fälle gedenkt, in denen „Maßregeln" als „Sanktionen" angewandt werden; solchenfalls sind die Höchstgrenzen zu beachten, die im I. Buch festgelegt sind, während sonst vorbehaltlich der Mindestfristen des IV. Buches die Dauer des gefährlichen Zustandes für die Vollstreckungszeit maßgeblich ist (Art. 583, 587). — Auf die Bedenklichkeit der Einbeziehung sichernder Maßregeln gegenüber noch nicht straffällig gewordenen „gefährlichen" Personen wurde schon hingewiesen (vgl. Art. 580 A, 5); ebenso auf die wahrhaft paradoxe Regelung, die Mindestdauer der Einweisung in psychiatrische Anstalten nach den Strafdrohungen für die begangene Tat abzustufen (Art. 588 Ziff. 2—5).

Die sichernden Maßregeln werden grundsätzlich *nach* den „Sanktionen" vollstreckt. Es herrscht also echte Zweispurigkeit im cubanischen Strafrecht, nicht die „hinkende" Zweispurigkeit des vikariierenden Schweizer Systems. Unbefriedigend — jedenfalls bei freiheitsentziehenden sichernden Maßregeln! — erscheint die Regelung, die Vollstreckung der

---

[21]) Hierüber Näheres in meinem „Gefährlichkeitsbegriff usw." S. 161 ff.

sichernden Maßregel auch dann durchzuführen, wenn dem Verurteilten die Rechtswohltat der bedingten Entlassung oder Vollstreckungsaussetzung zuteil wird (Art. 592 B), und zwar unmittelbar im Anschluß an die Entlassung aus der Strafanstalt. Den dadurch entstehenden Unbilligkeiten kann allerdings durch Widerruf der Maßregel wegen Wegfalls der Gefährlichkeit oder auch durch Gnadenerweis begegnet werden (vgl. Art. 594).

*

Die in der nachfolgenden Übersetzung wiedergegebene Fassung erhielt das Gestzbuch der Sozialen Verteidigung auf Grund der Novellen vom 8. Juli 1939, 24. April 1947, 15. November 1948, 18. Juni 1952 und 9. Oktober 1952. Die beiden erstgenannten Gesetzesänderungen beschränkten sich auf eine Neufassung der Artikel 556 und 557 sowie die schon früher erwähnte Umbenennung des VI. Kapitels, Titel XIII, Buch II betreffend Straftaten gegen die Volkswirtschaft. Die Novelle vom November 1948 „zur Unterdrückung von Terrorismus und Gangstertum" änderte einige Vorschriften betreffend verbotene Vereinigungen und den Besitz von Waffen und Explosivstoffen ab. Durch das Gesetzesdekret vom Juni 1952 wurden die Vorschriften über die Rehabilitierung Straffälliger neu gefaßt, und durch die letztgenannte Novelle vom Oktober 1952 wurden dem VII. Kapitel, Titel XIII, Buch II betreffend Sachwucher und unerlaubte Leihgeschäfte einige neue Tatbestände hinzugefügt.

All diese im Wege der Novellengesetzgebung eingetretenen, ausnahmslos geringfügigen Änderungen des Gesetzbuches tasten die Grundstruktur oder auch nur bedeutsamere Einzelinstitute des Código nicht an. Umwälzende Reformen an Haupt und Gliedern sind, wie mir von berufener Seite versichert worden ist[22]), auch in Zukunft bis auf weiteres nicht zu erwarten. Vielmehr sollen zunächst einmal die vielfach noch unerschlossenen kriminalpolitischen Ziele des Gesetzes mit mehr Nachdruck als bisher mittels eines neuen Strafvollzugsgesetzes verwirklicht werden[23]). Dieses Gesetz soll die zum Teil noch erhebliche Diskrepanz zwischen gesetzlicher Regelung und Strafvollzugspraxis aufheben oder doch verringern.

*

Bei der Übersetzung habe ich mich von dem bewährten Grundsatz leiten lassen: So wörtlich wie möglich, so frei wie nötig! Dabei war es mir ein wesentliches Anliegen, die verschnörkelte, kunstvoll verschachtelte, durch das Aneinanderreihen von Synonymen überladene spanische Gesetzessprache in ein einigermaßen lesbares Deutsch zu übertragen. Es mag sein, daß bei diesem Bemühen, — das oft genug ohne voll befriedigenden Erfolg blieb, da die langen spanischen Satzperioden einer Verdeutschung allzu hartnäckigen Widerstand entgegensetzen! — gelegentlich der Sinn des gesetzlichen Tatbestandes nur im Umriß und den wesentlichen Strukturen, nicht bis in die feinsten sprachlichen Unwägbarkeiten des Originaltextes wiedergegeben wurde, Nuancierungen, die dem cubanischen Juristen vielleicht bisweilen verborgene Intentionen seines Gesetzgebers offenbaren, aber dem ausländischen Betrachter ohnehin kaum zugänglich sind. Solche Mängel, — die sich übrigens auch dann ein-

[22]) In einem Informationsschreiben des Richters am Obersten Gerichtshof Evelio Tabío, Mitverfasser der „Comentarios al Código de Defensa Social".

[23]) Vgl. Angel Aparicio Laurencio, La Reforma penitenciaria en Cuba, La Habana 1956.

schleichen würden, wenn einer jener gerade erfundenen Übersetzungsroboter die Übersetzung „wortgetreu“ vorgenommen hätte! — glaubte ich, getrost in Kauf nehmen zu dürfen. Auf Grund eigener Studien auf dem Gebiete der Strafrechtsvergleichung weiß ich, daß wissenschaftliche Forschungen, die fremdsprachigen Gesetzesbestimmungen gelten, immer auf den Originaltext zurückgreifen müssen, wenn sie Anspruch auf Stichhaltigkeit erheben wollen. Auch die Gesetzessprache ist eben etwas Lebendiges, das oft eine Fülle von Deutungsmöglichkeiten in sich birgt. Das gilt bereits — wie jeder Jurist weiß! — bei den meist nur scheinbar eindeutigen Begriffsprägungen der Muttersprache; erst recht bei fremdsprachigen Gesetzestexten!

Auf Grund dieser Erwägungen habe ich mich nicht gescheut, gewisse betont avantgardistische, dem wahren Sinngehalt aber, wie dargelegt, gar nicht entsprechende termini, wie insbesondere „Sancion“ und „sancionado“, in unsere traditionelle Ausdrucksweise zu übertragen und hier z. B. vielfach (nicht immer) von „Strafe“ und „bestraft“ zu sprechen. Besondere Übersetzungsschwierigkeiten ergaben sich gelegentlich angesichts des Reichtums der spanischen Sprache an Vokabeln, die fast das Gleiche bedeuten, und die im Código oft gehäuft nebeneinander angeführt sind. Ganz vereinzelt habe ich vor dieser Ausdrucksfülle resigniert und den deutschen Text etwas knapper gefaßt. — Die Übersetzung der zahlreichen Fachausdrücke aus dem cubanischen Handels-, Währungs-, Arbeits- und Verwaltungsrecht ist im allgemeinen nicht wörtlich zu nehmen. Es wurden bei der Übertragung diejenigen Begriffe des deutschen Soziallebens eingesetzt, die den cubanischen Institutionen nach der subjektiven Meinung des Übersetzers annäherungsweise am besten entsprechen. Der exaktere Weg wäre zweifellos der gewesen, jeden einzelnen Fachausdruck im Stile eines Realien-Nachschlagewerkes zu kommentieren. Das konnte aber nicht der Sinn dieser Übersetzung sein. Der am Detail interessierte Leser muß daher auch hier auf eigene Quellenstudien verwiesen werden, zu der die nachfolgende Literaturübersicht dienlich sein mag:

Literatur zum Codigo de Defensa Soocial:

Bernaldo de Quirós, Constancio, Criminología y Derecho penal en Cuba y México, Criminalia (México) mayo 1947, S. 182 ff.

Blau, Günter, Gefährlichkeitsbegriff und sichernde Maßregeln im iberoamerikanischen Strafrecht, Rechtsvergleichende Untersuchungen zur gesamten Strafrechtswissenschaft, Neue Folge, Heft 4, Bonn (Röhrscheid) 1951

Carone, Francisco, Síntesis de la legislacion penal cubana, Revista de Ciencias penales (Santiago de Chile), octubre—diciembre 1945, S. 271 ff.

Casasús, Juan J. E., Código de Defensa Social y Derecho penal Complementario, La Habana 1941 (2 Bände)

D'Estefano Pisani, Miguel, Codigo de Defensa Social, La Habana 1953

Gatti, Tancredo, La Reforma Penal en Cuba, La Habana 1937

Goldschmidt, James, Un juicio sobre el Código de Defensa Social de Cuba, Revista penal de la Habana, julio—septiembre 1944, S. 209 ff.

Gonzales de la Vega, El Código de Defensa Social en la jurisdiccion coreccional, La Habana 1943

Gramatica, Filippo, Codice della Difesa Sociale e Legge contra l'antisocialità, Genova 1938

Jiménez de Asúa, Luis, El trastorno mental transitorio en la legislación y en la práctica cubana, El Criminalista, tomo VII, Buenos Aires, „La Ley“ 1948
ders., Tratado de Derecho penal, tomo I (Concepto del derecho penal y de la criminología, historia y legislación penal comparada), Buenos Aires 1950
ders., Das Strafrecht Iberoamerikas während der letzten zwei Jahre (1951—52), ZStW 66. Bd. (1954), S. 449 ff.
ders., Das Strafrecht Lateinamerikas im Jahre 1953, ZStW 68. Bd. (1956) S. 295 ff.
Jiménez de Asúa — Francisco Carsi, Codigos Penales Iberoamericános, Estudio de Legislación comparada. 2 Bände, Carácas 1947
Martínez, José Augustín, Il nuovo Codice de Difesa Sociale de Cuba, La Giustizia Penale, parte II, 1936, fasciculo IV
ders., Conferencias sobre el Código de Defensa Social, La Habana 1937
ders., Serie de Conferencias sobre el Código de Defensa Social, La Habana 1940
ders., La mujer en el Código nuevo, La Habana 1940
Mejía Ricart, Adolfo, Crisis de la legislación penal en los países enclavados en la zona del golfo de México, Criminalia (México), agosto 1945, S. 498 ff.
Menéndez Menéndez, Emilio, Principios de Derecho Criminal, Contribución al estudio del Código de Defensa Social, La Habana 1942
ders., Código de Defensa Social, concordado y anotado con la legislación y la jurisprudencia cubanas, La Habana 1952
Raggi y Ageo, Armando M., Derecho Penal Cubano, 2 Bände, La Habana 1938
República de Cuba, Consejo de Estado, Comisión de Reformas Jurídicas y Políticas. Código de Defensa Social. Aprobado por el Consejo de Estado de la República el dia 10 de febrero de 1936. Relaciones y Ponencias de los libros del Código, La Habana, Ed. Jesús Montero, 1936
Schönke, Adolf, Strafrechtsform in Cuba, Deutsche Justiz 1937, S. 981
Steinwallner, Neues Strafrecht in Cuba, Ibero-Amerikanische Rundschau, 2. Jgg. (1936/37), S. 211
ders., „Kubanische Strafrechtsreform auf der Grundlage eines Willensstrafrechts“, MSchr. KrPs. Bd. XXVIII (1937), S. 336
Tabío, Evelio, Temas del derecho penal (en torno al Código de Defensa Social), La Habana 1944—1948
(s. auch unter Tejera y Tabío, Comentarios al Código de Defensa Social)
Tejera y Garcia, Diego Vicente (hijo) y Evelio Tabío, Comentarios al Código de Defensa Social, La Habana 1944—1956 (14 Bände)
Vieites, Moisés A., Mi contribución al actual proyecto de reforma penal en Cuba, La Habana 1935
ders., „Quelques mots sur le code de défense sociale de la République de Cuba“, Revue internationale de droit pénal, Jgg. XIII (1936), Nr. 4, S. 407 ff.

Weitere Literaturnachweise finden sich bei Luis Jiménez de Asúa, Tratado de Derecho Penal, tomo I, S. 1015 und 1021 ff.

Kirchzarten bei Freiburg/Br., im Juni 1957 Dr. Günter Blau

Gesetzbuch der sozialen Verteidigung

BUCH I

Allgemeiner Teil

I. TITEL

Über den Geltungsbereich des Gesetzbuches der sozialen Verteidigung

I. KAPITEL

Vom Strafgesetz und von den sichernden Maßregeln

Artikel 1

Dieses Gesetzbuch enthält:

A. die Strafgesetze (leyes represivas), die sich auf die im 2. Buch näher bezeichneten Straftaten (delitos) beziehen;

B. die Strafgesetze, die sich auf die im 3. Buch enthaltenen Übertretungen (contravenciones) beziehen;

C. die sichernden Maßregeln, die im 4. Buch enthalten sind.

Artikel 2

A. Gegen niemand darf eine Sanktion mit repressivem Charakter verhängt werden, die nicht in einem vor der Tat erlassenen Gesetz angedroht ist.

B. Niemand darf von einem nicht ordentlichen Gericht verurteilt werden, das nach Begehung der abzuurteilenden Tat geschaffen worden ist.

C. Als Straftat oder Übertretung dürfen nur solche Taten bestraft werden, die in diesem Gesetzbuch als solche bezeichnet sind.

D. Falls ein Richter oder ein Gericht von einer Tat Kenntnis erhalten, die sie für verfolgungswürdig ansehen, die aber in diesem Gesetz nicht beschrieben ist, haben sie sich jeder gerichtlichen Maßnahme insoweit zu enthalten und dem Justizministerium auf dem Dienstwege die Gründe darzulegen, die nach ihrer Ansicht die Tat als strafwürdig erscheinen lassen.

E. In gleicher Weise ist das Justizministerium auf dem Dienstwege von solchen Urteilen in Kenntnis zu setzen — ohne daß deshalb die Vollstreckung aufzuschieben ist —, die bei Anwendung der in diesem Gesetzbuch vorgesehenen Sanktionen in Anbetracht der Folgen der Tat, der geringen Gefährlichkeit des Täters und der sonstigen Tatumstände als übermäßig streng erscheinen. In solchen Fällen hat der Richter oder der Gerichtshof bei Verkündung des Urteils die Ermäßigung der auferlegten Strafe oder völligen Straferlaß im Gnadenwege zu empfehlen.

F. Verwaltungsbehörden, insbesondere Polizeidienststellen, dürfen nur solche sichernden Maßregeln anordnen oder auferlegen, auf die zuvor durch ein Gericht erkannt worden ist.

II. KAPITEL

Vom Geltungsbereich des Gesetzes der sozialen Verteidigung

1. Abschnitt

Die zeitliche Geltung

Artikel 3

A. Das Gesetz über die soziale Verteidigung hat hinsichtlich seiner Strafbestimmungen insoweit rückwirkende Kraft, als es für den Täter günstiger ist als ein früheres Gesetz.

B. Das günstigere Strafgesetz ist immer anzuwenden, selbst dann, wenn das Verfahren schon rechtskräftig abgeschlossen ist und wenn die auferlegte Sanktion an dem Verurteilten bereits vollzogen wird; seine Anwendung unterbleibt jedoch dann, wenn die Sanktion bereits vollständig vollstreckt ist.

C. Dessen ungeachtet ist die Strafe jedoch von Amts wegen oder auf Antrag des Verurteilten im Strafregister zu löschen, wenn das neue Gesetz die Strafbarkeit einer Tat, deretwegen jemand verurteilt worden ist, ganz aufhebt.

Artikel 4

Die Schwere der einzelnen Strafdrohungen im Verhältnis zueinander hängt davon ab, welche praktischen Auswirkungen die verschiedenen Bestimmungen der einzelnen Strafgesetze haben. Dabei ist auf den konkreten Einzelfall abzustellen; es sind jedoch folgende Regeln zu beachten:

A. Wenn 2 Sanktionen die Entziehung desselben Rechtsgutes anordnen, gilt diejenige Sanktion als die mildere, unabhängig von der Art und Weise ihres Vollzuges, die in quantitativer Hinsicht milder ist.

B. Wenn 2 Sanktionen die Entziehung von verschiedenen Rechtsgütern anordnen, so ist diejenige die mildere, die qualitativ milder ist. Dabei ist der Wert der betreffenden Rechtsgüter für den Betroffenen zu berücksichtigen nach Maßgabe der folgenden Abstufung:
   1. Todesstrafe,
   2. Freiheitsstrafe,
   3. Sanktionen, die das Recht, den Wohnsitz zu wählen, entziehen oder beschränken,
   4. Sanktionen, die die politischen oder bürgerlichen Befugnisse entziehen oder beschränken,
   5. Geldstrafen und sonstige finanzielle Sanktionen,
   6. jede andere Sanktion.

   In Fällen, in denen die qualitativ mildere Sanktion anzuwenden ist, ist diese auf eine Zeitdauer herabzusetzen, welche die Dauer der entsprechenden früher verhängten Sanktion nicht übersteigt. Dabei ist dem Verurteilten der bereits verbüßte Teil der früher verhängten Sanktion anzurechnen.

C. Dasjenige Gericht hat von Amts wegen oder auf Antrag des Betroffenen das Umwandlungsverfahren einzuleiten, das nach dem neuen Gesetz für die Aburteilung der Tat zuständig wäre.

Artikel 5

Ist jemand auf Grund dieses Gesetzes in einem Strafverfahren zur zivilrechtlichen Ersatzpflicht verurteilt worden, so kann dieses Erkenntnis durch ein späteres Gesetz, auch wenn es sich rückwirkende Kraft beilegt, nicht abgeändert werden.

Artikel 6

Die Verhängung von sichernden Maßregeln gegenüber Personen, die sich im Zustand der sozialen Gefährlichkeit befinden, richtet sich stets nach dem neuen Gesetz.

2. Abschnitt

Von der räumlichen Geltung des Gesetzes

Artikel 7

A. Die Vorschriften dieses Gesetzes finden auf alle Straftaten und Übertretungen Anwendung, die innerhalb des territorialen Hoheitsbereichs der Republik Cuba begangen worden sind, sei es zu Lande, zu Wasser oder in der Luft; ferner auch auf solche Delikte, die an Bord von Schiffen oder Luftfahrzeugen cubanischer Nationalität verübt worden sind, wo immer diese sich auch befinden; abgesehen von den Ausnahmeregelungen, die sich aus dem Völkerrecht und aus (völkerrechtlichen) Verträgen ergeben.

B. Das Gesetz findet auch bei Straftaten von Cubanern und Ausländern Anwendung, die an Bord von ausländischen Schiffen oder Luftfahrzeugen begangen werden, sofern diese sich innerhalb des cubanischen Hoheitsbereiches aufhalten, es sei denn, die Taten sind von ausländischen Besatzungsmitgliedern gegeneinander begangen worden; auch in dem letztgenannten Fall ist die Tat nach cubanischem Recht verfolgbar, wenn der Verletzte, der Kapitän des Schiffes oder der Konsul der betreffenden Nation die Behörden der Republik Cuba um Beistand ersuchen.

C. Unbeschadet der am Schluß des vorigen Absatzes enthaltenen Bestimmung kann die betreffende ausländische Nation, der der Täter angehört, Akteneinsicht und die Auslieferung des Täters nach Maßgabe der in den geltenden Verträgen getroffenen Regelung in denjenigen Fällen verlangen, die vor cubanischen Gerichten verhandelt werden.

D. Als Territorialgewässer im Sinne dieses Gesetzes gilt das die Republik Cuba umgebende Meer innerhalb einer Entfernung von 3 Seemeilen, gerechnet von dem tiefsten Punkt bei Ebbe und von der dem Territorium entferntesten Klippe oder Insel nach Maßgabe der die Klippen und Inseln einschließenden nationalen Grenzen.

E. Als nationaler cubanischer Luftraum im Sinne dieses Gesetzes gilt der atmosphärische Raum oberhalb des cubanischen Territoriums oder der Territorialgewässer.

Artikel 8

Der Inländer, der eine strafbare Handlung im Inland begeht, unterliegt der inländischen Gerichtsbarkeit, auch wenn er sich im Ausland aufhält; in gleichen Fällen unterliegen Ausländer und Staatenlose der inländischen Gerichtsbarkeit nur dann, wenn die Regierung um Aburteilung im Inland ersucht.

Artikel 9

Die Vorschriften dieses Gesetzbuches finden auch auf solche Inländer wie Ausländer, die außerhalb des cubanischen Territoriums, des Territorialluftraumes oder der Territorialgewässer strafbare Handlungen begangen haben, in folgenden Fällen Anwendung:

A. bei Straftaten gegen den äußeren und inneren Bestand der Nation und den Frieden des Staates;

B. bei Straftaten von Cubanern gegen Mitglieder des diplomatischen oder konsularischen Corps, offizielle Vertreter, Repräsentanten oder Beauftragte der Republik Cuba im Ausland;

C. bei Straftaten gegen den „öffentlichen Glauben" bei folgenden Tatbeständen:

1. Fälschung des Staatssiegels, der Unterschriften des Präsidenten der Republik und der Staatsminister sowie der öffentlichen Siegel und Embleme;
2. Münz- und Banknotenfälschung bei Zahlungsmitteln der nationalen Währung oder von Zahlungsmitteln einer Bank, sofern diese einen gesetzlichen Kurs innerhalb der Republik haben;
   ferner Fälschung von Zahlungsmitteln, die, nachdem sie aus dem Ausland eingeführt worden sind, innerhalb der Republik umlaufen;
3. Fälschung von Inhaberpapieren, Legitimationspapieren, Anteilscheinen, Schuldverschreibungen, Wechseln oder irgendeinem anderen Wertpapier, insbesondere einer Schuldverschreibung des Staates, einer Provinz oder einer Gemeinde;
4. Fälschung von Siegeln des Post- und Telegraphenamtes, von inländischen Briefmarken oder von Marken, die zur amtlichen Kennzeichnung von Wertpapieren des Staates, der Provinzen oder der Gemeinden dienen;
5. Fälschung des staatlichen Notenpapieres oder der Drucktypen oder von sonstigen öffentlichen Dokumenten;

D. bei Straftaten, die von Angehörigen des diplomatischen oder konsularischen Corps oder anderen offiziellen Vertretern, Repräsentanten oder Beauftragten der Republik Cuba im Staatsdienst, und zwar in Ausübung ihrer Funktionen außerhalb der Landesgrenzen begangen werden;

E. bei Straftaten von Ausländern oder Inländern, wenn der Erfolg ihrer im Ausland begangenen strafbaren Handlungen im Inland eingetreten ist, einerlei ob Teilnehmer der Tat im Inland tätig geworden sind oder nicht.

F. Eine Gefängnisstrafe oder vorbeugende Freiheitsentziehung oder sonstige Sanktion, die der Angeklagte bereits ganz oder teilweise erlitten hat, ist von den inländischen Gerichten voll anzurechnen.

Artikel 10

Die Auslieferung eines Cubaners oder eines Ausländers kann nur verlangt werden:

A. wenn der Betreffende, nachdem er in der Republik straffällig geworden ist, ins Ausland geflohen ist;

B. in den Fällen, in denen der Betreffende im Ausland straffällig geworden ist, nur unter den Voraussetzungen des Artikels 9.

Artikel 11

Eine Auslieferung kann nicht verlangt werden:

A. von Cubanern wegen politischer Straftaten, die sie im Inland oder im Ausland begangen haben;

B. von Ausländern, die in ihren Heimatstaat geflüchtet sind.

Artikel 12

Die Auslieferung ist weiter davon abhängig, daß die Straftaten, deretwegen sie verlangt wird, im Zeitpunkt ihrer Begehung durch das geltende cubanische Strafgesetz mit Strafe bedroht waren.

Artikel 13

Ein Verfahren wegen strafbarer Handlungen, die im Ausland begangen worden sind, darf nur auf Anweisung der Regierung in Gang gebracht werden. Die Vorschriften dieses Gesetzes über die Strafbarkeit von Delikten, die außerhalb der Landesgrenzen begangen worden sind, gelten vorbehaltlich der Bestimmungen des Völkerrechts und der geltenden oder zukünftig in Kraft tretenden Staatsverträge.

Artikel 14

Die Vorschriften dieses Gesetzbuches, die sich auf außerhalb des nationalen Territoriums begangene Straftaten beziehen, gelten nur vorbehaltlich der völkerrechtlichen oder der in gültigen oder vorher abgeschlossenen Staatsverträgen enthaltenen Bestimmungen.

3. Abschnitt

Der persönliche Geltungsbereich des Gesetzes der sozialen Verteidigung

Artikel 15

Die Vorschriften dieses Gesetzes sind anzuwenden:

A. auf natürliche Personen,

B. auf juristische Personen, sofern sie in Cuba ansässig sind; bei ausländischem Sitz nur dann, wenn die strafbare Handlung in Cuba begangen worden ist oder wenn ihr Erfolg, bei Begehung der Tat im Ausland, im Inland eingetreten ist.

Artikel 16

Juristische Personen sind in den in diesem Gesetz oder in Sondergesetzen näher bezeichneten Fällen strafrechtlich verantwortlich für Gesetzesverstöße, die innerhalb des Handlungsbereiches der betreffenden juristischen Person durch ihre bevollmächtigten Vertreter oder im Einverständnis mit ihren Gesellschaftern begangen worden sind; dessen ungeachtet sind auch die natürlichen Personen, denen die strafbare Handlung zur Last fällt, daneben individuell verantwortlich.

II. TITEL

Von der strafbaren Handlung

I. KAPITEL

Von der strafbaren Handlung im allgemeinen

Artikel 17

Die Vergehen oder Übertretungen, die in diesem Gesetzbuch mit Strafe bedroht sind, können durch Handlung oder Unterlassung, vorsätzlich oder fahrlässig begangen werden.

Artikel 18

A. Niemand kann wegen einer in diesem Gesetz bezeichneten vorsätzlichen Tat bestraft werden, wenn er die Handlung oder Unterlassung selbst nicht gewollt oder den eingetretenen Erfolg weder gewollt noch vorausgesehen hat.

B. Wenn der eingetretene Erfolg dem Vorsatz oder der Voraussicht des Täters nicht entspricht, so darf er den Täter nur in den vom Gesetz besonders bezeichneten Fällen und unter den dort besonders erwähnten Voraussetzungen zugerechnet werden.

C. Bei denjenigen Straftaten, bei denen ein besonderer verbrecherischer Erfolg zur Verwirklichung des Tatbestandes nicht erforderlich ist, begründet das bloße Tun oder Unterlassen bereits die strafrechtliche Verantwortlichkeit; es sei denn, eine der wesentlichen Voraussetzungen der Zurechnungsfähigkeit ist offensichtlich nicht gegeben.

Artikel 19

Fahrlässigkeit ist in den von diesem Gesetz besonders gezeichneten Fällen dann strafbar, wenn der Täter aus Unvorsichtigkeit, Unerfahrenheit, Nachlässigkeit oder aus Unaufmerksamkeit gegenüber den gesetzlichen Vorschriften tätig wird oder wenn er untätig bleibt, obwohl er zu handeln verpflichtet war, sofern der vom Täter nicht gewollte Erfolg mit der bezeichneten Handlung oder Unterlassung im ursächlichen Zusammenhang steht.

Artikel 20

Unter einer „übervorsätzlichen“ Straftat (delito preterintencional) ist eine Tat zu verstehen, bei der Vorsatz und Fahrlässigkeit in bezug auf ein und dieselbe Handlung zusammentreffen.

Artikel 21

Als politische Straftaten i. S. dieses Gesetzes gelten alle Taten, die politische Rechte oder Interessen des Staates oder des einzelnen Staatsbürgers verletzen.

Artikel 22

Wenn die kriminelle Handlung nicht nur politische Rechte und Interessen des Staates oder des einzelnen Bürgers verletzt, sondern darüber hinaus ein sonstiges Recht; oder wenn ein Tatbestand des allgemeinen Strafrechts mit einer politischen Straftat zusammentrifft, so finden die Vorschriften des folgenden Kapitels über die Verbrechenskonkurrenz Anwendung.

II. KAPITEL

Über das Zusammentreffen mehrerer Straftaten

Artikel 23

A. Als einzelne Straftat gelten:
   1. mehrere strafbare Handlungen, die sich als Mittel zur Erreichung eines einheitlichen Erfolges darstellen;
   2. eine Handlung, durch die verschiedene Vorschriften dieses Gesetzes verletzt werden.

B. In allen diesen Fällen ist diejenige Strafe zu verhängen, die der schwersten Zuwiderhandlung entspricht.

C. Mehrere Verstöße gegen dieselbe Gesetzesvorschrift zu verschiedenen Zeiten gelten als eine einzige Straftat oder als fortgesetzte Handlung, sofern diese Verstöße auf einem einzigen umfassenden verbrecherischen Entschluß beruhen.

Die Strafe ist aber nach dem Ermessen des Gerichts unter Berücksichtigung der durch die Vielzahl der Gesetzesverstöße zutage getretenen Gefährlichkeit des Täters sowie der Tatumstände im übrigen um $^1/_4$ bis um $^1/_2$ des Strafmaßes zu erhöhen.

Artikel 24

Hat jemand zwei oder mehr Straftaten begangen, ohne daß die Voraussetzungen des Artikels 23 gegeben sind, so ist er, sofern das möglich ist, zu allen Sanktionen, die er verwirkt hat, gleichzeitig zu verurteilen, andernfalls nach Maßgabe folgender Vorschriften in einer die Schwere der einzelnen Taten berücksichtigenden Stufenfolge:

A. Die Gesamtstrafe darf ihrer Dauer nach die für eine einzelne Tat verwirkte zeitlich längste Strafe höchstens um $^1/_3$ übersteigen.

B. Keinesfalls darf die verhängte Strafe 30 Jahre überschreiten.

III. KAPITEL
Vom vollendeten und unvollendeten Delikt

Artikel 25

A. Sowohl das vollendete wie das unvollendete Delikt ist strafbar.

B. Übertretungen sind nur im Fall ihrer Vollendung strafbar.

Artikel 26

A. Eine Straftat ist dann vollendet, wenn die vom Täter gewollte Handlung in der Weise und mit den Mitteln, die vorgesehen waren, vollständig verwirklicht ist.

B. Unter unvollendetem Delikt ist eine Straftat zu verstehen, die aus irgendeinem Grunde nicht vollendet wurde.

C. Ist die Straftat unvollendet, so haben die Gerichte bei der Verhängung von Sanktionen diese dem Stadium, bis zu dem die Handlung gediehen war, und der zutage getretenen Gefährlichkeit des Täters anzupassen.

D. Wenn die Handlungen des Täters bei im übrigen unvollendetem Delikt für sich allein den Tatbestand einer Straftat von geringerem Unrechtsgehalt oder einer Übertretung verwirklichen, und wenn ein darüber hinausgehender verbrecherischer Wille des Täters nicht klar hervorgetreten ist, so sind, falls dies für den Täter günstiger ist, die Sanktionen des vollendeten leichteren Delikts oder der tateinheitlich begangenen Übertretung über ihn zu verhängen.

E. Falls die Handlungen des Täters oder die zur Verwirklichung des beabsichtigten verbrecherischen Erfolges benutzten Mittel völlig untauglich sind, kann das Gericht gleichwohl feststellen, daß sich der Täter in einem gefährlichen Zustand befinde, und im Hinblick darauf jede beliebige der im 4. Buch bezeichneten sichernden Maßregeln über ihn verhängen.

III. TITEL

Von der strafrechtlichen Verantwortlichkeit

I. KAPITEL

Über die Täterschaft und Teilnahme

Artikel 27

Im Sinne dieses Gesetzes sind bei Begehung von Straftaten und Übertretungen verantwortlich:
A. die Täter;
B. die Teilnehmer (Tatgenossen).

Artikel 28

Täter können unmittelbar oder mittelbar tätig werden.
A. Als unmittelbare Täter gelten:
1. diejenigen Personen, die an der Ausführung einer Tat unmittelbar beteiligt sind oder die Tat selbst begehen;
2. diejenigen Personen, die bei der Ausführung strafbarer Handlungen vor oder während der Begehung der Tat durch Handlungen mitwirken, ohne die die Ausführung nicht möglich gewesen wäre.

B. Als mittelbare Täter gelten:
1. diejenigen Personen, die andere zur Tatbegehung zwingen oder anstiften, indem sie sich der Gewalt, physischen Zwanges, der Einschüchterung, der Hypnose oder anderer psychischer Zwangsmittel in einem Maße bedienen, das ausreicht, um die strafbare Handlung herbeizuführen;
2. diejenigen Personen, die moralisch auf den unmittelbaren Täter einwirken durch Betrug, Suggestion, Mißbrauch ihrer Autorität, ihrer Machtbefugnisse oder ihrer elterlichen Gewalt, indem sie Geld, Belohnungen, Geschenke oder persönlichen Einfluß aufbieten oder sich irgend eines anderen ähnlichen Mittels bedienen, das geeignet erscheint, den Betreffenden zur Begehung der strafbaren Handlung zu veranlassen.

Artikel 29

Wenn der verbrecherische Erfolg unabhängig von dem Willen des mittelbaren Täters nicht eintritt, so kann das Gericht gleichwohl feststellen, daß sich der Betreffende in einem gefährlichen Zustand befinde, und im Hinblick darauf jede beliebige der im 4. Buch näher bezeichneten sichernden Maßregeln gegen ihn verhängen.

Artikel 30

Als Teilnehmer (complices) gelten:
A. diejenigen Personen, die andere ermutigen, so daß sie bei ihrem verbrecherischen Vorhaben beharren und strafbare Handlungen begehen; oder die anderen versprechen, daß sie ihnen nach Begehung einer strafbaren Handlung helfen und dann mit ihnen zusammenwirken würden;
B. diejenigen Personen, die Nachrichten besorgen oder Werkzeuge beschaffen, die der Ausführung der strafbaren Handlung dienen sollen;

C. diejenigen Personen, die Ausführungshandlungen erleichtern, indem sie vor oder nach Begehung der Tat, ohne selbst an ihrer Ausführung unmittelbar beteiligt zu sein, Hilfe und Beistand leisten;

D. diejenigen Personen, welche als Mittelsmänner zwischen den Mitschuldigen tätig werden, um deren Tatbeiträge aufeinander abzustimmen.

Die Sanktion, die über die Teilnehmer verhängt wird, beträgt 1/4 bis 1/2 derjenigen Sanktion, die die Haupttäter verwirkt haben. Bei der Strafzumessung haben die Gerichte den Grad der Mitwirkung und den Unrechtsgehalt der strafbaren Teilnahme sowie die Gefährlichkeit des Täters zu berücksichtigen.

Artikel 31

Wenn der Täter bei der Begehung der Tat Tatumstände nicht kannte, die zum gesetzlichen Tatbestand gehören, ihn qualifizieren oder die strafrechtliche Verantwortlichkeit straferschwerend beeinflussen, so sind ihm diese Umstände nicht zuzurechnen.

Artikel 32

Persönliche Eigenschaften oder Verhältnisse, welche für die strafrechtliche Verantwortlichkeit eines Täters von Bedeutung sind, erstrecken sich nicht auf andere Mitbeteiligte.

Artikel 33

Wenn die Tat infolge eines Irrtums des Täters oder infolge eines anderen Umstandes nicht demjenigen, gegen den sie gerichtet war, sondern einem anderen Unbeteiligten Schaden zufügt, so sind etwaige straferhöhende Umstände in der Person des Verletzten nicht zu berücksichtigen.

II. KAPITEL

Von den Umständen, die die strafrechtliche Verantwortlichkeit ausschließen

Artikel 34

Eine strafrechtliche Verantwortlichkeit i. S. dieses Gesetzes besteht nicht, wenn dem Täter ein Schuldausschließungsgrund oder ein Rechtfertigungsgrund zur Seite steht.

Artikel 35

Als schuldunfähig sind anzusehen:

A. Geisteskranke und diejenigen Personen, die bei Begehung der Tat an einer Bewußtseinstrübung leiden, auch wenn letztere nur vorübergehender Art ist.

In den vorgenannten Fällen ordnet das Gericht die Einweisung des Betreffenden in eine Heilanstalt an, die der Beobachtung und Behandlung von Kranken dieser Art dient. Die Entlassung aus einer solchen Anstalt ist nur mit Ermächtigung des erkennenden Gerichts zulässig; dieses hat zuvor eine Stellungnahme des behandelnden Psychiaters nach Maßgabe der im 4. Buch dieses Gesetzes enthaltenen Vorschriften herbeizuführen.

B. Personen, die sich bei der Tat im Zustand der Volltrunkenheit befinden, vorausgesetzt, daß es sich um eine zufällige, nicht gewohnheitsmäßige und nicht vom Täter absichtlich herbeigeführte Trunkenheit handelt.

Unter Volltrunkenheit ist ein Zustand zu verstehen, bei dem eine Bewußtseinstrübung so hochgradiger Art eingetreten ist, daß die Verstandestätigkeit des Täters völlig ausgeschaltet ist.

C. Personen, die sich bei der Tat in einem der Volltrunkenheit vergleichbaren zufälligen, nicht gewohnheitsmäßigen und nicht absichtlich herbeigeführten Rauschzustand befinden, der auf der Einnahme, der Inhalation oder Injektion von Narkotika oder Rauschgiften beruht.

D. Jugendliche unter 12 Jahren.

Ein Jugendlicher unter 12 Jahren, der eine mit Strafe bedrohte Handlung begeht, wird als sozialgefährlich angesehen und unterliegt der Jugendgerichtsbarkeit.

E. Personen, die seit ihrer Geburt taubstumm sind oder dies vor Vollendung ihres 7. Lebensjahres geworden sind, sofern ihnen keinerlei Unterweisung oder Erziehung zuteil geworden ist.

Der nicht schuldfähige Taubstumme, der eine mit Strafe bedrohte Handlung begeht, ist in einer Erziehungsanstalt für Anomale unterzubringen, aus der er nur mit Erlaubnis des Gerichts in Übereinstimmung mit den Vorschriften des 4. Buches entlassen werden darf.

F. Personen, die infolge äußerer unwiderstehlicher physischer Gewalt oder auf Grund gleichermaßen unwiderstehlicher Suggestion oder sonstiger psychischer Einwirkung tätig geworden sind.

G. Personen, die infolge unüberwindlicher Angst vor einem der Rechtsgutverletzung gleichwertigen oder sie übersteigenden, ihnen rechtswidrig in Aussicht gestellten Übel tätig geworden sind.

H. Ausländer, die erst kurze Zeit im Lände ansässig und infolgedessen noch rechtsunkundig sind, bei Übertretungen, die als bloße Ordnungswidrigkeiten erscheinen, insbesondere bei Übertretungen von Polizei- oder Verwaltungsvorschriften, sofern die betreffende Handlung in ihrem Heimatstaat nicht verboten ist.

Artikel 36

Eine strafrechtliche Verantwortlichkeit des Täters entfällt ferner, wenn ihm ein Rechtsfertigungsgrund zur Seite steht, und zwar:

A. wenn er zur Verteidigung seiner Person oder seiner Rechte tätig geworden ist, sofern folgende Umstände zusammentreffen:

1. ein rechtswidriger Angriff, der von demjenigen, der sich dagegen verteidigt, nicht provoziert und nicht absichtlich aufgesucht worden ist;
2. das zur Verhinderung oder Abwehr angewandte Mittel muß bei vernünftiger Betrachtungsweise objektiv und subjektiv erforderlich gewesen sein;

B. wenn der Täter zur Verteidigung der Person oder der Rechte seines Ehegatten, seiner Verwandten aufsteigender oder absteigender Linie oder seiner gesetzlichen, natürlichen oder Adoptivgeschwister oder seiner Verwandten gleichen Grades oder seiner Blutsverwandten bis zum 4. Grade i. S. d. Bürgerlichen Rechts tätig geworden ist; jedoch nur, wenn die Voraussetzungen des Absatzes A 2 vorliegen und sofern derjenige, der Nothilfe übt, an einem etwa vorangegangenen Angriff oder einer Provokation von Seiten des Angegriffenen nicht beteiligt war;

C. wenn der Täter zur Verteidigung der Person oder der Rechte eines beliebigen Anderen tätig wird, sofern beide Voraussetzungen des Absatzes A zusammentreffen und sofern der Nothelfer nicht durch Rachegefühl, persönliche Abneigung oder einen anderen unzulässigen Beweggrund zu seinem Verhalten bestimmt wird.

Bei der Feststellung der letztgenannten Tatumstände hat das Gericht der Gemütsverfassung des Nothelfers unter Berücksichtigung aller zusammentreffenden Umstände Rechnung zu tragen;

D. wenn der Täter, um von sich oder einem Dritten eine schwerwiegende, tatsächliche und gegenwärtige Gefahr für Leib oder Leben abzuwenden, Personen oder Sachen Schaden zufügt, vorausgesetzt, daß er die Gefahr nicht absichtlich oder arglistig herbeigeführt hat, und daß der zugefügte Schaden geringer zu bewerten ist als derjenige, den er zu vermeiden suchte, und daß der Täter nicht auf Grund beruflicher, vertraglicher oder gesetzlicher Verpflichtung gehalten ist, die Schädigung in Kauf zu nehmen;

E. wenn der Täter, um eine schwerwiegende, tatsächliche und gegenwärtige Gefahr für das Eigentum, die Ehre oder die Freiheit seiner selbst oder eines Dritten abzuwenden, Personen oder Sachen einen Schaden zufügt, sofern folgende Umstände zusammentreffen:

1. der verursachte Schaden muß geringer sein als derjenige, den es zu vermeiden gilt;
2. die Notwehrlage darf nicht absichtlich oder arglistig vom Täter herbeigeführt worden sein;
3. das Übel, das vermieden werden soll, darf sich nicht aus der Ausführung einer gesetzlichen Anordnung oder der in gesetzmäßiger Ausübung ihrer Funktionen gegebenen Anordnung einer zuständigen Behörde herleiten;

F. wenn der Täter, dem eine mit Strafe bedrohte Unterlassung zur Last fällt, infolge einer schweren Krankheit oder eines Erschöpfungszustandes, der auf Nahrungsmangel beruht oder auf Grund eines anderen vom Gesetz nicht mißbilligten, zweifelsfrei gegebenen und unwiderstehlichen Umstandes untätig geblieben ist;

G. wenn der Täter aus Hunger ein Eigentumsdelikt begeht, sofern folgende Umstände zusammentreffen:

1. der Wert des entwendeten Gutes darf das für die unmittelbare Kräftigung des Täters und der in seiner Obhut befindlichen Personen Unerläßliche nicht übersteigen;
2. jede sonstige vermeidbare Schädigung des Eigentums, sowie Angriffe auf Personen bzw. deren Einschüchterung müssen unterbleiben;
3. die begangene Tat darf nicht einen besonders gefährlichen Zustand des Täters offenbaren;
4. der Täter darf weder Landstreicher noch Gewohnheitstrinker noch Bettler noch rauschgiftsüchtig sein;
5. der Zustand äußerster Not als Ursache der Straftat darf vom Täter nicht verschuldet worden sein;

H. wenn der Täter anläßlich einer erlaubten Tätigkeit trotz Beobachtung der gebotenen Sorgfalt rein zufällig einen Schaden verursacht hat;

I. wenn der Täter in Erfüllung einer Pflicht oder in rechtmäßiger Ausübung eines Rechtes, eines Berufes, Amtes oder Dienstauftrages tätig geworden ist;

J. wenn der Täter auf Grund pflichtmäßigen Gehorsams tätig geworden ist;
unter pflichtmäßigen Gehorsam ist derjenige Gehorsam zu verstehen, der dem Täter durch das Gesetz auferlegt wird, sofern die begangene Tat sich innerhalb der Befehlsbefugnis desjenigen hält, der sie anordnet, und sofern die Ausführung der Anordnung zu den Verpflichtungen desjenigen gehört, der der Anordnung Folge leistet.

III. KAPITEL
Von den Umständen, welche die strafrechtliche Verantwortlichkeit mildern

1. Abschnitt
Von den persönlichen Umständen, die die Strafe und die Gefährlichkeit mildern

Artikel 37

Folgende persönliche Tatumstände sind als Umstände anzusehen, die die Strafwürdigkeit und Gefährlichkeit des Täters mildern:

A. Die im vorigen Kapitel aufgezählten strafausschließenden Umstände, wenn nicht alle Erfordernisse gegeben sind, um die strafrechtliche Verantwortlichkeit des Täters auszuschließen, und zwar in allen dort genannten Fällen, ausgenommen die Fälle des Art. 35 A und Art. 36 Abs. H. Hinsichtlich dieser letztgenannten Umstände gilt folgendes:
   1. Nach Maßgabe des Art. 35 Abs. A kann das Gericht in Fällen der „halben" Geisteskrankheit oder der nur teilweisen Störung der geistigen und intellektuellen Fähigkeiten oder der Willenssteuerung unter Aussetzung der verhängten Sanktion den Beschuldigten zur Beobachtung in eine Kriminalirrenanstalt einweisen, wo er solange bleibt bis er völlig geheilt ist.
   2. Im Falle des Art. 36 Abs. H sind die in Art. 72 näher bezeichneten Sanktionen dann anzuwenden, wenn ein irgendwie geartetes Verschulden vorliegt.

B. Jugendliches Alter des Täters (mehr als 12 aber weniger als 18 Lebensjahre).
   Wird ein solcher Minderjähriger für strafrechtlich verantwortlich erklärt, so ist er in eine Jugendbesserungsanstalt, die das Gericht bestimmt, einzuweisen. Er verbleibt darin bis er volljährig geworden ist oder bis der Freiheitsentzug, auf den das einweisende Gericht erkannt hat, abgelaufen ist.

C. Wenn der Täter vor Begehung der Tat ein vorbildliches Leben geführt hat, insbesondere regelmäßig gearbeitet und auch sonst seine sozialen Pflichten erfüllt hat.

D. Tätige Reue, sofern sie zum Erfolg führt, vorausgesetzt, daß folgende Umstände zusammentreffen:
   1. Der Täter muß zum ersten Mal straffällig geworden sein, ohne daß im übrigen erschwerende Umstände in Erscheinung treten.

2. Der Täter muß sich aus eigenem Antrieb bemüht haben, die Folgen der Straftat zu beseitigen oder zu vermindern oder dem Verletzten Genugtuung zu verschaffen, oder ein Geständnis bei amtlichen Stellen abzulegen, bevor er von der Eröffnung des Ermittlungsverfahrens Kenntnis erhalten hatte.

E. Wenn der Täter 10 Jahre nach einer früheren Strafvollstreckung ein vorbildliches arbeitssames Leben geführt hat, das die Anerkennung seiner Mitbürger verdient, sofern während dieses Zeitraumes keine Anzeichen größerer sozialer Gefährlichkeit hervorgetreten sind.

F. Wenn der Täter die Tat in dem — wenn auch irrigen — Glauben begangen hat, daß er dazu berechtigt sei.

G. Wenn der Täter aus einem ehrenwerten Beweggrund oder aus altruistischen Antrieben gehandelt hat.

H. Wenn der Täter die Tat auf Veranlassung eines Vorgesetzten oder einer Person begangen hat, die auf ihn maßgeblichen Einfluß ausübt, vorausgesetzt, daß nicht zugleich irgendein Umstand größerer sozialer Gefährlichkeit vorliegt.

I. Wenn der Täter unter dem Einfluß einer Massensuggestion oder eines allgemeinen Tumultes gehandelt hat, es sei denn, der Täter hat den Tumult selbst provoziert oder hervorgerufen, oder er hat offensichtlich als Anführer oder Leiter der Gruppen, von denen die Massensuggestion oder der Tumult ausgingen, mitgewirkt; weitere Voraussetzung ist jedoch, daß bei dem Täter keinerlei Umstände einer größeren sozialen Gefährlichkeit vorliegen.

J. Wenn der Täter zugunsten einer wohltätigen Einrichtung tätig geworden ist, sofern ausschließlich diese Einrichtung aus der Straftat Nutzen gezogen hat.

K. Wenn der Täter eine strafbare Unterlassung infolge körperlicher Ermüdung, die von übermäßiger Arbeit herrührte, begangen hat.

L. Wenn eine Frau eine Straftat unter dem Einfluß seelischer Störungen begeht, die bei ihr durch Klimakterium, Schwangerschaft, Menstruation oder krankhafte Folgeerscheinungen einer Geburt ausgelöst worden sind.

M. Wenn der Täter das 70. Lebensjahr vollendet hat.

N. Wenn der Täter Eigentumsdelikte aus Not begangen hat, sofern er sich vor Begehung der Tat einwandfrei geführt und regelmäßig für den Unterhalt seiner Angehörigen gesorgt hatte.

2. Abschnitt

Von den aus der Tat hergeleiteten mildernden Umständen

Artikel 38

Folgende Tatumstände sind mildernd zu berücksichtigen:

A. Notwehrexzeß des Täters im Falle des Art. 36 Abs. A;

B. Exzeß des Täters in den in Art. 36 Abs. B, C, D, E, I, J behandelten Fällen;

C. Verwandtschaft bis zum 4. zivilrechtlichen Grad der Blutsverwandtschaft oder Schwägerschaft außer bei gegen die Person gerichteten Straftaten und vorbehaltlich der in diesem Gesetzbuch näher bezeichneten Ausnahmefälle;

D. eine Herausforderung oder ernstliche Drohung von Seiten des Verletzten, sofern diese der Tat unmittelbar vorausgegangen war;
E. Begehung der Tat zum Zwecke der unmittelbar nachfolgenden Vergeltung für eine dem Täter, seinem Ehegatten, seinen Verwandten aufsteigender oder absteigender Linie, seinen ehelichen, unehelichen oder Adoptivgeschwistern oder Verschwägerten desselben Grades zugefügte schwere Beleidigung;
F. Begehung der Tat unter dem Einfluß von so übermächtigen Antrieben, daß dadurch eine unüberwindliche Gemütsbewegung, Angst, Verblendung, Zorn oder heftiger Schmerz hervorgerufen wurde, es sei denn, diese Antriebe waren gesellschaftsfeindlicher Art;
G. Begehung der Tat als Reaktion auf einen offensichtlichen Autoritätsmißbrauch des Opfers.

IV. KAPITEL
Von den Umständen, welche die kriminelle Verantwortlichkeit erhöhen

1. Abschnitt
Von den persönlichen Straferschwerungsgründen und den Anzeichen einer größeren sozialen Gefährlichkeit

Artikel 39

Folgende persönliche Umstände erhöhen die kriminelle Verantwortlichkeit:
A. Der gleichartige Rückfall.
Gleichartiger Rückfall liegt dann vor, wenn der Täter zuvor wegen einer anderen gleichartigen Straftat verurteilt worden ist, und die Strafe verbüßt hat.
B. Ungleichartiger Rückfall.
Ungleichartiger Rückfall liegt dann vor, wenn der Täter zuvor wegen zweier oder mehrerer nicht einschlägiger Straftaten verurteilt worden ist und die Strafe verbüßt hat.

In den Fällen der Absätze A und B haben die cubanischen Gerichte auch Urteile mit zu berücksichtigen, die von ausländischen Gerichten gefällt worden sind, sofern solche Urteile nach Maßgabe der internationalen Konventionen und Verträge, an denen Cuba beteiligt ist, zu berücksichtigen sind.
C. Wenn der Täter während der Vollstreckung einer für eine frühere Straftat verhängten Sanktion oder während der bedingten Aussetzung einer solchen Sanktion eine neue Straftat begeht.
D. Wenn der Täter die Straftat im Hinblick auf die Gewährung einer Belohnung, eines Geschenkes oder eines für ihn günstigen Angebotes oder eines Versprechens begeht.
E. Mißbrauch der öffentlichen Autorität oder des öffentlichen Vertrauens oder Mißbrauch derjenigen Befugnisse, die einem dem Täter erteilten Auftrag innewohnen.
F. Blutsverwandtschaft bis zum 4. Grade bei den gegen die Person gerichteten Straftaten.
G. Enge Freundschaft oder herzliche Zuneigung zwischen Täter und Verletzten.

H. Gewohnheitsmäßige oder vorbedachte Trunkenheit.
Gewohnheitsmäßige oder vorbedachte Einnahme, Inhalation oder Injektion von Stimulantien, Rauschgiften oder sonstigen Anregungsmitteln.

Artikel 40

Folgende Umstände erhöhen die soziale Gefährlichkeit:

A. Generelle oder spezielle Gewohnheitsmäßigkeit.
Generelle Gewohnheitsmäßigkeit liegt dann vor, wenn der Täter mindestens viermal wegen strafbarer Handlungen verschiedener Art bestraft worden ist und die Sanktionen verbüßt hat.
Spezielle Gewohnheitsmäßigkeit liegt dann vor, wenn der Täter mindestens dreimal wegen solcher strafbarer Handlungen bestraft worden ist, die innerhalb eines Titels dieses Gesetzes aufgeführt sind, und wenn er die über ihn verhängten Sanktionen verbüßt hat.

B. Landstreicherei und Rauflust.

C. Gewohnheitsmäßige Neigung zum Glücksspiel oder zum Mädchenhandel.

D. Zugehörigkeit zu verbotenen Vereinigungen.

E. Das Bekenntnis zu einem religiösen Glauben, Kult oder Ritus, bei dem Menschen- oder Tieropfer dargebracht werden oder bei dem Hexerei, schwarze Magie oder ein anderer Aberglauben, der der öffentlichen Moral und der öffentlichen Ordnung zuwiderläuft, betrieben wird.

F. Niedrige Beweggründe.

G. Nichtige Beweggründe.

H. Begehung der Tat infolge von Triebabirrungen, sofern diese mit Gewalttätigkeit verbunden sind.

2. Abschnitt

Von den Tatumständen, die die kriminelle Verantwortlichkeit erhöhen

Artikel 41

Folgende Tatumstände erhöhen die kriminelle Verantwortlichkeit:

A. Heimtücke.
Heimtücke ist dann gegeben,

1. wenn der Täter irgendeine Straftat gegen das Leben oder die körperliche Unversehrtheit begeht und dabei so vorgeht, daß er dabei jegliche Gefahr für die eigene Person, die sich aus einer etwaigen Verteidigung des Angegriffenen ergeben könnte, durch bestimmte Mittel und Maßregeln von vornherein ausschaltet;
2. wenn das Opfer der Straftat bei Angriffen gegen das Leben oder die körperliche Unversehrtheit das 70. Lebensjahr überschritten hat, oder wenn es sich bei dem Opfer um eine schwangere Frau oder einen Jugendlichen unter 16 Jahren oder einen Invaliden oder eine offensichtlich kranke Person handelt, sowie allgemein dann, wenn der Angegriffene infolge seiner persönlichen Verhältnisse oder infolge der Umstände, unter denen er bei der Tat angetroffen wird, außerstande ist, sich angemessen zu verteidigen.

B. Wenn der Täter sich bei Begehung der Tat eines Kraftfahrzeuges, Schiffes oder Luftfahrzeuges oder irgend eines anderen ähnlichen Mittels bedient, das geeignet ist, seine schnelle Flucht zu gewährleisten.

C. Wenn der Täter sich bei Begehung der Tat besonderer Hinterlist, Täuschungen, Verkleidungen oder irgend eines anderen betrügerischen Mittels bedient, um sich die Ausführung der Tat zu erleichtern oder seine Identität zu verheimlichen.

D. Blindwütiges Verhalten.
Blindwütiges Verhalten liegt dann vor, wenn der Täter vorsätzlich oder planmäßig den Verbrechensschaden dadurch erhöht, daß er mutwillig andere Schäden hervorruft, ohne daß dies für die Vollendung der Tat erforderlich wäre.

E. Wenn der Täter mit vorbedachter Überlegung handelt.
Vorbedachte Überlegung ist dann anzunehmen, wenn durch äußerlich wahrnehmbare Handlungen des Täters offenbar wird, daß der Verbrechensentschluß vom Täter so lange Zeit vor Begehung der Tat gefaßt worden ist, daß der Täter Gelegenheit hatte, hierfür Vorkehrungen zu treffen und das Verbrechen im einzelnen zu bedenken und zu planen, und wenn er in der Zeit zwischen Tatentschluß und Tatverwirklichung insbesondere durch planmäßige Beseitigung der Schwierigkeiten, die bei Begehung der Tat auftreten könnten, zu erkennen gegeben hat, daß er unbeirrt an seinem Entschluß festhält.

F. Wenn die Tat an einem Ort ausgeführt wird, wo öffentliche Behörden ihre Funktionen ausüben oder in der Wohnung des Opfers, es sei denn, die Tat beruhte auf einer Provokation eines Behördenangehörigen oder des Opfers.

G. Begehung der Tat mittels Einsteigens.
Ein Einsteigeverbrechen liegt dann vor, wenn der Täter den Tatort auf einem Wege, der dafür nicht bestimmt ist, aufsucht oder verläßt.

H. Wenn die Tat mit Hilfe eines Dietrichs, eines falschen oder zwar richtigen aber entwendeten Schlüssels begangen wird, oder mit Hilfe eines anderen ähnlichen Mittels, das geeignet ist, den Widerstand zu beseitigen, der sich durch Schutzvorkehrungen des Opfers ergibt.

I. Wenn die Tat mit Hilfe von Explosivstoffen, schädlichen Gasen, Brandstiftung, Giften, Narkotika oder mit Hilfe irgend eines anderen gleichartigen Mittels verübt worden ist, das geeignet ist, Verwüstungen allgemeiner Art herbeizuführen.

J. Wenn der Täter sich bei Begehung der Tat den Umstand zunutze macht, daß sich gerade ein Wirbelsturm, ein Erdbeben, eine Überschwemmung, ein Schiffbruch, eine Feuersbrunst, ein Eisenbahn- oder Kraftfahrzeugunfall, eine Explosion oder irgend eine andere Verwüstung oder Katastrophe ereignet.

K. Wenn die Tat gegen Gegenstände gerichtet ist, die dem allgemeinen Nutzen dienen oder in Museen, Bibliotheken, Theatern, Parkanlagen oder Vergnügungsstätten öffentlich ausgestellt sind.

L. Wenn der Täter bei Begehung der Tat unerlaubte Waffen bei sich führt.
Als unerlaubte Waffen gelten alle diejenigen Waffen, die der Betreffende ohne amtliche Erlaubnis im Besitz hat.

M. Wenn der Täter den Respekt, den er einflößt, mißbraucht.

N. Wenn der Täter die Straftat unter Mißachtung des öffentlichen Ansehens, des Alters oder der Jugendlichkeit, des Geschlechtes, des Gesundheitszustandes oder eines körperlichen oder wirtschaftlichen Notstandes des Opfers begeht.

O. Wenn der Täter bei Begehung der Tat Jugendliche unter 18 Jahren, geisteskranke oder geistesschwache Personen oder Untergebene heranzieht.

P. Bandenbildung.
Bandenbildung ist dann anzunehmen, wenn zur Begehung der Tat 3 oder mehr bewaffnete Personen zusammenwirken.

Q. Wenn der Täter die Straftat planmäßig vorbereitet oder ihre Ausführung leitet und sich dabei verschiedener untereinander zusammenwirkender Mittäter bedient.

R. Wenn der Täter vor Begehung der Tat Nachrichtenmittel unterbunden oder elektrische Leitungen oder sonstige Beleuchtungsanlagen oder Aufzüge (Paternoster) unterbrochen oder stillgelegt hat; gleichgültig, ob am Tatort selbst oder an irgend welchen anderen Örtlichkeiten, die der Täter bei Begehung der Tat betritt oder die auf seinem Fluchtweg liegen.

S. Wenn der Täter die Tat bei Nacht oder in unbelebten Gegenden begeht, gleichgültig, ob er diese Tatumstände absichtlich berücksichtigt oder nur zufällig daraus Nutzen gezogen hat.

T. Wenn der Täter bei Begehung der Tat Türen oder Fenster einschlägt, Dächer, Zimmerdecken oder Fußböden beschädigt oder Möbel, Truhen, Kästen oder sonstige der Aufbewahrung von Sachen dienende Gegenstände zerbricht oder gewaltsam öffnet.

U. Wenn der Täter durch seine Tat einen Vertrauensbruch begeht.

V. Wenn der Täter die Tat mit Hilfe von Druckschriften, Zeichnungen, öffentlich ausgestellten Bildern, Filmaufnahmen, Lichtbildern, Rundfunksendungen, Telefon, Radiotelefon, Fernsehsendungen oder irgend einem anderen Mittel begeht, das eine weite Verbreitung mit sich bringt.

W. Wenn die Tat unter Benutzung der Post, des Eilgüterverkehrs oder irgend einer anderen zum Transport von Gütern bestimmten Einrichtung; der Eisenbahn, des Schiff- oder Luftverkehrs, des Omnibusverkehrs oder irgend einer anderen Verkehrseinrichtung, die dem Personenverkehr dient, begangen wird.

X. Wenn die Tat zur Vorbereitung, Erleichterung, Verdeckung oder Verheimlichung einer künftigen Straftat, oder um die Entdeckung einer früheren Straftat zu verhindern, begangen wird.

Y. Wenn die Tat während einer Versammlung oder sonstigen Zusammenkunft, an der zahlreiche Personen teilnehmen, begangen wird.

V. KAPITEL

Von den die strafrechtliche Verantwortlichkeit der juristischen Personen beeinflussenden Umständen

Artikel 42

Juristische Personen unterliegen nur den unter Art. 37 Abschnitt F, G, I und J angeführten mildernden Umständen.

Artikel 43

Folgende straferschwerende Umstände kommen bei juristischen Personen ausschließlich in Betracht:
A. die in Art. 39 Abs. A, B, C, D und E bezeichneten Umstände;
B. die in Art. 40 Abs. C, D, E und F bezeichneten Umstände;
C. die in Art. 41 Abs. I, J, O, V und W bezeichneten Umstände.

Artikel 44

Als ein die strafrechtliche Verantwortlichkeit juristischer Personen erhöhender Umstand ist es außerdem anzusehen, wenn diese sich außer ihren gewöhnlichen Geschäften auch Geschäften moralisch verwerflicher Art widmen.

Artikel 45

Die individuelle Verantwortlichkeit der natürlichen Täter, der Direktoren, Organe oder Bevollmächtigten der juristischen Personen bemißt sich nach den Vorschriften, die dieses Gesetzbuch für die strafrechtliche Verantwortlichkeit natürlicher Personen aufstellt, wobei die strafrechtliche Verantwortlichkeit darüber hinaus jeweils nach dem höheren oder geringeren Grad der Teilnahme dieser Personen an der strafbaren Handlung der juristischen Person abzustufen ist.

VI. KAPITEL

Gemeinsame Vorschriften für die vorangehenden Kapitel

Artikel 46

Die Gerichte haben sämtliche vorerwähnten Umstände, sofern sie im Einzelfall in Betracht kommen, zu würdigen und ihr Vorhandensein bzw. ihr Nichtvorhandensein, letzteres jedoch nur, wenn Anklage oder Verteidigung sich auf sie berufen haben, im einzelnen zu begründen.

Artikel 47

Die Gerichte werden ermächtigt, darüber hinaus in jedem Falle beliebige andere mildernde oder erschwerende Umstände zu berücksichtigen, die zwar in den vorstehenden Kapiteln nicht vorgesehen sind, die aber entweder wegen ihrer Ähnlichkeit mit den dort angeführten, wegen der persönlichen Verfassung des Täters, aus Gründen seiner Erziehung oder seiner Umwelt nach Ansicht des Gerichts in Betracht gezogen werden müssen.

VII. KAPITEL

Von dem gefährlichen Zustand und den dauernden Anzeichen der Gefährlichkeit

Artikel 48

A. Unter gefährlichem Zustand ist eine entweder angeborene oder durch Gewohnheit erworbene krankhafte Prädisposition zu verstehen, die, indem sie die hemmenden Beweggründe zerstört oder schwächt, die Neigung eines Individuums, Straftaten zu begehen, begünstigt.
B. Der gefährliche Zustand kann sich bei einer Person vor Begehung einer Straftat oder anläßlich einer solchen offenbaren, sofern eines der nachfolgenden Anzeichen für soziale Gefährlichkeit vorliegt:

1. Dauernde Geisteskrankheit oder jene Geistesstörungen des zirkulären Formkreises, welche den normalen Gebrauch der individuellen Fähigkeiten beeinträchtigen, sofern sie ihrer Form oder ihrer Wirkung nach eine Gefahr bedeuten,
2. Kretinismus und Imbezillität,
3. gewohnheitsmäßige Trunksucht,
4. gewohnheitsmäßige Rauschgiftsucht,
5. gewohnheitsmäßiges Glücksspiel,
6. gewohnheitsmäßiges Vagantentum,
7. Rauflust
   Unter Raufbold (matón) versteht man ein Subjekt, das öffentlich und gewohnheitsmäßig durch Worte, Tätlichkeiten, Waffengebrauch oder ein beliebiges anderes Mittel seine Mitbürger zu terrorisieren versucht,
8. gewohnheitsmäßige Bettelei,
9. ansteckende venerische Erkrankungen,
10. ein Rechtsbruch, der durch ein der Polizeiaufsicht oder bestimmten Weisungen hinsichtlich der Lebensführung unterworfenes Individuum begangen wird,
11. Ausübung der Prostitution bei Minderjährigen und die unter den Namen „Mädchenhandel" bekannten Geschäfte, soweit sie nicht ein selbständiges Delikt bilden,
12. die Ausbeutung oder Ausübung von moralisch verwerflichen Lastern,
13. Während eines Staatsnotstandes, auf den sich Titel 18 der Verfassung der Republik bezieht, oder während eines Krieges der Nation mit einer auswärtigen Macht, oder während der Außerkraftsetzung der verfassungsmäßigen Grundrechte anläßlich einer schweren Störung der öffentlichen Ordnung gelten diejenigen Personen als sozial gefährlich, die im Verdacht der Zusammenarbeit mit den Feinden der Republik oder mit den Urhebern der Störung der öffentlichen Ordnung stehen, in welcher Form die Zusammenarbeit auch immer zutage tritt.

C. Praedeliktuale Gefährlichkeit wird in folgenden Fällen angenommen:
1. In den Fällen des Abs. B Ziff. 1 und 2 dieses Artikels nach Maßgabe der Art. 355 f. des Grundgesetzes der Exekutive (Ley Organica del Poder Ejecutivo), wenn eine Anzeige von irgendeiner Behörde, einem Amtsträger oder einer Privatperson vor dem Richter I. Instanz des zuständigen Gerichtes erstattet worden ist;
2. in den Fällen des Abs. B, Ziff. 3, 4 und 9 dieses Artikels, wenn der Vollzugsrichter des örtlichen Gerichtsbezirkes nach Anhörung medizinischer Sachverständiger soziale Gefährlichkeit feststellt; die Entscheidung unterliegt dem in Strafvollzugssachen vorgesehenen Instanzenzug;
3. in den Fällen des Abs. B, Ziff. 5, 6, 7 8, 11 und 12 dieses Artikels, gleichfalls wenn der örtlich zuständige Vollzugsrichter nach Anhörung der Polizei und nach Beweiserhebungen über belastende und entlastende Umstände die soziale Gefährlichkeit feststellt:
   für den Instanzenzug gilt dasselbe wie zu Abs. C, Ziff. 2;
4. im Fall des Abs. B, Ziff. 10 dieses Artikels, wenn das erkennende Gericht, das seinerzeit die Auflage, welcher der Verurteilte zu-

widerhandelte, erteilt hatte, nach Unterrichtung der Behörden und nach Anhörung des Betroffenen die soziale Gefährlichkeit feststellt;

5. (eingefügt durch Art. 9 Zusatzgesetz Nr. 3 vom 5. 1. 42).
In den Fällen des Abs. B, Ziff. 13 dieses Artikels, wenn das Schnellgericht, das von einer Anzeige der Militär- oder Polizeibehörde in Kenntnis gesetzt wurde, die soziale Gefährlichkeit durch begründeten richterlichen Spruch feststellt, und zwar auf Grund eines vom gleichen Gericht angeordneten abgekürzten gerichtlichen Untersuchungsverfahrens oder, in Fällen besonderer Dringlichkeit, auch ohne Untersuchungsverfahren.

D. Wenn Anzeichen für eine soziale Gefährlichkeit durch Begehung einer strafbaren Handlung offenbar werden, so kann nur das Gericht, das diese strafbare Handlung aburteilt, darüber bestimmen, ob bei dem Täter eine der Voraussetzungen des Abs. B vorliegt oder nicht.

E. Der Richter oder das Gericht, denen die Feststellung der sozialen Gefährlichkeit einer Person obliegt, haben das Vorhandensein der betreffenden Anzeichen hierfür im einzelnen zu ermitteln und die Maßregeln anzuwenden, die im Hinblick auf die soziale Gefährlichkeit des Täters im 4. Buch dieses Gesetzes aufgeführt sind.

F. Die Staatsanwaltschaft (Ministerio Fiscal) ist an allen Verfahren und Entscheidungen, die sich mit dem gefährlichen Zustand einer Person befassen, beteiligt.

IV. TITEL

Von den Sanktionen

I. KAPITEL

Von den Sanktionen, zu denen das Gesetzbuch der sozialen Verteidigung ermächtigt

Artikel 49

Niemand darf eine Sanktion verhängen, die in diesem Gesetzbuch nicht enthalten ist.

Artikel 50

Die Sanktionen, die dieses Gesetz enthält, gliedern sich in

A. Hauptsanktionen,
B. Nebensanktionen.

Artikel 51

Über natürliche Personen können folgende Sanktionen verhängt werden:

A. Hauptsanktionen:

1. *Todesstrafe**),
2. Einschließung (Reclusion),
3. Gefängnis (Prision),
4. Haft (Arresto),
5. Militärische Festungshaft,
6. Allgemeine Rechtsminderung (Interdicción absoluta),
7. Besondere Rechtsminderung (Interdicción especial),
8. Zeitweiliger Entzug von Rechten (Suspension),
9. Geldstrafe.

---

*) Nach Art. 25 der cuban. Verfassung darf die Todesstrafe nur noch bei Spionage verhängt werden.

B. Nebensanktionen:
1. Allgemeine Rechtsminderung,
2. Besondere Rechtsminderung,
3. Zeitweiliger Entzug von Rechten,
4. Polizeiaufsicht,
5. Kaution für gute Führung,
6. Aufenthaltsverbote,
7. Urteilsveröffentlichung,
8. Ausweisung von Ausländern aus dem nationalen Territorium,
9. Einziehung der Produkte oder Instrumente der strafbaren Handlung.

Artikel 52

Über juristische Personen können folgende Sanktionen verhängt werden:

A. Hauptsanktionen:
1. Auflösung,
2. Zeitweilige Schließung,
3. Verbot, bestimmte Rechtshandlungen oder Geschäfte vorzunehmen.
4. Geldstrafen.

B. Nebensanktionen:
1. Polizeiaufsicht,
2. Kaution für gute Führung,
3. Urteilsveröffentlichung,
4. Einziehung der Produkte oder Instrumente der strafbaren Handlung.

In allen Fällen, in denen die der juristischen Person aufzuerlegende Sanktion nicht näher bestimmt ist, in denen aber zur Kennzeichnung der kriminellen Verantwortlichkeit der juristischen Person bei Begehung einer strafbaren Handlung eine Sanktion verhängt werden muß, sind folgende Regeln zu beachten:
1. Todesstrafe ist durch die Sanktion der Auflösung zu ersetzen.
2. Die mit Freiheitsentzug verbundenen Sanktionen, die Allgemeine oder Besondere Rechtsminderung und der Zeitweilige Entzug von Rechten sind nach dem Ermessen des Gerichts durch zeitweilige Schließung oder durch das Verbot, bestimmte Rechtshandlungen oder Geschäfte vorzunehmen, zu ersetzen.

Artikel 53

Die Hauptsanktionen, die in Art. 51 Abs. A, Ziff. 2, 3, 4 und 5 aufgeführt sind, erhalten als Gattungsnamen die Bezeichnung „freiheitsentziehende Sanktionen"; ihre Zeitdauer ist folgende:
1. Die Sanktion der Einschließung dauert mindestens 6 Jahre und 1 Tag und höchstens 30 Jahre;
2. die Sanktion der Gefängnishaft dauert mindestens 6 Monate und 1 Tag und höchstens 10 Jahre;
3. die Sanktion der Haft dauert mindestens 1 Tag und höchstens 1 Jahr;
4. die militärische Festungshaft dauert mindestens 6 Monate und 1 Tag und höchstens 30 Jahre.

B. Wenn sich der Angeklagte in Haft befindet, so errechnet sich die Dauer der verhängten Sanktion von dem Tage der Rechtskraft des Urteils an, vorbehaltlich der Anrechnung der erlittenen Untersuchungshaft.

C. Wenn sich der Angeklagte nicht in Haft befindet, so errechnet sich die Dauer der verhängten Sanktion von dem Tage an, von dem an sich der Betreffende zu Vollzugszwecken in der Verfügungsgewalt der Justizbehörden befindet.

D. Nur Strafrichter und Strafgerichte können freiheitsentziehende Sanktionen verhängen.

Artikel 54

Die freiheitsentziehenden Sanktionen werden wie folgt vollstreckt:

A. Die Einschließung durch Internierung des Verurteilten im Nationalen Zuchthaus der Republik (Reclusorio Nacional de la Republica).

B. Die Gefängnishaft durch Internierung des Verurteilten in den in den Provinzhauptstädten befindlichen Gefängnissen.

C. Die Haft nach Ermessen des Gerichtes in der Haftanstalt des Gerichtsbezirks, in dem die Tat begangen worden ist, oder in dem entsprechenden Provinzgefängnis, abgesehen von Verurteilungen wegen Übertretungen, bei denen eine Vollstreckung der Sanktion auf der Polizeiwache des betreffenden Ortes statthaft ist.

D. Die militärische Festungshaft wird nach Ermessen des Gerichts im Militärgefängnis der Hauptstadt der Republik oder einer Provinzhauptstadt vollstreckt.

Artikel 55

A. Wenn sich freiheitsentziehende Sanktionen in zeitlicher Hinsicht überschneiden, ordnet das Gericht die Vollstreckung derjenigen Sanktionen an, die es unter Berücksichtigung der Umstände, auf die sich Art. 69 dieses Gesetzes bezieht, für angebracht hält.

B. Eine Präventivhaft, die von dem Angeklagten während der Rechtshängigkeit des Strafverfahrens erlitten wird, ist auf die verhängte Sanktion voll anzurechnen, gleichgültig, welcher Art die verhängte Sanktion ist.

C. Denjenigen Angeklagten, die zu einer Geldstrafe verurteilt werden, wird der erlittene Freiheitsentzug in der Weise angerechnet, daß ein Tag Freiheitsentzug einer Tagesbuße entspricht.

Artikel 56

A. Die Allgemeine oder Besondere Rechtsminderung erstreckt sich auf eine Zeitdauer von mindestens 6 Monaten und 1 Tag bis höchstens 10 Jahren.

B. Die Vollstreckungsdauer der Sanktion rechnet von dem Tage an, an dem das richterliche Erkenntnis, das sie verhängt, rechtskräftig wird.

Artikel 57

A. Die Allgemeine Rechtsminderung hat folgende Rechtswirkungen:

1. Die Unfähigkeit des Verurteilten, öffentliche Ämter oder Aufgaben auszuüben, selbst wenn sie ihm durch Volksabstimmung übertragen worden sind.
2. Die Unfähigkeit des Verurteilten, öffentliche Aufgaben oder Ämter während des aus dem Urteilsspruch ersichtlichen Zeitraumes zu übernehmen.

3. Versagung des aktiven oder passiven Wahlrechtes während des genannten Zeitraumes.
4. Der Verlust eines Pensionsanspruches gegen Staat, Provinz oder Kommunalverband für sich selbst während des Zeitraumes der Allgemeinen Rechtsminderung. Das Gericht hat unter Berücksichtigung der im Einzelfall gegebenen Verhältnisse über die Pension des Verurteilten in folgender Weise zu verfügen:
   a) Ein Teil, der nicht weniger als $^1/_3$ der Pension betragen darf, ist zur Abdeckung der Verpflichtungen zu verwenden, die sich aus Art. 90 Abs. A und B ergeben.
   b) Ein Teil, der $^1/_3$ der Pension nicht übersteigen darf, ist dem Verurteilten zu belassen.
   c) Der Rest ist für den Unterhalt derjenigen Personen zu verwenden, denen der Verurteilte zivilrechtlich unterhaltspflichtig ist.

B. Die Besondere Rechtsminderung begründet die Unfähigkeit des Verurteilten zur Ausübung derjenigen öffentlichen und privaten Funktionen, die das Gericht im einzelnen bezeichnet. In Verfolg dessen hat der Verurteilte sich derjenigen Tätigkeiten beruflicher, amtlicher oder privater Art sowie der Ausübung der mit diesen Tätigkeiten verbundenen Funktionen zu enthalten, die das Gericht angibt, und zwar für die Zeitdauer, die sich aus dem Urteilsspruch ergibt.

Artikel 58

A. Der Zeitweilige Entzug von Rechten dauert mindestens 1 Tag und höchstens 6 Jahre. Er begründet die Unfähigkeit des Verurteilten zur Ausübung derjenigen öffentliche Befugnisse, die Gegenstand der Sanktion sind; ebenso die Unfähigkeit, irgendeine ähnliche Befugnis während der vom Gericht bestimmten Zeitdauer zu übernehmen.

B. Insbesondere kann sich die Sanktion des Zeitweiligen Entzuges von Rechten auf das aktive oder passive Wahlrecht und auf das Verbot, einen Beruf, eine sonstige Tätigkeit, ein Handwerk oder Amt auszuüben, erstrecken.

C. Die Zeitdauer der Sanktion rechnet von dem Tage an, an dem der sie verhängende Richterspruch rechtskräftig wird.

Artikel 59

A. Die Geldstrafe besteht in der Verurteilung des Angeklagten zu einem Geldbetrag, den die Urteilsformel festsetzt, und der in keinem Fall geringer sein darf als 50 Centavos und nicht höher als 20 Pesos.

B. Die Geldstrafe setzt sich aus Tagesbußen zusammen, die vom Gericht festgesetzt werden innerhalb der Grenzen, die sich in jedem Einzelfall aus der Berücksichtigung der Vermögensverhältnisse des Angeklagten, dem Lohn oder der Rente, die er erhält, seiner Arbeitsfähigkeit oder seiner Produktionskraft, seiner zivilrechtlichen Verpflichtungen und der übrigen Umstände, die seine Zahlungsfähigkeit kennzeichnen, ergeben, wobei zu bedenken ist, daß er nicht in Not geraten soll, und daß ihm das für seinen Unterhalt und dem Unterhalt der ihm gegenüber unterhaltsberechtigten Personen Unerläßliche zu belassen ist.

C. Für den Fall, daß der Angeklagte im Zeitpunkt der Verurteilung keinerlei Vermögen oder Einkommen hat oder arbeitslos ist und keine Unterstützung bezieht, ist die Tagesbuße nach dem Lohn oder dem Einkommen zu bestimmen, das der Angeklagte zuletzt bezogen hatte.

D. Wenn der Angeklagte auch früher weder Lohn noch Einkommen gehabt, auch keinerlei Rente bezogen oder Vermögen besessen hatte, so ist die Tagesbuße nach demjenigen Betrag zu bestimmen, den am Tatort ansässige Arbeiter von gleichem Herkommen und unter ähnlichen Lebensbedingungen durchschnittlich verdienen.

E. Auf keinen Fall darf die Tagesbuße weniger als $ 0,50 und mehr als $ 20,00 betragen.

F. Geldstrafen, die in Sondergesetzen angedroht sind, welche vor Inkrafttreten dieses Gesetzbuches erlassen waren und durch letzteres nicht außer Kraft gesetzt wurden, sind, soweit möglich, auf Tagesbußen zurückzuführen, dergestalt, daß eine Tagesbuße einem Peso entspricht, und mit der Maßgabe, daß das Gericht den Betrag der Tagesbuße in jedem Einzelfall auf Grund der zuvor erläuterten Regeln festzusetzen hat.

Artikel 60

A. Die Polizeiaufsicht besteht in einer genauen Beobachtung der Lebensführung des Verurteilten durch die für den Wohnort des Verurteilten örtlich zuständige Polizeibehörde oder durch besondere für diesen Dienstzweig abgeordnete Beamte. Darüber hinaus hat sich der Verurteilte in bestimmten Zeitabständen und bei Gelegenheiten, die das Gericht festsetzt, bei der für seinen Wohnort zuständigen Behörde zu melden.

B. Die Polizei oder die besonders abgeordneten Beamten haben die Tätigkeit, die Gewohnheiten und das Verhalten des Verurteilten ebenso zu überwachen, wie die Erfüllung der ihm vom Gericht erteilten Auflagen; sie haben dem Gericht monatlich oder, falls sie irgendeine Zuwiderhandlung des Verurteilten bemerken, unverzüglich über die Führung der zu beaufsichtigenden Person Bericht zu erstatten.

C. Wer unter Polizeiaufsicht steht, darf seinen Wohnsitz nicht wechseln, es sei denn, ihm ist hierzu eine schriftliche Erlaubnis des obersten Beamten der für seinen gegenwärtigen Wohnsitz zuständigen Polizeistation erteilt worden; in diesem Fall hat sich der Verurteilte alsbald den Weisungen des obersten Beamten derjenigen Polizeistation zu unterwerfen, die für seinen neuen Wohnsitz zuständig ist.

D. Die Polizeibehörde und die besonders abgeordneten Beamten haben sich hinsichtlich des Ausmaßes und der Art und Weise der Überwachung streng an die Anordnungen des Gerichts zu halten.

Artikel 61

A. Die Kaution für gute Führung besteht in der Bereitstellung einer Bürgschaft, die den Anforderungen des Gerichts genügen muß, und durch die sich der Verurteilte für ein ehrenwertes und arbeitssames Leben sowie dafür verbürgt, daß er nicht erneut ähnliche Straftaten begeht wie die, deretwegen ihm die Sanktion auferlegt worden ist.

B. Die Bürgschaft ist durch eine mit Gründen zu versehende gerichtliche Entscheidung nicht nur dann für verfallen zu erklären, wenn der Verurteilte eine weitere strafbare Handlung begeht, sondern auch bereits dann, wenn er die ihm erteilten gerichtlichen Auflagen mißachtet.

C. Der Richterspruch hat die persönlichen Zwangsmittel zu bezeichnen, die gegen den Verurteilten anzuwenden sind, falls er die Kaution, auf die erkannt ist, nicht beibringt. Die persönlichen Zwangsmittel dürfen sich auf keinen Fall auf einen 6 Monate übersteigenden Zeitraum erstrecken; sie sind aufzuheben, sobald der Verurteilte die Verpflichtung zur Beibringung der Kaution, die ihm das Gericht auferlegt hat, erfüllt.

Artikel 62

Aufenthaltsverbote können für eine Dauer von 1 Monat und 1 Tag bis zu 1 Jahr verhängt werden. Sie verpflichten den Verurteilten, seinen bisherigen Wohnsitz zu verlassen und denjenigen Ort aufzusuchen, den das Gericht ihm bezeichnet, oder sich in einer vom Gericht festzusetzenden Entfernung von demjenigen Ort, der Gegenstand des Aufenthaltsverbotes ist, aufzuhalten. Diese Entfernung darf in keinem Fall weniger als 25 km betragen.

Artikel 63

Die Urteilsveröffentlichung besteht darin, daß der Urteilsspruch auf der ersten Seite einer oder zweier der in der Hauptstadt der Republik oder in der Gegend des Tatortes meist verbreiteten Zeitungen abgedruckt wird. Die Auswahl steht im Ermessen des Gerichts, das auch auf eine Veröffentlichung des Urteilsspruchs im Ausland unter genauer Angabe der Form, in der die Veröffentlichung erfolgen soll, erkennen kann.

Artikel 64

A. Die Ausweisung eines Ausländers aus dem nationalen Territorium besteht in der Deportation des Betreffenden aus dem Territorium der Republik und seiner Einschiffung nach seinem Heimatstaat oder nach einem Hafen, den das Gericht bestimmt.

B. Das Gericht kann in all den Fällen, in denen es über einen Ausländer eine 6 Monate übersteigende freiheitsentziehende Sanktion oder eine 70 Tagesbußen übersteigende Geldstrafe verhängt, gleichzeitig auf Ausweisung aus dem nationalen Territorium erkennen; diese ist erst nach Vollstreckung der Hauptsanktion vorzunehmen.

C. Auch der Präsident der Republik kann auf Vorschlag des Innenministers die Ausweisung eines Ausländers anordnen, jedoch muß dem Betreffenden zuvor ein begründeter Bescheid eröffnet werden, aus dem ersichtlich ist, daß er als unerwünscht erklärt wird; ferner sind die Bestimmungen der Gesetze vom 21. und 27. Juli 1925 zu beachten.

Artikel 65

Die Einziehung der Produkte oder Instrumente einer strafbaren Handlung besteht in deren Beschlagnahme mit der Wirkung, daß dem Verurteilten Eigentum oder Besitz daran entzogen wird; die Gegenstände sind gegebenenfalls den Verletzten, früheren Besitzern oder Eigentümern zurückzuerstatten, oder zu vernichten oder Museen, Forschungsinstituten oder Unterrichtsanstalten kulturgeschichtlicher oder wissenschaftlicher Art nach dem Ermessen des Gerichts zu übergeben.

Artikel 66

Bezüglich derjenigen Sanktionen, die über juristische Personen verhängt werden können, gilt folgendes:

A. Die Sanktion der „Auflösung" entspricht einer Existenzvernichtung der Korporation, der juristischen Gemeinschaft oder Person von Gesetzes wegen. Wenn sie verhängt wird, so ist die Satzung der juristischen Person für nichtig zu erklären und der Urteilsspruch im Handelsregister, in dem die juristische Person eingetragen ist, zu vermerken; nach Rechtskraft des Urteils ist ihre Eintragung im Handelsregister zu löschen; sie gilt dann als in Liquidation befindlich mit allen sich daraus ergebenden gesetzlichen Folgen.

B. Die zeitweilige Schließung besteht in der völligen Stillegung der Zentrale, der Niederlassung, des Büros oder der Agentur der Korporation, Gesellschaft oder juristischen Person während desjenigen Zeitraumes, der sich aus der Urteilsformel ergibt; dieser darf die Dauer eines Jahres nicht übersteigen.

C. Das Verbot, bestimmte Rechtshandlungen oder Geschäfte vorzunehmen, bezieht sich ausschließlich auf solche Tätigkeiten, die das Gericht im einzelnen bezeichnet.

D. Geldstrafen, die über juristische Personen verhängt werden, müssen auf einen Geldbetrag lauten, dessen Höhe der Urteilsspruch ergibt. Das Gericht hat dabei die in diesem Gesetzbuch bezeichneten Grenzen zu beachten, um die Geldstrafe einerseits dem Gesellschaftskapital und dem Geschäftsumfang der juristischen Person, andererseits der Art und den Folgen der ihr zur Last gelegten strafbaren Handlung anzupassen.

E. Bei Verhängung von Nebensanktionen sind die Vorschriften zu beachten, die hinsichtlich der natürlichen Personen gelten, soweit ihre Anwendung auf juristische Personen möglich erscheint.

II. KAPITEL

Über die gerichtliche Anwendung der Sanktionen

1. Abschnitt

Hauptsanktionen

Artikel 67

Das Gericht hat bei Fällung des Urteilsspruches dasjenige Maß der Sanktion zu bestimmen, das es für gerecht hält, und zwar nach pflichtgemäßen Ermessen innerhalb der in diesem Gesetzbuch im Einzelfall gezogenen Grenzen unter Berücksichtigung der persönlichen Verhältnisse des Täters, seiner größeren oder geringeren Gefährlichkeit, der Motive für seine Tat und aller in Betracht kommenden Tatumstände, auch wenn diese letzteren nicht so ausgeprägt sind, daß sie als die strafrechtliche Verantwortlichkeit mildernde oder erhöhende Umstände erscheinen.

Artikel 68

Das Gericht hat für jede Straftat diejenige Sanktion zu verhängen, die im Einzelfall angedroht ist, vorbehaltlich der Vorschrift des Art. 23.

Artikel 69

A. In den Fällen, in denen das Gericht eine freiheitentziehende Sanktion verhängt, hat es innerhalb der aus der Natur der Sanktion folgenden Grenzen diejenige Anstalt zu bestimmen, in der die Sanktion vollstreckt werden soll.

B. Bei Ausübung dieser Befugnis hat das Gericht in erster Linie dem Unrechtsgehalt der Straftat, der auf Grund des angerichteten materiellen oder moralischen Gesamtschadens zu bestimmen ist, ferner die durch die Zuwiderhandlung hervorgerufene soziale Gefahr, schließlich die Vorstrafen des Angeklagten, sein Vorleben und seine Lebensführung vor, während und nach Begehung der Tat, seine individuellen, familiären und sozialen Lebensverhältnisse und seine größere oder geringere Gefährlichkeit zu berücksichtigen.

C. In keinem Fall, außer bei höherer Gewalt, darf der Verurteilte aus der Anstalt, in der die Sanktion vollstreckt wird, ohne vorherige Zustimmung des erkennenden Gerichts in eine andere Anstalt verlegt werden.

Artikel 70

A. Die wegen politischer Straftaten verhängten Sanktionen werden ausschließlich in derjenigen militärischen Festung vollstreckt, die das Gericht bezeichnet.

B. Die Vollstreckungsbehörde, deren Aufsicht das Militärgefängnis untersteht, hat darauf zu achten, daß politische Verbrecher, die durch ordentliche Gerichte verurteilt worden sind, von anderen Verbrechern, die sich in der gleichen Anstalt befinden, getrennt gehalten werden.

Artikel 71

Das übervorsätzliche Delikt (delito preterintencional) wird wie folgt bestraft:

1. Wenn die tatsächlich verwirktlichte strafbare Handlung einen höheren Unrechtsgehalt hat als die Straftat, die dem Vorsatz des Täters entsprach, so ist das Strafmaß für die begangene Straftat mindestens um $1/4$, höchstens um die Hälfte zu mindern.
2. Wenn die tatsächlich verwirklichte Handlung einen geringeren Unrechtsgehalt aufweist, als die vom Täter beabsichtigte Tat, so ist die Strafe der Strafdrohung für die leichtere Tat zu entnehmen und um $1/4$ bis um die Hälfte zu erhöhen.

Artikel 72

A. Fahrlässige Straftaten werden, abgesehen von den in diesem Gesetz ausdrücklich erwähnten Ausnahmefällen, mit freiheitsentziehenden Sanktionen von 1 Tag bis zu 6 Jahren oder einer Geldstrafe von 2 bis 500 Tagesbußen, je nach dem höheren oder geringeren Grad der Fahrlässigkeit, geahndet.

B. Wenn das schadenbringende Ereignis durch mangelnde Sachkunde des Täters bei der Ausübung eines Berufes, eines Handwerks, Amtes oder besonderen Auftrages verursacht worden ist, wird die Tat darüber hinaus mit der Sanktion des Zeitweiligen Entzuges von Rechten von 1 Tag bis zu 6 Monaten oder der Besonderen Rechtsminderung von 6 Monaten und 1 Tag bis zu 6 Jahren geahndet.

C. Die Bestimmung des Grades der Fahrlässigkeit obliegt in jedem Fall dem pflichtgemäßen Ermessen des Gerichts, das folgende Umstände bei der Schuldabstufung zu berücksichtigen hat:

1. die größere oder geringere Schwierigkeit, den eingetretenen Schaden vorauszusehen oder zu verhindern;

2. daß ein übliches Maß an Aufmerksamkeit oder daß handwerkliche oder wissenschaftliche Elementarkenntnisse genügt hätten, um den Schaden vorauszusehen oder zu vermeiden;
3. daß der Angeklagte schon früher eine fahrlässige Straftat begangen hat;
4. daß er genügend Zeit gehabt hat, um die notwendige Überlegung anzustellen und Sorgfalt zu üben;
5. daß er zugleich gegen eine polizeiliche Anordnung verstoßen hat.

D. Sanktionen für fahrlässige Straftaten dürfen in keinem Fall die Hälfte des in diesem Gesetz für die entsprechende Vorsatztat angedrohten Strafmaßes überschreiten.

Artikel 73

A. Treffen bei einer Tat ein oder mehrere subjektiv strafmildernde Umstände mit Umständen geringerer Gefährlichkeit zusammen, so kann das Gericht die untere Grenze des im Einzelfall gesetzlich vorgesehenen Strafrahmens bis zu 2/3 unterschreiten, je nach der Anzahl und der Bedeutung solcher Umstände.

B. Wenn ein oder mehrere objektiv mildernde Umstände bei einer Tat zusammentreffen, so kann das Gericht die untere Grenze des im Einzelfall gesetzlich vorgesehenen Strafrahmens bis zu 1/3 unterschreiten, je nach Anzahl und Bedeutung der Umstände.

C. Bei Verhängung von Geldstrafen kann das Gericht die untere Grenze des in Betracht kommenden Strafrahmens bis zu 2/3 unterschreiten.

Artikel 74

A. Treffen bei einer Tat ein oder mehrere subjektiv erschwerende Umstände oder Umstände höherer Gefährlichkeit zusammen, so kann die obere Grenze des in Betracht kommenden Strafrahmens bis zu 2/3 überschritten werden; jedoch darf in keinem Fall eine freiheitsentziehende Sanktion verhängt werden, die eine Dauer von 30 Jahren überschreitet.

B. Wenn ein oder mehrere objektiv erschwerende Umstände bei einer Tat zusammentreffen, so kann die obere Grenze der in Betracht kommenden Sanktion bis zu 1/3 überschritten werden, jedoch darf in keinem Fall eine freiheitsentziehende Sanktion verhängt werden, die eine Dauer von 30 Jahren überschreitet.

C. Wenn eine Geldstrafe verhängt wird, so kann das Gericht den im Einzelfall in Betracht kommenden Strafrahmen bis um das Doppelte überschreiten unter gleichzeitiger Erhöhung der Ersatzfreiheitsstrafen dergestalt, daß einer Tagesbuße jeweils 1 Tag Ersatzfreiheitsstrafe entspricht; jedoch darf die Ersatzfreiheitsstrafe in keinem Fall 6 Monate überschreiten.

D. Sowohl in den Fällen des Artikels 74 wie denjenigen des Artikels 73 kann das Gericht diejenigen sichernden Maßregeln verhängen, die es für angebracht hält.

Artikel 75

A. Wenn erschwerende und mildernde Umstände zusammentreffen, so hat das Gericht eine angemessene Sanktion zu bilden, indem es mildernde und erschwerende Umstände proportional gegeneinander aufhebt; jedoch darf die obere Grenze der im Einzelfall angedrohten Sanktion bei solchem Zusammentreffen auf keinen Fall unterschritten werden.

B. Wenn infolge der Erhöhung und Herabsetzung, der eine Sanktion im Einzelfall ausgesetzt sein kann, die für diese Sanktion vorgesehene Zeitdauer über- oder unterschritten würde, so ist — abgesehen von der Todesstrafe — auf die in der Stufenfolge des Artikels 51 hinsichtlich natürlicher Personen und des Art. 52 hinsichtlich juristischer Personen nächstfolgende Sanktionsart zurückzugreifen.

2. Abschnitt
Nebensanktionen

Artikel 76

Freiheitsentziehende Sanktionen, die sich über einen längeren Zeitraum als 6 Jahre erstrecken, haben zur Folge:

A. Das Verbot der Ausübung des aktiven und passiven Stimmrechtes, der Ausübung jeglichen öffentlichen Amtes oder Auftrags, der Ausübung eines freien Berufes; das Verbot der Personenfürsorge für Minderjährige und Entmündigte während der Vollstreckung der Hauptsanktion und eines zusätzlichen Zeitraumes, welcher der Dauer der Sanktion entspricht.
B. Die Beschlagnahme der Erzeugnisse und Werkzeuge des Verbrechens.
C. Die Verurteilung zur Bereitstellung einer Bürgschaft für gute Führung oder die Polizeiaufsicht oder beides nach Ermessen des Gerichts während eines Zeitraumes, welcher der Dauer der Sanktion entspricht.

Artikel 77

Freiheitsentziehende Sanktionen, die sich über einen Zeitraum von 1 Jahr und 1 Tag bis zu 6 Jahren erstrecken, haben zur Folge:

A. Das Verbot der Ausübung des aktiven und passiven Stimmrechts sowie der Ausübung jeglichen öffentlichen Amtes oder Auftrags während der Vollstreckung der Sanktionen und eines zusätzlichen Zeitraumes, welcher der Dauer der Sanktionsvollstreckung entspricht.
B. Die Beschlagnahme der Erzeugnisse und Werkzeuge des Verbrechens.
C. Die Polizeiaufsicht während eines Zeitraumes, welcher der Dauer der Sanktion entspricht.

Artikel 78

Sanktionen von einer Zeitdauer von 1 Tag bis zu 1 Jahr haben zur Folge:

A. Das Verbot der Ausübung des aktiven und passiven Stimmrechtes während eines Zeitraumes, der dem der Hauptsanktion entspricht.
B. Die Beschlagnahme der Erzeugnisse und Werkzeuge des Verbrechens.

Artikel 79

Geldstrafen haben zur Folge:

A. Die Beschlagnahme der Erzeugnisse und Werkzeuge des Verbrechens.
B. Die behördliche Aufsicht für einen vom Gericht festzusetzenden Zeitraum, der jedoch eine Zeitdauer von 1 Jahr nicht überschreiten darf.

Artikel 80

Die Hauptsanktionen gegenüber juristischen Personen ziehen als Nebensanktionen, abgesehen von denjenigen Sanktionen, die im Einzelfall gegenüber den persönlich verantwortlichen Tätern zur Anwendung kommen, folgende Maßnahmen nach sich:

A. Die Beschlagnahme der Erzeugnisse und Werkzeuge des Verbrechens.
B. Die Verurteilung zur Bereitstellung einer Bürgschaft für gute Führung während eines im Urteil festzusetzenden Zeitraumes.

III. KAPITEL

Von der Vollstreckung der Sanktionen

Artikel 81

A. Die Sanktionen werden nach Maßgabe der in diesem Gesetzbuch enthaltenen Vorschriften vollstreckt.
B. Darüber hinaus sind die besonderen Anordnungen der Verwaltung des Nationalen Zuchthauses und der Gefängnisse und Besserungsanstalten in bezug auf die Lebensführung der Verurteilten, die Art, die Einteilung und die sonstigen Besonderheiten der Arbeiten, welche die Verurteilten zu leisten haben, und in bezug auf ihre persönlichen Beziehungen untereinander zu beachten.

Artikel 82

A. Die Todesstrafe wird durch Erdrosselung (garrote) vollstreckt, und zwar unter Ausschluß der Öffentlichkeit innerhalb von 24 Stunden, nachdem dem Verurteilten die Anordnung über die Vollstreckung der Todesstrafe eröffnet worden ist, und an einem Ort und zu einer Stunde, die das erkennende Gericht bezeichnet.
B. Die Vollstreckung darf nicht an einem nationalen oder sonstigen Feiertag vorgenommen werden.

Artikel 83

An schwangeren Frauen darf die Todesstrafe nicht vollstreckt werden; auch darf ihnen ein die Todesstrafe verhängendes Urteil frühestens 3 Monate nach der Entbindung bekanntgegeben werden.

Artikel 84

In allen Anstalten, in denen freiheitsentziehende Strafen vollstreckt werden, richtet sich der Vollzug nach dem Progressiv-System mit der Maßgabe, daß die Strafe nachts in Einzelhaft, tagsüber bei gemeinsamer Arbeit und Unterricht vollstreckt wird.

Artikel 85

Freiheitsentziehende Sanktionen werden an Frauen in einer besonderen und abgetrennten, ausschließlich diesem Zwecke dienenden Anstalt vollstreckt.

Artikel 86

Wenn der Verurteilte nach Rechtskraft des Urteils in Geisteskrankheit verfällt, so ist die Vollstreckung persönlicher Sanktionen auszusetzen und seine Einweisung in eine Heil- und Pflegeanstalt, die das Gericht bestimmt, zu verfügen; aus ihr darf er nur auf Anordnung des Gerichts entlassen werden.

Von den Sanktionen

Artikel 87

Endet die Geisteskrankheit, so ist die Vollstreckung der freiheitsentziehenden Sanktion sowohl im Falle des Art. 86 wie im Falle des Art. 37 A, 1 fortzusetzen, es sei denn, es ist nach Maßgabe der in diesem Gesetz enthaltenen Bestimmungen infolge des Zeitablaufs während der geistigen Erkrankung des Täters Vollstreckungsverjährung eingetreten.

Artikel 88

A. Für alle zu einer freiheitsentziehenden Sanktion verurteilten Personen besteht Arbeitszwang.

B. Für diejenigen Verurteilten, die keinen Beruf erlernt haben, ist die Ausbildung in einem Handwerk oder einen Beruf obligatorisch; das gleiche gilt hinsichtlich des Elementarunterrichts für Analphabeten.

Artikel 89

A. Arbeitspflichtige Verurteilte sind nicht mit privaten oder öffentlichen Arbeiten zu beschäftigen, deren Ausführung Privatunternehmungen durch Regierungsauftrag vertraglich übertragen worden ist.

B. Das Gericht kann wegen besonderer Umstände in der Person des Verurteilten diesen von Außenarbeiten außerhalb der Strafanstalt ausschließen.

C. Frauen, Minderjährige und Kranke dürfen nur mit Innenarbeit innerhalb der Anstalt, in der sie eingeschlossen, verwahrt oder ärztlich betreut werden, beschäftigt werden; und zwar nur mit Erlaubnis des für die Strafanstalt, das Asyl oder das Hospital zuständigen Arztes.

Artikel 90

Die Arbeitserlöse der Verurteilten sind folgenden Zwecken dienstbar zu machen:

A. der zivilrechtlichen Wiedergutmachung des durch die Straftat verursachten Schadens;

B. der Abdeckung der Vollstreckungskosten;

C. der Bildung eines Reservefonds, der dem Verurteilten bei seiner Entlassung aus der Anstalt oder im Falle seines Todes seinen Erben auszuzahlen ist.

Artikel 91

A. Die in Art 90 Abs. A und B genannten Verpflichtungen sind in der dort genannten Reihenfolge zu erfüllen.

B. Den in Art. 90 Abs. C erwähnten Reservefonds ist $^1/_3$ des Arbeitsverdienstes des Verurteilten seit seiner Einweisung in die Anstalt zuzuführen bis zur Abdeckung der in Abs. A und B des vorangehenden Artikels genannten Verpflichtungen. Wenn diese Verpflichtungen erfüllt sind, so ist der Arbeitsverdienst des Verurteilten dem Reservefonds in voller Höhe zuzuführen abzgl. etwaiger Unterhaltsbeträge oder sonstiger Beträge, die etwa von dem Verurteilten zur Abdeckung ihm obliegender gesetzlicher Verpflichtungen einzubehalten sind.

Artikel 92

A. Geldstrafen sind sofort bar zu entrichten.

B. Wenn das nicht möglich ist, so kann das Gericht auf Antrag des Verurteilten unter Berücksichtigung der Umstände im Einzelfall Ratenzahlung bewilligen.

C. Gerät der Verurteilte mit einzelnen Raten in Verzug, so wird die Geldstrafe sofort fällig; ferner ist die Zwangsvollstreckung in das Vermögen des Verurteilten zu betreiben.
D. Bei Zahlungsunfähigkeit des Verurteilten ist dieser in einer vom Gericht zu bestimmenden Anstalt in Haft zu nehmen, und zwar solange, bis er durch seine Arbeit die Geldstrafe, bzw. einen noch nicht entrichteten Teil derselben, abgegolten hat; dabei entspricht 1 Tag Haft einer Tagesbuße.
E. Abgesehen von den in diesem Gesetz ausdrücklich genannten Fällen darf die aus solchen Gründen verhängte Haft in keinem Fall 6 Monate übersteigen.

Artikel 93

Sobald der Verurteilte die Geldstrafe oder denjenigen Teil der Geldstrafe, den er noch schuldig ist, bezahlt, sind die persönlichen Zwangsmittel, die ersatzweise gegen ihn angewandt worden sind, aufzuheben.

Artikel 94

A. Die Ausweisung von Ausländern geht in der Weise vonstatten, daß der Betreffende festgenommen und zu dem Schiff oder Luftfahrzeug, mit dem er das nationale Territorium zu verlassen hat, hingeführt wird.
B. Er ist bis zur Abfahrt des Schiffes oder des Luftfahrzeuges zu überwachen.
C. Die Ausreisekosten in der billigsten verfügbaren Klasse übernimmt der Staat.

Artikel 95

Die der Beschlagnahme unterliegenden Gegenstände sind, sofern sie nicht zerstört oder in der durch Art. 65 gekennzeichneten Weise nutzbar gemacht worden sind, einer Schadensersatzkasse zuzuführen, und zwar in der Weise, daß sie öffentlich versteigert werden und der Erlös dann der bezeichneten Kasse zufließt.

Artikel 96

A. Die Auflösung juristischer Personen besteht in deren Liquidation, die auf dem in ihrer Satzung oder in ihren Statuten vorgeschriebenen Wege durchzuführen ist, es sei denn, das Gesellschaftskapital oder das sonstige Vermögen sind beschlagnahmt oder aus anderen Gründen völlig beseitigt worden.
B. Das Urteil, in welchem auf diese Sanktion erkannt wird, ist, abgesehen von der Eintragung im Handelsregister, dem Wirtschaftsministerium, den Provinzregierungen, den verschiedenen Börsen und Handelskammern und all jenen öffentlichen und privaten Dienststellen, die das Gericht im Einzelfall bestimmt, bekannt zu machen.

IV. KAPITEL

Von der bedingten Verurteilung

Artikel 97

In denjenigen Fällen, in denen 2 oder mehr subjektiv mildernde Umstände oder Umstände geringerer Gefährlichkeit zusammentreffen, sind folgende Regeln zu beachten:

Von den Sanktionen

A. Wenn die Sanktion, zu der der Täter verurteilt worden ist, 1 Jahr Freiheitsentziehung nicht übersteigt, so ist ihm vom Gericht bedingte Strafaussetzung zu gewähren. Wird der Täter in den darauf folgenden 5 Jahren nicht erneut straffällig, so ist die Strafe zu löschen.

B. Wenn die Sanktion, zu der der Täter verurteilt worden ist, sich auf eine Zeitdauer von 1 Jahr und 1 Tag bis zu 6 Jahren erstreckt, so kann das Gericht hinsichtlich eines Drittels der Strafe die Vollstreckung anordnen und hinsichtlich des Restes bedingte Strafaussetzung gewähren. Wenn seit Gewährung der bedingten Strafaussetzung 6 Jahre verstrichen sind, ohne daß der Täter erneut straffällig geworden ist, so ist die Sanktion für erloschen zu erklären.

C. Wenn die Sanktion, zu der der Täter verurteilt worden ist, 6 Jahre und 1 Tag Freiheitsentzug überschreitet, so kann das Gericht Vollstreckung der Sanktion für die halbe Zeitdauer anordnen und im übrigen bedingte Strafaussetzung gewähren. Wenn der Täter während einer Zeitdauer von 12 Jahren nicht wieder straffällig wird, ist die Sanktion für erloschen zu erklären.

D. Wenn die Sanktion, zu der der Täter verurteilt worden ist, eine Geldstrafe ist, so kann das Gericht im Urteilsspruch die sofortige Bezahlung des halben Betrages anordnen und hinsichtlich des Restes bedingte Strafaussetzung gewähren. Wenn der Täter alsdann während eines Zeitraumes von mindestens 3 Jahren, den das Gericht im Urteilsspruch festzusetzen hat, nicht erneut straffällig wird, so ist die Sanktion für erloschen zu erklären.

E. Bei allen anderen Sanktionen hat das Gericht nach eigenem pflichtgemäßen Ermessen denjenigen Teil der Sanktion festzusetzen, der zu vollstrecken ist, und denjenigen, für den bedingte Strafaussetzung gewährt werden soll; die Bewährungsfrist muß mindestens 3 Jahre betragen; ihre Besonderheiten sind im einzelnen festzusetzen.

F. Die Gerichte sind befugt, in jedem Fall solche sichernden Maßregeln zu verhängen, die sie für angebracht halten; insbesondere Polizeiaufsicht oder Friedensbürgschaft oder beide letztgenannten Sanktionsarten als Hilfssanktionen in denjenigen Fällen, in denen diese nach Ansicht des Gerichts erforderlich sind.

G. Die Rechtswohltat der bedingten Strafaussetzung ist in keinem Fall Gewohnheits- und Rückfallverbrechern zu gewähren, ebensowenig Tätern, bei denen ein anderer subjektiv erschwerender Umstand oder ein Umstand erhöhter Gefährlichkeit vorliegt.

H. Auch den Vollzugsrichtern ist es bei Straftaten und Übertretungen, die in ihren Zuständigkeitsbereich fallen, nicht gestattet, bedingte Strafaussetzung zu gewähren.

V. KAPITEL

Von der bedingten Entlassung

Artikel 98

Bedingte Entlassung ist Personen zu gewähren, die zu einer 1 Jahr und 1 Tag übersteigenden freiheitsentziehenden Sanktion verurteilt worden sind und $^3/_4$ der Sanktion verbüßt haben, vorausgesetzt, daß sie sich durch klare Beweise ihrer einwandfreien Führung solcher Rechtswohltat als würdig erwiesen haben und die Gewähr bieten, daß sie hinfort als friedliche und arbeitssame Bürger ein ehrenwertes Leben führen werden.

Artikel 99

A. Die Anordnung der bedingten Entlassung obliegt ausschließlich dem Gericht, das in der Sache selbst erkannt hat.
B. Die bedingte Entlassung erstreckt sich auf denjenigen Zeitraum, der an der Vollstreckungsdauer der Sanktion noch fehlt; während dieses Zeitraumes unterliegt der vorläufig Entlassene der Polizeiaufsicht.
C. Wenn der Verurteilte während des genannten Zeitraumes wieder rückfällig wird, sich einer schlechten Lebensführung hingibt, oder in einen gefährlichen Zustand verfällt, ist die bedingte Entlassung zu widerrufen und die Vollstreckung fortzusetzen derart, daß der Verurteilte während der noch fehlenden Vollstreckungszeit der Anstalt, in der er die Sanktion verbüßt hatte, wieder zuzuführen ist. Dabei können über ihn erforderlichenfalls sichernde Maßregeln verhängt werden.
D. Die während der bedingten Entlassung verstrichene Zeit wird dem Verurteilten auf jeden Fall angerechnet, es sei denn, der Widerruf ist wegen gleichartigen oder ungleichartigen Rückfalls ausgesprochen worden.

V. TITEL

Von der Beseitigung der kriminellen Verantwortlichkeit und von dem Institut der Rehabilitation

I. KAPITEL

Von der Beseitigung der kriminellen Verantwortlichkeit

Artikel 100

Die kriminelle Verantwortlichkeit erlischt:
A. durch den Tod des Beschuldigten;
B. durch Vollstreckung der auferlegten Sanktion;
C. durch Ablauf der für die bedingte Strafaussetzung vorgesehenen Zeitspanne;
D. durch Amnestie;
E. durch Gnadenerweis;
F. durch Freispruch im Revisionsverfahren;
G. durch Verjährung der Strafverfolgung;
H. durch Verjährung der Strafvollstreckung;
I. durch Rücknahme des Strafantrags bei denjenigen Delikten, die nur auf Antrag verfolgt werden;
J. durch mutmaßliche Verzeihung von Seiten der Verletzten bei Notzuchtverbrechen.

Artikel 101

A. Beim Tod des Angeklagten erlischt jegliche kriminelle Verantwortlichkeit.
B. Die zivilrechtliche Verantwortlichkeit erlischt nur, wenn der Verurteilte im Zustand der Mittellosigkeit verstirbt.
C. Nach Verbüßung der Sanktion und nach Ablauf der Strafaussetzungsfrist erlischt die kriminelle Verantwortlichkeit ebenfalls; der Vollzug sichernder Maßregeln, auf die das Gericht erkannt hat, bleibt unberührt.

Von der Beseitigung der kriminellen Verantwortlichkeit

Artikel 102

A. Durch eine Amnestie erlischt eine Sanktion mit allen ihren Auswirkungen; die zivile Verantwortlichkeit bleibt jedoch unberührt.

B. Ist jemand wegen mehrerer strafbarer Handlungen, die in Idealkonkurrenz stehen, verurteilt worden, so fällt er nur dann unter eine Amnestie, wenn diese jede dieser Handlungen miterfaßt.

Artikel 103

A. Eine Begnadigung erstreckt sich nur auf die Hauptsanktion und niemals auf die Nebensanktionen, es sei denn, diese seien ausdrücklich in den Gnadenerweis einbezogen worden.

B. Ein Gnadenerweis läßt die zivilrechtliche Verantwortlichkeit in jedem Falle unberührt; er ist auch ohne Einfluß auf die Vorstrafen des Täters sowie auf die Voraussetzungen des gleichartigen oder ungleichartigen Rückfalls und auf die Eintragungen im Strafregister.

C. Ein Begnadigter darf während der Zeit, in der er sonst die Strafe verbüßt haben würde, nicht in derjenigen Gemarkung seinen Wohnsitz nehmen, in welcher der Verletzte, dessen Angehörigen oder Erben bis zum 2. Grad der Blutsverwandtschaft oder Schwägerschaft ansässig sind, es sei denn, diese stimmen ausdrücklich zu; verstößt der Begnadigte gegen diese Vorschrift, so wird der Gnadenerweis hinfällig.

Artikel 104

A. Bei Freispruch in der Revisionsinstanz erlischt die kriminelle und zivile Verantwortlichkeit.

B. Der Verurteilte, der in der Revisionsinstanz freigesprochen wird, ist vom Staat zu entschädigen, sofern nicht eine andere Person für die zu Unrecht verhängte Sanktion verantwortlich ist; gleiches gilt für die Erben des Verurteilten. In die Entschädigung ist als Bestandteil derselben jeweils derjenige Betrag miteinzubeziehen, den der Beschuldigte schon als Geldstrafe oder unter dem Gesichtspunkt der zivilrechtlichen Verantwortlichkeit gezahlt hatte.

C. Die Revisionsgerichte haben, falls sie zu einem Freispruch gelangen, von Amtswegen den Betrag der Entschädigung, die dem Verurteilten zusteht, festzusetzen, wobei sie die Berechnungsgrundlagen im einzelnen erläutern müssen.

Artikel 105

A. Eine strafbare Handlung verjährt:

1. in 20 Jahren, wenn die strafbare Handlung mit einer freiheitsentziehenden Sanktion von 10 Jahren und 1 Tag bis zu 30 Jahren oder mit dem Tode bedroht ist;
2. in 15 Jahren, wenn die strafbare Handlung mit einer Sanktion von 6 Jahren und 1 Tag bis zu 10 Jahren bedroht ist;
3. in 8 Jahren, wenn die strafbare Handlung mit irgendeiner anderen freiheitsentziehenden Sanktion bedroht ist;
4. in 3 Jahren, wenn die strafbare Handlung mit irgend einer anderen Sanktion bedroht ist;
5. Übertretungen verjähren in 5 Monaten.

B. Ist die Tat mit mehreren zusammengesetzten Sanktionen bedroht, so verjährt sie nach Maßgabe der für die schwerste angedrohte Sanktion geltenden Verjährungsfrist.

C. Die Verjährungsfrist beginnt mit dem Tage zu laufen, an dem die Tat begangen worden ist.

D. Die Verjährung wird unterbrochen, sobald ein Verfahren gegen den Beschuldigten eingeleitet wird; sie beginnt erneut zu laufen, sobald das Verfahren eingestellt oder supendiert wird.

Artikel 106

A. Die durch rechtskräftiges Urteil verhängten Sanktionen verjähren ebenso wie die ihnen zugrunde liegenden Straftaten:
 1. innerhalb von 30 Jahren, wenn die Todesstrafe oder eine freiheitsentziehende Sanktion von 10 Jahren und 1 Tag bis zu 30 Jahren verhängt worden ist;
 2. innerhalb von 20 Jahren, wenn eine freiheitsentziehende Sanktion von 6 Jahren und 1 Tag bis zu 10 Jahren verhängt worden ist;
 3. innerhalb von 10 Jahren, wenn sonstige freiheitsentziehende Sanktionen verhängt worden sind;
 4. innerhalb von 5 Jahren in allen übrigen Fällen.

B. Die wegen einer Übertretung verhängten Sanktionen verjähren in 1 Jahr.

C. Wenn zwei oder mehrere Sanktionen gegen den Verurteilten verhängt worden sind, so ist die für die schwerste Sanktion geltende Verjährungsfrist maßgebend.

D. Die Frist für die Vollstreckungsverjährung beginnt mit dem Tage zu laufen, an dem dem Verurteilten das Urteil persönlich eröffnet worden ist.

E. Wenn die Eröffnung nicht möglich war, so beginnt die Frist mit dem Tage zu laufen, an dem das Urteil verkündet worden ist. War mit der Vollstreckung schon begonnen worden, so läuft die Frist von dem Tage ab, an dem die Vollstreckung unterbrochen worden ist.
Die Vollstreckungsverjährung wird unterbrochen, ohne daß die inzwischen verflossene Zeit angerechnet wird, wenn der Verurteilte vor Ablauf der Verjährungsfrist erneut straffällig wird; sie kann jedoch dann erneut zu laufen beginnen.

II. KAPITEL

Von dem Institut der Rehabilitierung

Artikel 107

A. Jeder Verurteilte kann bei dem Gericht, das den Urteilsspruch gefällt hat, um seine Rehabilitierung nachsuchen. Das Gericht hat ein solches Gesuch, nachdem es die ihm erforderlich erscheinenden Beweise erhoben und sich über die Verhältnisse des Gesuchstellers unterrichtet hat, dem Justizministerium zuzuleiten, damit die Rehabilitierung gegebenenfalls durch Dekret des Präsidenten gewährt werden kann.

B. Die Rehabilitierung des Verurteilten hat die Löschung der Sanktion und aller übrigen den Verurteilten belastenden Rechtsfolgen aus dem Urteil in dem zentralen Strafregister und in jedem anderen Register zur Folge.

C. Die Rehabilitierung kann auch vom Revisionsgericht durch Urteil ausgesprochen werden.

Artikel 108

Die Rehabilitierung des Verurteilten erfordert:

A. daß alle verhängten Sanktionen, ausgenommen diejenigen, die amnestiert oder hinsichtlich derer ein Gnadenerweis erteilt worden ist, vollstreckt worden sind, oder daß bei Aussetzung einer Sanktion der Zeitraum verstrichen ist, in dem die Sanktion auf Grund einer bedingten Strafaussetzung oder bedingten Entlassung ausgesetzt war;

B. daß eine Frist verstrichen ist, die die Hälfte der Verjährungsfristen des Art. 106 erreicht, gerechnet vom Endzeitpunkte der Vollstreckung an, vorausgesetzt, daß der Gesuchsteller sich während dieser Zeit einwandfrei geführt und einer geregelten Arbeit nachgegangen ist;

C. daß zivilrechtliche Verpflichtungen in vollem Umfang erfüllt sind.

Artikel 109

Wenn der Rahibilitierte eine neue Straftat begeht, die unter dem gleichen Titel im Gesetz aufgeführt ist wie diejenige, deretwegen ihm Rehabilitierung gewährt worden war, lebt die alte Straftat in der Weise wieder auf, daß sie zur Feststellung eines gleichartigen Rückfalls herangezogen werden kann. Rehabilitierung kann in diesem Falle nur durch Urteil in der Revisionsinstanz erneut gewährt werden.

VI. TITEL

Von der zivilrechtlichen Verantwortlichkeit

I. KAPITEL

Vom Umfang der zivilrechtlichen Verantwortlichkeit

Artikel 110

Jede strafbare Handlung hat eine zivilrechtliche Verantwortlichkeit zur Folge, über die das Gericht in jedem Fall auch der Höhe nach zu entscheiden hat; die Schuldner haben derartige Verpflichtungen zu erfüllen.

Artikel 111

Die zivilrechtliche Verantwortlichkeit umfaßt:

A. die Wiederbeschaffung in integrum,

B. materiellen Schadensersatz,

C. immateriellen Schadensersatz,

D. Ausgleich sonstiger Beeinträchtigungen.

Artikel 112

A. Die Wiederbeschaffung soll sich möglichst auf dieselbe Sache beziehen, wobei Ersatzleistung für etwaige Verschlechterung oder sonstige Einbußen der Regelung des Gerichts vorbehalten ist.

B. Die Wiederbeschaffung ist davon unabhängig, ob sich die Sache im Besitz eines Dritten befindet und ob dieser sie auf gesetzmäßige Weise erworben hat, unbeschadet der Rückgriffsrechte dieses Dritten gegenüber demjenigen, den es angeht.

C. Diese Vorschrift findet auf Dritte keine Anwendung, welche die Sache in der Weise und unter Voraussetzungen erworben haben, die nach dem Gesetz einen Herausgabeanspruch ausschließen.

Artikel 113

Der materielle Schadensersatzanspruch ist vom Gericht in der Weise zu errechnen, daß der volle verursachte Schaden zugrundegelegt wird. Einzubeziehen ist hierbei je nach Lage des Falles:

A. Falls Personen durch die Straftat ihr Familienoberhaupt verloren haben, eine Entschädigung, die erforderlich erscheint, um den Unterhalt der Haushaltsangehörigen zu gewährleisten.

B. Falls die Erwerbsfähigkeit eines Familienoberhaupts beeinträchtigt ist, eine Entschädigung in Höhe der Beeinträchtigung.

C. Bei Verschlechterung eines Gegenstandes infolge der Straftat eine entsprechende Entschädigung.

D. Bei Verminderung der Einnahmen des Verletzten, sofern diese unmittelbar auf die Straftat zurückzuführen ist, eine entsprechende Entschädigung.

Artikel 114

Der Ersatz des immateriellen Schadens umfaßt je nach Lage des Falles:

A. die öffentliche Genugtuung, die dem Opfer gebührt,

B. die Verehelichung des Angreifers mit der Verletzten, vorausgesetzt, daß diese damit einverstanden ist.

C. Die Eheschließung als Ausgleich des immateriellen Schadens kann auf Anordnung des Gerichts durch eine geldliche Entschädigung ersetzt werden:

   1. wenn ein absolutes Ehehindernis in der Person des Verurteilten vorliegt;
   2. wenn die mangelnde Einwilligung der Verletzten darauf beruht, daß sie gegen den Verurteilten einen unüberwindlichen Widerwillen hat und darauf, daß er ein Gewohnheitsverbrecher oder rückfälliger Verbrecher ist, oder daß in seiner Person ein Umstand dauernder Gefährlichkeit gegeben ist,

D. das Anerkenntnis der Vaterschaft, sofern diese wegen der Eigenart der Nachkommen nicht unmöglich ist,

E. Schadensersatz in Form einer Mitgift, falls sich die Heiratsaussichten der Verletzten durch die Straftat verschlechtert haben.

F. Schadensersatz in Form einer Rente, falls das öffentliche Ansehen des Opfers durch die Straftat beeinträchtigt worden ist.

Artikel 115

Der Ausgleich sonstiger Beeinträchtigungen umfaßt je nach Lage des Falles:

A. Ausgleich für die für das Opfer sowohl im Zusammenhang mit der Beseitigung des Schadens wie auch bei Heranschaffung des Beweismaterials verlorenen Arbeitstage,

B. die Bezahlung der Ärzte, Krankenschwestern, Medikamente, Spezialnahrungsmittel, Diagnosen, Operationen und des Krankenhausaufenthalts,

C. Bezahlung der Arbeitskräfte und Materialien, die zur Behebung des Schadens erforderlich sind,

D. Bezahlung jeglicher außergewöhnlicher, nicht voraussehbarer Aufwendungen, die durch die Straftat hervorgerufen worden sind,

E. Bezahlung der Gebühren und Auslagen von Rechtsanwälten, Sachverständigen und Zeugen in dem Verfahren, sofern diese Personen sie beanspruchen,

F. die Bezahlung derjenigen Ausgaben, die infolge der Straftat Verwandten des Opfers oder einem Dritten erwachsen sind.
Die Gerichte haben in ihren Urteilen in jedem Fall den Betrag dieser Verbindlichkeiten festzusetzen.

Artikel 116

A. Bei der Festsetzung des Betrages der zivilrechtlichen Verbindlichkeit haben die Gerichte das Alter, die Verhältnisse, den sozialen Stand, die Wirtschaftslage, den Beruf, die Arbeitsfähigkeit, die Erwerbsfähigkeit sowohl des Opfers wie auch des Angeklagten zu berücksichtigen.

B. Bei verschiedenen Angeklagten ist die Verantwortlichkeit nach dem Grade der Teilnahme und den Verhältnissen jedes einzelnen aufzuteilen, wobei die Gründe, die für eine Aufteilung maßgeblich gewesen sind, ausdrücklich anzugeben sind.

C. Bei Straftaten, die von den Opfern selbst veranlaßt worden sind, ist auf eine zivilrechtliche Verantwortlichkeit, aus der die Opfer Nutzen ziehen würden, nicht zu erkennen.

Artikel 117

A. Derjenige, der zu zivilrechtlicher Wiedergutmachung verurteilt worden ist, darf das nationale Territorium ohne gerichtliche Ermächtigung oder Zustimmung von Seiten des Opfers oder von dessen Erben oder gesetzlichen Streitgenossen nicht verlassen, ehe er die zivilrechtliche Verbindlichkeit erfüllt hat.

B. Auch darf er ohne gerichtliche Ermächtigung oder Zustimmung der zuvor erwähnten Personen sein Vermögen nicht veräußern oder belasten, ehe er seine zivilrechtlichen Verbindlichkeiten erfüllt hat oder in einer der vom Gesetz vorgesehenen Formen Sicherheit geleistet hat.

II. KAPITEL

Von der zivilrechtlichen Verantwortlichkeit Dritter

Artikel 118

Es sind zivilrechtlich verantwortlich:

A. Je nachdem: der Staat, die Provinz oder die Gemeinde bei Straftaten, die durch die Behörden, deren öffentliche Beauftragte oder Beamte gegenüber Privatpersonen bei Ausübung der betreffenden amtlichen Funktionen verübt worden sind.

B. In den in den Art. 35 Abs. A, D und E aufgeführten Fällen der Zurechnungsunfähigkeit des Täters diejenigen Personen, die über den Geisteskranken oder über den Minderjährigen unter 12 Jahren oder den Taubstummen tatsächliche Gewalt oder kraft Gesetzes Aufsichtsbefugnisse haben; es sei denn, der Betreffende hat die Tat trotz aller Sicherheits- und Überwachungsmaßnahmen, welche die genannten Aufsichtspersonen beachtet hatten, begangen.
Falls die Aufsichtspersonen zivilrechtlich nicht verantwortlich oder falls sie zahlungsunfähig sind, ist die Entschädigung aus dem Vermögen des Geisteskranken oder des Minderjährigen zu leisten, nach-

dem ein entsprechender ihrem Unterhalt dienender Betrag abgezogen worden ist.

C. Im Falle des Art. 35 F diejenigen Personen, die einen Täter durch unwiderstehliche Gewalt zur Tat genötigt haben.

D. Im Falle des Art. 35 G derjenige, der dem Täter Furcht eingeflößt und dadurch die Tat veranlaßt hat.

E. In den Fällen des Art. 36 B, C, D und E, diejenigen Personen, die durch die nicht rechtswidrige Tat begünstigt worden sind.

Artikel 119

Kann die kriminell-verantwortliche Person nicht herangezogen werden, so sind zivilrechtlich verantwortlich:

A. natürliche oder juristische Personen, falls die Straftat auf ihrem Besitztum begangen worden ist, sofern diejenigen Personen, die diese Besitztümer verwalten oder beaufsichtigen, als Beauftragte, Angestellte oder Beamte diesbezügliche Verordnungen oder Anordnungen der Behörden verletzt haben;

B. Kommunen, Gewerkschaften, Gesellschaften oder Vereinigungen bei Straftaten, die von ihren Vertretern oder Organen, Teilhabern oder Mitgliedern bei Ausübung der Funktionen, die diesen von der Gemeinschaft, der sie angehören, übertragen worden sind, begangen wurden;

C. natürliche oder juristische Personen, die Eigentümer eines Hotels, einer Gastwirtschaft, eines Pensionshauses oder eines Rasthauses sind, in bezug auf Diebstähle, die Gästen gegenüber verübt wurden, sofern Letztere den Vorschriften und Anordnungen des Beherbergungsunternehmens nachgekommen sind;
ausgenommen von dieser Regelung sind Fälle des gewaltsamen Diebstahls (Raubes), es sei denn, dieser wurde von Angestellten oder Bediensteten des Unternehmens oder von einem Angehörigen dieses Personenkreises begangen;

D. natürliche oder juristische Personen, die Eigentümer von Zeitungen und Zeitschriftenunternehmungen, Druckereien, Lithographieanstalten, Radiostationen oder irgend einer anderen der Verbreitung von Informationen oder Nachrichten dienenden Anstalt sind, hinsichtlich derjenigen Straftaten, die bei Gebrauch der von den genannten Personen kontrollierten Publikationsmittel begangen wurden;

E. natürliche oder juristische Personen, die Eigentümer von Fahrzeugen jeglicher Art sind, sofern diese dem Handel oder dem Transport von Personen oder Waren oder dem öffentlichen Verkehr dienen, wenn die Straftat durch die Führer oder das Begleitpersonal dieser Fahrzeuge bei deren wirtschaftlicher Ausnutzung begangen worden ist;

F. die Betriebsführer, Lehrherrn, Personen und Unternehmungen, die ein Industriegewerbe betreiben, sofern Straftaten durch ihre Angestellten, Schüler, Lehrlinge, Funktionäre oder sonst in abhängiger Stellung Beschäftigten bei Ausübung der diesen obliegenden Tätigkeit oder bei der Bereitstellung ihrer Dienste begangen worden sind;

G. sonstige Berufstätige für Taten, die ihren Angestellten, Beauftragten, Vertretern und allen übrigen Personen, die unmittelbar von ihnen abhängig und von ihnen zu einer Verrichtung bestellt worden sind, zur Last fallen, sofern diese die Taten in Ausübung der Verrichtung, für die sie bestellt worden sind oder bei Bereitstellung ihrer Dienste begangen haben.

III. KAPITEL

Besonderheiten der aus einer Straftat herrührenden zivilrechtlichen Verbindlichkeiten

Artikel 120

A. Die zivilrechtliche Verbindlichkeit obliegt allen Mittätern als Gesamtschuldnern; jedoch kann derjenige, der allein in Anspruch genommen worden ist, Ausgleichsansprüche gegen die übrigen Verurteilten oder gegen jeden von ihnen geltend machen.
B. Die zivilrechtliche Verbindlichkeit ist unabdingbar.
C. Die zivilrechtliche Schuldverpflichtung geht auf die Erben des Verurteilten zu Gunsten des Opfers und von dessen Erben über.

IV. KAPITEL

Von der Verwirklichung der zivilrechtlichen Verantwortlichkeit

Artikel 121

Unter der Oberaufsicht des Finanzministers der Republik wird eine Entschädigungskasse eingerichtet, in die folgende Beträge fließen:
A. Die Beträge, die in Erfüllung der zivilrechtlichen Verantwortlichkeit geleistet worden sind.
B. Der Hundertsatz aus der Arbeitsvergütung der Gefangenen, der nach Maßgabe der Vorschriften der Art. 90 und 91 abzuzweigen ist.
C. Die aus den gerichtlich auferlegten Geldstrafen und Schadensersatzleistungen fließenden Beträge, sofern diese nicht für die im Gesetz vom 18. 3. 1927 i. d. F. des Gesetzes Nr. 139 von 1935 und im Gesetz Nr. 751/1934 vorgesehenen Fonds bestimmt sind.
D. Zuwendungen, die der Kasse gemacht werden.
E. Der Nachlaß des Opfers oder der für die Straftat verantwortlichen Personen, falls keine Erben vorhanden sind.
F. Der Erlös aus dem beschlagnahmten Eigentum, den Erzeugnissen oder Werkzeugen der Straftat.
G. Nicht in Anspruch genommene Entschädigungen 2 Jahre nach Rechtskraft des Urteils.
H. Als corpus delicti beschlagnahmtes Geld, sofern es ein Jahr nach Rechtskraft des Urteils nicht anderweit in Anspruch genommen worden ist.
I. Die Zinsen, die das in der Kasse vereinigte Vermögen erbringt.
J. Die Beträge, die der Kasse auf Grund des nationalen Haushaltsplanes zu ihrer Unterstützung zufließen.

Artikel 122

Der Entschädigungskasse obliegen alle Maßnahmen zur Durchführung der aus der zivilrechtlichen Verantwortlichkeit erwachsenden Verpflichtungen.

Artikel 123

Die Entschädigungskasse ist befugt, die Rechte des Opfers wahrzunehmen; sie ist daher Partei in Prozessen, die der Durchsetzung solcher Rechte dienen in Fällen, in denen prozessuale Maßnahmen insoweit erforderlich erscheinen.

Artikel 124

Die Entschädigungskasse vereinnahmt die Ersatzleistungen oder Entschädigungen oder die Renten, die vom Gericht festgesetzt sind, in der aus dem Urteilsspruch ersichtlichen Art und Weise.

Artikel 125

A. Der Verurteilte leistet an die Entschädigungskasse die ihm auf Grund seiner zivilrechtlichen Verantwortlichkeit auferlegten Beträge.
B. Wenn der Verurteilte die Zahlung verweigert, obwohl er zahlungsfähig ist, ist die Zwangsvollstreckung in sein Vermögen zu betreiben und sind seine Vermögensstücke in öffentlicher Versteigerung in dem zur Erfüllung der Verbindlichkeit erforderlichen Umfang zu veräußern.
C. Bei Zahlungsunfähigkeit ist der Verurteilte verpflichtet, den vierten Teil seiner monatlichen Einnahmen der Entschädigungskasse zuzuführen bis zur vollen Abdeckung der ihm auferlegten Zahlungsverpflichtung. Wenn er dieser Verpflichtung freiwillig nicht nachkommt, so sind Zwangsmaßnahmen in entsprechender Höhe gegen ihn zu ergreifen.
D. Wenn die Sanktion die Zahlung einer Geldrente einschließt, ist der Verurteilte verpflichtet, diese in der aus dem Urteilsspruch ersichtlichen Art und Weise zu leisten.
E. Ist der Verurteilte arbeitslos oder zahlungsunfähig oder verweigert er die Zahlung, so ist er in eine Strafanstalt, ein Arbeitshaus oder eine Arbeitswerkstatt für Kriminelle einzuweisen, bis er mittels des Ertrages seiner Arbeit seiner Verpflichtung in Höhe der in dem Urteil bezeichneten Teilbeträge genügt hat.
F. Wenn dies (Abs. E) nicht möglich erscheint, so hat das Gericht in dem Urteilsspruch ersatzweise auf eine Gefängnisstrafe zu erkennen, die jedoch keinesfalls 6 Monate übersteigen darf.
G. In allen Fällen, in denen Zwangsmittel gegen die Person mangels Zahlung der aus einem Verbrechen oder Vergehen folgenden zivilrechtlichen Verbindlichkeit ergriffen werden müssen, entspricht 1 Tag Freiheitsentziehung je 3 Pesos.

Artikel 126

A. Werden juristische Personen zu Geldleistungen verurteilt, so sind diese Leistungen auf einmal zu erbringen.
B. Falls dies nicht möglich ist, so hat das Gericht auf Ersuchen der Entschädigungskasse Eingriffe in die Geschäftsführung des Unternehmens anzuordnen derart, daß die Gesamterträgnisse des Unternehmens der Entschädigungskasse zuzuführen sind, bis der vom Gericht festgesetzte Betrag zuzüglich der Kosten des Eingriffes bezahlt ist.

V. KAPITEL

Vom Erlöschen der zivilrechtlichen Verantwortlichkeit

Artikel 127

Die aus Verbrechen oder Vergehen herrührende zivilrechtliche Verantwortlichkeit erlischt in derselben Weise wie die im Zivilgesetzbuch geregelten Schuldverpflichtungen.

BUCH II

Von den Straftaten

I. TITEL

Straftaten gegen die Sicherheit des Staates

I. KAPITEL

Straftaten gegen die Integrität und den inneren Bestand der Nation

Artikel 128

Derjenige, der im Interesse einer ausländischen Macht eine Tat mit dem ausdrücklichen und bewußten Ziel der Beeinträchtigung der Unabhängigkeit der Republik oder der Unversehrtheit des Territoriums begeht, wird mit Freiheitsentziehung von 10 bis zu 20 Jahren bestraft.

Artikel 129

Derjenige, der eine Tat begeht, die ausdrücklich und bewußt dazu bestimmt ist, einen Krieg gegen die Republik herbeizuführen, wird, wenn es nicht zur Kriegserklärung kommt, mit Freiheitsentziehung von 6 bis 15 Jahren, und wenn der Krieg erklärt wird, mit Freiheitsentziehung von 8 bis zu 20 Jahren bestraft.

Artikel 130

Mit Freiheitsentziehung von 10 bis zu 20 Jahren wird derjenige Bürger bestraft,

1. der die Waffen gegen sein Vaterland unter der Fahne des Feindes ergreift,
2. der dem Feind das Eindringen in das Gebiet der Republik, die Einnahme eines festen Platzes, eines militärischen Stützpunktes, eines See- oder Luftfahrzeuges des Staates oder eines Munitions- oder Verpflegungslagers erleichtert;
3. der einen nationalen Truppenverband oder einen Truppenverband, der sich im Dienst der Republik befindet, dazu überredet, daß er zum Feinde übergeht oder im Felde Fahnenflucht begeht;
4. der auf dem Territorium der Republik Soldaten aushebt, um unter der Fahne einer ausländischen Macht Krieg gegen das Vaterland zu führen.

Artikel 131

Mit Freiheitsentziehung zwischen 8 und 10 Jahren wird derjenige Bürger bestraft,

1. der Soldaten auf dem Territorium der Republik für den Dienst zugunsten einer ausländischen Macht aushebt, sofern diese an einem Krieg gegen die Republik nicht unmittelbar beteiligt ist;
2. der den Truppen einer ausländischen Macht Güter, Waffen, Schiffe, Flugzeuge, Lebensmittel, Munition oder andere Mittel, die für Feindseligkeiten gegenüber der Republik geeignet und wirksam

sind, zur Verfügung stellt, oder der dem Vormarsch feindlicher Heere in einer Weise Vorschub leistet, die in dem vorangehenden Artikel nicht erwähnt ist;
3. der dem Feinde Pläne von Befestigungsanlagen, Truppenlagern, militärischen Bereichen und Verteidigungswerken oder irgendwelche anderen Schriftstücke oder Nachrichten vermittelt, die geeignet erscheinen, Feindseligkeiten gegen die Republik zu fördern oder das Eindringen feindlicher Truppen zu begünstigen;
4. der in Kriegszeiten verhindert, daß die nationalen Streitkräfte die in Nr. 2 erwähnten Hilfsmittel oder die in Nr. 3 genannten Daten und Nachrichten erlangen.

Artikel 132

Ein Cubaner, der den Verlust seiner Staatsangehörigkeit wegen Wehrdienstes bei einer ausländischen Macht oder wegen der Annahme von ausländischen Ämtern oder Auszeichnungen ohne die Ermächtigung des Senats verschuldet, wird mit der Sanktion der Allgemeinen Rechtsminderung von 1 bis zu 6 Jahren bestraft.

Artikel 133

A. Ein Ausländer, der im Gebiet der Republik ansässig ist und eine der in Art. 130 genannten Straftaten begeht, wird mit einer freiheitsentziehenden Sanktion von 8 bis zu 12 Jahren bestraft.
B. Begeht er eine der in Art. 131 bezeichneten Straftaten, so wird er mit freiheitsentziehender Sanktion von 6 bis zu 8 Jahren bestraft.

Artikel 134

Wer die in Art. 130 und 131 bezeichneten Straftaten zum Nachteil einer ausländischen Macht begeht, die mit der Republik verbündet ist, wird für den Fall, daß diese Macht sich gegen einen gemeinsamen Feind im Kriege befindet, mit denjenigen Sanktionen bestraft, die in den genannten Artikeln angedroht sind.

Artikel 135

A. Derjenige, der politische oder militärische Geheimnisse, welche die Sicherheit des Staates berühren, enthüllt, indem er sie privat oder öffentlich mitteilt, wird mit freiheitsentziehender Sanktion zwischen 2 und 4 Jahren bestraft.
B. Die freiheitsentziehende Sanktion beträgt zwischen 4 und 6 Jahren, wenn die Enthüllung gegenüber einem ausländischen Staat oder seinen Agenten geschieht; und zwischen 6 und 10 Jahren, wenn infolge der Enthüllung die bis dahin freundschaftlichen Beziehungen zwischen einer ausländischen Regierung und der Regierung der Republik getrübt werden.
C. Die Sanktion erhöht sich um $1/3$:
   1. wenn der Schuldige von dem enthüllten Geheimnis vermöge seines Amtes Kenntnis hatte oder Kenntnis erlangen konnte,
   2. wenn sich der Schuldige mittels Betruges, Bestechung oder Gewaltanwendung Kenntnis von dem Geheimnis zum Zwecke der späteren Enthüllung verschafft hat.

Artikel 136

Die gleiche Sanktion je nach Lage des Falles hat derjenige verwirkt, demgegenüber das Staatsgeheimnis enthüllt wurde.

Artikel 137

Wenn eines der Geheimnisse, auf die sich Art. 135 bezieht, nur infolge Nachlässigkeit oder Unvorsichtigkeit desjenigen, der es hütet oder davon Kenntnis hat, enthüllt wird, so beträgt die freiheitsentziehende Sanktion 6 Monate und 1 Tag bis zu 2 Jahren.

Artikel 138

A. Wer ohne die erforderliche Ermächtigung Pläne von Befestigungen, Kriegsschiffen, Flugzeugen der Luftstreitkräfte, maritimen oder militärischen Einrichtungen, Eisenbahnen, Straßen oder sonstigen militärischen Anlagen offenbart, wird mit einer freiheitsentziehenden Sanktion von 1 bis 5 Jahren bestraft.

B. Die Sanktion beträgt 2 bis 8 Jahre, wenn der Täter, um sein Ziel zu erreichen, die erwähnten Anlagen heimlich betritt oder sich mittels Bestechung oder Betruges Eingang verschafft hat, vorausgesetzt, daß der Öffentlichkeit der Zutritt verboten war.

C. Das bloße Betreten der im vorhergehenden Absatz bezeichneten Örtlichkeiten wird, sofern es mittels Betruges, Bestechung oder heimlich erfolgt, mit Freiheitsentziehung von 1 Monat und 1 Tag bis zu 6 Monaten oder mit Geldstrafe zwischen 31 und 180 Tagesbußen oder mit beiden Sanktionen bestraft.

Artikel 139

Wer zum Schaden des Allgemeinwohls einen ihm von der Regierung der Republik erteilten amtlichen Auftrag, mit einem anderen Staat über das Staatsinteresse berührende Angelegenheiten zu verhandeln, mißbraucht, hat eine freiheitsentziehende Sanktion von 4 bis 12 Jahren verwirkt.

Artikel 140

Wer in der Öffentlichkeit die Fahne, das Wappen oder ein anderes Hoheitszeichen der Republik herabreißt oder verunglimpft, um die Nation verächtlich zu machen, wird mit Freiheitsentziehung von 1 Monat und 1 Tag bis zu einem Jahr bestraft.

II. KAPITEL

Straftaten, die den äußeren Frieden des Staates beeinträchtigen

Artikel 141

Derjenige, der, ohne von der Regierung dazu ermächtigt zu sein, Truppen anwirbt oder andere Feindseligkeiten gegenüber einer ausländischen Macht begeht, die eine Kriegserklärung fördern oder herbeiführen oder Staatsbürger Übergriffen oder Repressalien in persönlicher oder vermögensmäßiger Hinsicht aussetzen können, wird mit freiheitsentziehender Sanktion von 8 bis zu 16 Jahren bestraft, wenn er ein öffentliches Amt innehat. Ist er nicht Amtsträger, so beträgt die freiheitsentziehende Sanktion 5 bis 10 Jahre, falls der Krieg erklärt worden ist oder die Übergriffe oder Repressalien stattgefunden haben. Ist letzteres nicht eingetreten, so betragen die freiheitsentziehenden Sanktionen je nachdem 6 bis 12 Jahre bzw. 3 bis 5 Jahre.

Artikel 142

Wer eine Waffenruhe oder einen Waffenstillstand bricht, der zwischen der Republik und einer anderen feindlichen Macht oder zwischen deren See-, Land- oder Luftstreitkräften vereinbart worden ist, wird mit freiheitsentziehender Sanktion von 6 bis 12 Jahren bestraft.

Artikel 143

Ein Amtsträger, der unter Mißbrauch seines Amtes das Ansehen oder die Interessen der Republik auf eine Weise verletzt, die in diesem Kapitel nicht erwähnt ist, wird mit freiheitsentziehender Sanktion von 4 bis zu 8 Jahren oder Allgemeiner Rechtsminderung für die gleiche Zeit bestraft.

Artikel 144

Wer ohne Ermächtigung der Regierung auf dem Territorium der Republik für den militärischen Dienst bei einer ausländischen Macht oder und um gegen eine andere Macht Feindseligkeiten zu begehen, Rekruten anwirbt, wird mit freiheitsentziehender Sanktion von 4 bis 8 Jahren bestraft.

Artikel 145

A. Wer in Kriegszeiten Schriftverkehr irgendwelcher Art mit dem feindlichen oder von feindlichen Truppen besetzten Ausland unterhält, wird mit den folgenden Sanktionen bestraft:
   1. Freiheitsentziehung von 6 Monaten und 1 Tag bis zu 5 Jahren, wenn der Schriftverkehr in üblicher Form geführt wird und die Regierung ihn verboten hat;
   2. 4 bis 8 Jahre, wenn der Schriftverkehr unter Verwendung von Chiffren oder vereinbarten Zeichen geführt wird und die Regierung ihn verboten hat; oder wenn in dem Schriftwechsel Hinweise oder Nachrichten enthalten sind, von denen der Feind Nutzen ziehen kann, und zwar in den letztgenannten Fällen auch dann, wenn die Regierung einen Schriftwechsel vorher nicht verboten hatte.

B. Denselben Sanktionen unterliegt, wer die in diesem Artikel genannten Straftaten dadurch begeht, daß er, um das Gesetz zu umgehen, den Schriftverkehr über ein befreundetes oder neutrales Land leitet.

Artikel 146

Ein Bürger, der in ein feindliches Land reist, obwohl die Regierung dies verboten hat, wird mit freiheitsentziehender Sanktion von 1 Monat und 1 Tag bis zu 6 Monaten oder einer Geldstrafe in Höhe von 31 bis 180 Tagesbußen oder beiden Sanktionsarten bestraft.

III. KAPITEL

Straftaten gegen die staatlichen Gewalten

Artikel 147

Mit freiheitsentziehender Sanktion von 6 bis zu 10 Jahren wird bestraft, wer Handlungen begeht, die auf eine gewaltsame völlige oder teilweise Änderung der Verfassung oder der bestehenden Regierungsform abzielen.

Artikel 148

A. Mit freiheitsentziehender Sanktion von 3 bis zu 10 Jahren wird derjenige Täter bestraft, der Handlungen begeht, die einen bewaffneten Aufstand gegen die verfassungsmäßigen Staatsgewalten hervorrufen sollen.

B. Die freiheitsentziehende Sanktion beträgt 5 bis 20 Jahre, wenn der Aufstand wirklich ausbricht.

Artikel 149

A. Wer Handlungen mit dem Ziel begeht, den Senat, die Repräsentantenkammer, den Präsidenten der Republik oder das Oberste Gericht ganz oder teilweise, sei es auch nur für bestimmte Zeit, an der Ausübung der verfassungsmäßigen Funktionen zu hindern, wird mit freiheitsentziehender Sanktion von 6 bis 10 Jahren bestraft.

B. Wer die Abhaltung allgemeiner Wahlen oder Volksbefragungen zu verhindern oder zu stören versucht, wird mit freiheitsentziehender Sanktion von 4 bis 8 Jahren bestraft.

C. Wer Erlasse, Befehle oder Dekrete in Cuba herausgibt, veröffentlicht oder zu vollstrecken versucht, die darauf abzielen, die Unabhängigkeit der Nation zu schmälern oder zum Ungehorsam gegenüber geltenden Gesetzen aufzufordern, wird mit freiheitsentziehender Sanktion von 2 bis zu 6 Jahren bestraft.

Artikel 150

Wenn auf Grund einer der in den Art. 147 und 149 bezeichneten strafbaren Handlungen ein bewaffneter Aufstand hervorgerufen worden ist, so sind die in den genannten Artikeln angedrohten Sanktionen um ein Drittel bis um die Hälfte zu erhöhen.

Artikel 151

Von der Regierung ernannte oder vom Volk gewählte Staatsbeamte, die nicht mit allen ihnen erreichbaren Mitteln einem Aufstand Widerstand leisten, werden mit Besonderer Rechtsminderung von 6 bis 10 Jahren bestraft.

Artikel 152

Beamte, die unter der Herrschaft der Aufständischen ihre Ämter weiter versehen oder solche übernehmen, oder die bei Gefahr eines Aufstandes oder bei seinem Ausbruch ihr Amt im Stich lassen, ohne die Genehmigung hierzu erhalten zu haben, werden mit Besonderer Rechtsminderung von 6 bis 9 Jahren bestraft.

Artikel 153

Wer ein Amt von den Aufständischen übernimmt, wird mit Besonderer Rechtsminderung von 4 bis 8 Jahren bestraft.

Artikel 154

A. Wer ohne gesetzliche Befugnis oder Anordnung der Regierung den Befehl über Truppen, Plätze, Festungen, Militärstützpunkte, Ortschaften, Kriegsschiffe oder Militärflugzeuge übernimmt, wird mit freiheitsentziehender Sanktion von 5 bis 10 Jahren bestraft.
B. Mit der gleichen Sanktion wird bestraft, wer sich die Ausübung einer Funktion anmaßt, die durch die Verfassung ausschließlich einer der staatlichen Gewalten anvertraut ist.

Artikel 155

A. Wer, ohne von der Regierung dazu ermächtigt zu sein, auf dem Territorium der Republik deren Bürger als Rekruten einzieht oder bewaffnet, wird mit freiheitsentziehender Sanktion von 1 bis zu 4 Jahren bestraft.
B. Die freiheitsentziehende Sanktion beträgt 2 bis 6 Jahre, wenn sich unter den Ausgehobenen ein Mitglied der bewaffneten Streitkräfte der Republik befindet.

IV. KAPITEL

Gemeinsame Bestimmungen hinsichtlich der vorangehenden Kapitel

Artikel 156

Eine in der Öffentlichkeit hervorgerufene Erregung mit dem Ziele, die Gemüter zur Begehung einiger der Straftaten aufzureizen, mit denen sich die Art. 128, 147, 148 und 149 befassen, wird im Falle des Art. 128 mit freiheitsentziehender Sanktion von 2 bis 4 Jahren und in den übrigen Fällen mit Freiheitsentziehung von 6 Monaten und 1 Tag bis 2 Jahren bestraft.

Artikel 157

Wenn zwei oder mehr Personen die Begehung einer der in den Art. 128, 147, 148 und 149 bezeichneten Straftaten miteinander vereinbaren und den Entschluß fassen, sie auszuführen, so sind sie mit folgenden freiheitsentziehenden Sanktionen zu bestrafen:

1. im Falle des Art. 128 mit 2 bis 6 Jahren,
2. im Falle des Art. 147 mit zwei bis 4 Jahren,
3. im Falle des Art. 148 A mit 1 bis 3 Jahren,
4. im Falle des Art. 148 B beträgt die Sanktion 2 bis 6 Jahre,
5. im Falle des Art. 149 A beträgt die Sanktion 2 bis 4 Jahre,
6. im Falle des Art. 149 B beträgt die Sanktion 1 bis 3 Jahre,
7. im Falle des Art. 149 C beträgt die Sanktion 6 Monate und 1 Tag bis 2 Jahre.

Artikel 158

A. Personen, die zur Begehung einer der in den Art. 128, 147, 148 und 149 bezeichneten Straftaten einen bewaffneten Truppenkörper organisieren oder darin einen Oberbefehl oder eine Sonderfunktion übernehmen, oder die als Hauptanführer eines solchen Truppenkörpers auftreten, werden mit den im vorigen Artikel bezeichneten, jedoch um ein Drittel erhöhten Sanktionen bestraft.

B. Andere Personen, die Glieder eines solchen bewaffneten Truppenkörpers werden oder sonst an einer solchen Bewegung teilhaben, ohne jedoch Befehlshaber oder Hauptanführer derselben zu sein, werden mit den in Art. 157 bezeichneten, jedoch um ein Sechstel erhöhten Sanktionen bestraft.

Artikel 159

Von den Sanktionen für Taten, auf die sich die vorhergehenden beiden Artikel beziehen, bleiben verschont:

1. diejenigen, die vor dem ersten gegen die Behörden oder die öffentliche Gewalt gerichteten Einschüchterungsversuch oder bei dem ersten Einschüchterungsversuch die bewaffnete Einheit verlassen oder die Ausführung des Verbrechens verhindern, für das der Truppenkörper organisiert worden ist;
2. diejenigen, die ohne an der Aufstellung oder Befehlsgewalt über den Truppenkörper teilgenommen zu haben, sich ohne Widerstand zu leisten vor dem ersten ausdrücklichen Einschüchterungsversuch zurückziehen und dabei ihre Waffen übergeben oder im Stich lassen.

Artikel 160

Wer, ohne unter die Bestimmungen des Art. 30 zu fallen, der bewaffneten Einheit Schutz bietet, Hilfe leistet oder Vorräte für sie beschafft oder ihre Operationen auf andere Weise begünstigt, wird mit freiheitsentziehender Sanktion von 6 Monaten und 1 Tag bis zu 3 Jahren bestraft.

V. KAPITEL

Allgemeine Begriffsbestimmung

Artikel 161

Im Sinne der Bestimmungen des Art. 21 dieses Gesetzbuches gelten als „politische Straftaten“ all jene Straftaten, die in den vier vorangehenden Kapiteln enthalten sind.

II. TITEL

Straftaten gegen den internationalen Frieden, das Völkerrecht und die Freiheit und Sicherheit der Meere

I. KAPITEL

Straftaten gegen den internationalen Frieden und das Völkerrecht

Artikel 162

A. Wer auf dem Territorium der Republik eine Handlung begeht, die, obwohl ein Krieg nicht erklärt worden ist, unmittelbar darauf abzielt, die Unabhängigkeit eines ausländischen Staates zu schmälern, die Unverletzlichkeit seines Territoriums oder die Festigkeit seiner Regierung zu beeinträchtigen, unterliegt einer freiheitsentziehenden Sanktion von 3 bis zu 6 Jahren.

B. Wer auf dem Territorium der Republik — ohne daß ein Krieg erklärt worden ist — ein Verbrechen gegen einen ausländischen Regierungschef begeht, wird mit der für dieses Verbrechen angedrohten, jedoch um ein Drittel bis um die Hälfte erhöhten Sanktion bestraft.

C. Diese Bestimmung findet auch bei auf dem Territorium der Republik begangenen Verbrechen gegen im Dienst befindliche diplomatische Vertreter ausländischer Staaten Anwendung.

D. Wer Angriffe gegen die persönliche Immunität oder den Wohnsitz des Oberhaupts eines anderen Staates, dem in der Republik ein offizieller Empfang bereitet wird, oder gegen einen diplomatischen Vertreter begeht, unterliegt einer freiheitsentziehenden Sanktion von 2 bis zu 6 Jahren.

E. Wenn die Straftat nur auf Antrag des Verletzten verfolgt werden kann, so ist ein Verfahren nur auf dessen Ansuchen oder auf Anordnung der Regierung der Republik einzuleiten.

Artikel 163

A. Wer das cubanische Volk öffentlich zu einem Angriffskrieg gegen eine ausländische Nation aufstachelt, wird mit freiheitsentziehender Sanktion von 1 bis zu 3 Jahren bestraft.

B. Wer während der Dauer von diplomatischen Verhandlungen, die die friedliche Beilegung eines internationalen Konflikts bezwecken, öffentliche Agitation betreibt, mit dem Ziele, die Regierung unter Druck zu setzen, damit sie sich für den Krieg entscheide, wird mit einer Sanktion von 6 Monaten und 1 Tag bis zu 2 Jahren bestraft.

C. Wer durch Presse oder Radio falsche Nachrichten in der Absicht verbreitet, den internationalen Frieden oder die guten Beziehungen der Republik zu irgendeiner anderen Nation zu stören, hat eine freiheitsentziehende Sanktion von 3 Monaten und 1 Tag bis zu 1 Jahr oder eine Geldstrafe von 90 bis zu 200 Tagesbußen verwirkt.

Artikel 164

Mit freiheitsentziehender Sanktion von 6 Monaten und 1 Tag bis zu 3 Jahren werden Personen bestraft, die in Kriegszeiten eine der folgenden Straftaten begehen:

A. die Unverletzlichkeit von Ambulanzen, Lazaretten und Feldlagern für Verwundete, Kranke oder Gefangene nicht beachten;

B. Verwundeten, Kranken, Insassen von Lazaretten oder Kriegsgefangenen die erforderliche Hilfe verweigern;

C. in irgendeiner Form Schiffe, Eisenbahnen oder Luftfahrzeuge, die Lazarettzwecken oder dem Transport von Verwundeten, Kranken, Schiffbrüchigen oder Gefangenen gewidmet sind, angreifen;

D. anerkannte caritative Gesellschaften — seien diese national, ausländisch oder international — daran hindern, die zu ihrem Tätigkeitsbereich gehörenden Funktionen auszuüben.

Artikel 165

Wer die Fahne, das Wappen oder ein anderes Wahrzeichen eines ausländischen Staates öffentlich herunterreißt oder zerstört, um damit seine Verachtung gegen diesen Staat auszudrücken, oder wer diese Wahrzeichen sonst verächtlich macht, wird mit freiheitsentziehender Sanktion von 1 Monat und 1 Tag bis zu 6 Monaten oder Geldstrafe von 31 bis 180 Tagesbußen oder mit beidem bestraft.

II. KAPITEL

Straftaten gegen die Freiheit und Sicherheit der Meere

Artikel 166

Piraterie begehen diejenigen, die ohne Ermächtigung oder Patent der Regierung — sofern diese in der Lage wäre, ein solches zu vergeben — oder unter Mißbrauch eines ordnungsgemäßen Patentes oder unter Benutzung von Patenten verschiedener Staaten ein oder mehrere bewaffnete Schiffe, oder Schiffe mit bewaffneter Mannschaft führen, befehligen oder bemannen, welche die Meere befahren, um auf hoher See, an den Küsten oder gegenüber anderen Seefahrzeugen Raubüberfälle, Plünderungen oder Gewalttaten zu verüben.

Artikel 167

Die Straftat der Piraterie wird, sofern sie gegen Inländer oder Angehörige einer Nation, die sich nicht im Kriegszustand mit der Republik befindet, begangen wird, mit freiheitsentziehender Sankton von 5 bis zu 10 Jahren bestraft.

Artikel 168

A. Falls bei Begehung des Deliktes der Piraterie ein Mord verübt wird oder falls die Piraten Personen ohne Hilfsmittel für ihre Rettung aussetzen, ist eine Sanktion von 20 Jahren Freiheitsentziehung bis zur Todesstrafe verwirkt.

B. Wenn die Piraten ein anderes Seefahrzeug entern oder Feuer anlegen, oder wenn zu der Straftat schwere Körperverletzungen oder Gewalttaten hinzutreten, so ist eine freiheitsentziehende Sanktion von 10 bis zu 20 Jahren verwirkt; begehen sie dabei irgendein Sittlichkeitsdelikt, so ist Freiheitsentziehung von 8 bis zu 15 Jahren verwirkt.

C. Wer Piraten ein cubanisches Seefahrzeug oder ein Fahrzeug, das auf Kosten der Republik bewaffnet worden ist, überläßt, wird bestraft:
   1. mit freiheitsentziehender Sanktion von 10 bis 20 Jahren, wenn er Kapitän oder Eigentümer des Schiffes war.
   2. mit freiheitsentziehender Sanktion von 8 bis 15 Jahren in den übrigen Fällen.

D. Wer sich eines cubanischen Schiffes bemächtigt, indem er die Mannschaft besticht oder irgendein anderes ungesetzliches Mittel anwendet, wird mit Freiheitsentzug von 8 bis 12 Jahren bestraft. Wenn zur Ausführung der Tat schwere Körperverletzungen begangen oder Mittel angewandt werden, die den Kapitän oder Eigentümer an der Befehlsgebung hindern, so beträgt die Freiheitsentziehung 10 bis 20 Jahre.

E. Wer vom Meer, aus der Luft oder vom Festland aus durch falsche Signale oder durch eine andere bewußte Täuschung den Schiffbruch oder die Strandung eines Schiffes herbeiführt, in der Absicht, es zu berauben, oder Personen, die sich an Bord befinden, anzugreifen, wird mit Freiheitsentziehung von 12 bis 20 Jahren bestraft. Wird der Raub oder der Angriff gegen die Personen dann tatsächlich ausgeführt, so hat der Schuldige eine freiheitsentziehende Sanktion von 12 bis 25 Jahren verwirkt. Wenn als Folge der Tat jemand von der Schiffsbesatzung sein Leben verliert, ist eine Sanktion von 20 Jahren Freiheitsentziehung bis zur Todesstrafe verwirkt.

Artikel 169

A. Personen, die sich auf einem Schiff anheuern lassen im Bewußtsein, daß es sich um ein Piratenfahrzeug handelt, gelten für alle Straftaten als verantwortlich, die mittels dieses Schiffes verübt werden, sofern nicht der Gegenbeweis erbracht wird.

B. Der Kapitän oder Eigentümer des Piratenschiffes wird in allen Fällen mit freiheitsentziehender Sanktion von 10 bis 20 Jahren bestraft, auch wenn zu der Piraterie nicht die in Art. 168 Abs. B erwähnten Umstände hinzutreten; dies gilt nicht für den in Art. 168 Abs. A erwähnten Fall.

C. Die Vorschriften dieses Kapitels sind auch dann anwendbar, wenn die hier erwähnten Straftaten mit Hilfe von Luftfahrzeugen begangen werden oder sich gegen solche richten.

III. TITEL

Straftaten gegen die Individualrechte

I. KAPITEL

Straftaten gegen die persönliche Freiheit

1. Abschnitt

Freiheitsberaubung

Artikel 170

A. Wer eine andere Person rechtswidrig festhält, wird mit Freiheitsentziehung von 5—10 Jahren bestraft. Mit derselben Sanktion wird derjenige bestraft, der einen Raum für die Verübung der Tat zur Verfügung stellt.

B. Wenn zur Ausübung der Tat oder während der Begehung derselben List, Drohungen oder Gewaltmaßnahmen, Bestechungs- oder Verführungsmaßnahmen angewandt werden oder wenn der Schuldige aus Rache oder Gewinnsucht handelt oder den Verletzten zu Militärdienst im Ausland pressen will oder politische Ziele oder Pläne damit verfolgt, beträgt die Freiheitsentziehung 6 bis 12 Jahre.

Artikel 171

A. Die freiheitsentziehende Sanktion beträgt 12 bis 15 Jahre, wenn die Tat gegenüber einem Mitglied des Repräsentantenhauses oder einem Senator oder einem öffentlichen Amtsträger in der Absicht verübt wird, dessen Amt auszuüben.

B. Die gleiche Sanktion ist verwirkt, wenn durch die Tat ein schwerer Schaden für die Gesundheit oder das Vermögen des Verletzten verursacht worden ist.

Straftaten gegen die Individualrechte

Artikel 172

Die zuvor bezeichnete Sanktion ist um ein Drittel bis um die Hälfte zu vermindern, wenn der Schuldige den Festgehaltenen von sich aus in Freiheit setzt, ohne ihm einen Schaden zuzufügen und ohne den Zweck, den er erstrebte, erreicht zu haben, jedoch nur, wenn Ermittlungen zur strafrechtlichen Verfolgung der Tat noch nicht aufgenommen worden waren.

Artikel 173

Ein Beamter, der unter Mißbrauch seiner Befugnisse und ohne die sachlichen und formellen Voraussetzungen, die das Gesetz vorschreibt, eine andere Person festhält, hat die in Art. 170 Abs. A bezeichnete Sanktion verwirkt, jedoch ist diese um ein Drittel zu erhöhen und Besondere Rechtsminderung für eine dem Freiheitsentzug entsprechende Zeit zu verhängen.

Artikel 174

A. In den Fällen des Art. 170 Abs. B und Art. 171 Abs. A sind gegenüber einem Beamten die dort bezeichneten Sanktionen zu verhängen, jedoch sind sie ebenfalls um ein Drittel zu erhöhen und mit Besonderer Rechtsminderung für einen gleich langen Zeitraum zu verbinden.
B. Bei öffentlichen Amtsträgern findet die Bestimmung des Art. 172 Anwendung.

Artikel 175

Eine Zuwiderhandlung gegen die in Art. 42 Abs. 3 und 4 der Verfassung enthaltenen Verbote wird wie folgt bestraft:

1. mit Freiheitsentziehung von 10 bis 12 Jahren, wenn ein Staatsbürger ins Ausland verbracht oder deportiert wird,
2. mit Freiheitsentziehung von 1 bis 6 Jahren, wenn ein Staatsbürger mehr als 10 Tage festgehalten wird, ohne einer gerichtlichen Instanz überantwortet zu werden, oder wenn er während der Suspendierung der verfassungsmäßigen Garantien wiederholt festgehalten wird;
3. mit Freiheitsentziehung von 6 Monaten und 1 Tag bis zu 2 Jahren, wenn die Festgehaltenen, gerichtlich Verfolgten oder Verurteilten in den gleichen Räumen verwahrt werden wie wegen eines Tatbestandes des allgemeinen Strafrechts festgehaltene, gerichtlich verfolgte oder verurteilte Personen;
4. wenn ein Schuldiger öffentlicher Amtsträger war, so ist gegen ihn zusätzlich die Sanktion der Besonderen Rechtsminderung für eine der Freiheitsentziehung entsprechende Zeit zu verhängen.

Artikel 176

Ein Beamter, der jemanden wegen einer Straftat festnimmt und ihn nicht dem Richter vorführt, bevor 24 Stunden seit der Festnahme vergangen sind, wird mit freiheitsentziehender Sanktion von 6 Monaten und 1 Tag bis zu 2 Jahren und Besonderer Rechtsminderung für den gleichen Zeitraum bestraft.

Artikel 177

Mit der Sanktion der Besonderen Rechtsminderung von 6 Monaten und 1 Tag bis zu 3 Jahren und Geldstrafe von 100 bis zu 250 Tagesbußen werden bestraft:

1. Der Richter, der, obwohl er für den Fall zuständig ist, innerhalb von 72 Stunden, seitdem der Festgenommene ihm überstellt oder seiner Entscheidungsbefugnis überantwortet ist, nicht die Aufhebung der vorläufigen Festnahme oder ihre Umwandlung in vorläufige Untersuchungshaft verfügt.
2. Der Richter, der nach Anhörung des Beschuldigten den vorläufigen Haftbefehl nicht innerhalb von weiteren 72 Stunden in einen endgültigen umwandelt oder ihn aufhebt.
3. Der Richter, der in anderen als in den in den vorangehenden Absätzen bezeichneten Fällen jemanden als Gefangenen festhält, dessen Freilassung geboten ist.
4. Der Richter, der einen Haftbefehl gegen einen Beschuldigten erläßt, obwohl er in der Sache selbst nicht zuständig ist.
5. Der Gerichts- oder Justizsekretär oder Justizwachtmeister oder Hilfsbeamte, der mit der Gefangenenaufsicht betraut ist, wenn er 24 Stunden verstreichen läßt, ohne dem Festgenommenen die richterliche Verfügung über die Anordnung der vorläufigen Untersuchungshaft oder seine Freilassung zu eröffnen.
6. Der Gerichts- oder Justizsekretär, der die Mitteilung einer die Aufhebung eines vorläufigen Haftbefehls betreffenden richterlichen Verfügung ungebührlich verzögert.
7. Der Gerichts- oder Justizsekretär, der die Bearbeitung eines wie immer gearteten Gesuches eines Festgenommenen oder Untersuchungshäftlings oder seines Vertreters, das dessen Freilassung betrifft, verzögert.

Hat die Freiheitsentziehung, auf die sich die vorhergehenden Nummern beziehen, mehr als 10 Tage aber nicht mehr als 30 Tage gedauert, so unterliegen die Schuldigen in den einzelnen Fällen der Sanktion der Besonderen Rechtsminderung von 4 bis 6 Jahren und einer Geldstrafe von 100 bis 250 Tagesbußen; hat sie den letztgenannten Zeitraum überschritten, so beträgt die Besondere Rechtsminderung 7 bis 12 Jahre und die Geldstrafe 100 bis 500 Tagesbußen.

Artikel 178

Ein Beamter, der die Durchführung einer richterlichen Anordnung, durch die ein in seiner Verfügungsgewalt befindlicher Gefangener freizulassen ist, verzögert, wird mit der in Art. 170 Abs. A bezeichneten, nach Maßgabe des Art. 173 erhöhten Sanktion bestraft.

Artikel 179

Derselben Sanktion unterliegt der Vorsteher eines Gefängnisses oder jeder andere öffentliche Amtsträger,

1. der jemanden als vorläufig Festgenommenen überantwortet erhält und 24 Stunden verstreichen läßt, ohne die zuständige richterliche Instanz in Kenntnis zu setzen und ihn ihrer Entscheidung zu unterstellen;
2. der einen Festgenommenen nicht freiläßt, wenn innerhalb von 72 Stunden nach der dem Gericht bekanntgegebenen Einlieferung kein Haftbefehl ergangen ist;

3. der jemanden als Untersuchungsgefangenen übernimmt, obwohl es an einer Anordnung des zuständigen Richters oder Gerichts fehlt; oder der jemanden in dieser Eigenschaft länger als 72 Stunden festhält; dies gilt auch dann, wenn ein vorläufiger Haftbefehl ergangen war, der innerhalb dieser Frist nicht bestätigt wird;
4. der einen Gefangenen dem Richter verheimlicht oder ihn diesem nicht vorführt, wenn die Vorführung im Rahmen eines Habeas-Corpus-Verfahrens oder eines ähnlichen Rechtsbehelfs angeordnet wurde.

Artikel 180

Der im vorangehenden Artikel bezeichneten Sanktion unterliegt ebenso der Leiter einer Strafanstalt, der in ihr — über die zur Erfüllung der gesetzlichen Formalitäten unerläßliche Zeit hinaus — eine Person gefangen hält, nachdem er amtlich von ihrer Begnadigung erfahren hat oder nachdem die ihr auferlegte Sanktion erloschen ist.

Artikel 181

Der Vorsteher eines Gefängnisses oder Leiter einer Strafanstalt, der einem Festgenommenen oder Gefangenen oder dessen Vertreter eine Bescheinigung über die Festnahme oder Inhaftierung verweigert oder der irgendein auf Freilassung gerichtetes Gesuch nicht weiterleitet, wird mit Besonderer Rechtsminderung von 3 Monaten bis zu 1 Jahr und Geldstrafe von 100 bis zu 200 Tagesbußen bestraft.

Artikel 182

A. Der Gefängnisvorsteher oder Leiter einer Strafanstalt, der über Untersuchungs- oder Strafgefangene unverdiente Strafen oder Schikanen verhängt, oder Gefangene strenger behandelt, als es die Vorschriften gestatten, oder willkürlich und unzulässigerweise Einzelhaft anordnet, wird mit freiheitsentziehender Sanktion von 6 Monaten und 1 Tag bis zu 6 Jahren und Besonderer Rechtsminderung für den gleichen Zeitraum bestraft.
B. Dieselbe Sanktion hat der mit der Aufsicht über Festgenommene, Untersuchungs- und Strafgefangene beauftragte Vollzugsbeamte verwirkt, der Willkür-, Schikane- oder Gewaltakte gegenüber den Gefangenen begeht.

Artikel 183

Ein Beamter, der mittels Anmaßung gerichtlicher Befugnisse irgendeine Körperstrafe oder persönliche Sanktion verhängt, wird mit Allgemeiner Rechtsminderung von 6 bis zu 12 Jahren und Geldstrafe von 100 bis 500 Tagesbußen bestraft; dabei bleibt seine sich aus der Tat im übrigen ergebende Verantwortlichkeit für eine durch die Tat etwa noch verwirklichte andere strafbare Handlung unberührt.

Artikel 184

Wenn die eigenmächtig verhängte Sanktion finanzieller Art war, so ist gegen den Beamten nur Allgemeine Rechtsminderung von 6 bis zu 12 Jahren zu verhängen.

2. Abschnitt
Drohungen und Nötigungen

Artikel 185

Wer einem anderen droht, er werde ihm oder seiner Familie ein bestimmtes Übel an Leib, Ehre oder Vermögen zufügen, wird wie folgt bestraft:

1. mit Freiheitsentziehung von 1 Monat und 1 Tag bis zu 6 Monaten oder Geldstrafe von 31 bis 180 Tagesbußen oder beidem, wenn das angedrohte Übel keine Straftat darstellt und von einer Bedingung abhängig gemacht wird;
2. mit Freiheitsentziehung von 3 Monaten und 1 Tag bis zu 1 Jahr, wenn das angedrohte Übel eine Straftat darstellt und nicht von einer Bedingung abhängig gemacht wird.

Artikel 186

Hat der Täter ein Übel angedroht, dessen Zufügung eine Straftat darstellen würde, und dabei einen Geldbetrag gefordert oder irgendeine andere Bedingung auferlegt, mag diese auch nicht rechtswidrig sein, so wird er, falls der Schuldige sein Ziel erreicht, mit freiheitsentziehender Sanktion von 3 bis zu 12 Jahren bestraft; erreicht er es nicht, so beträgt die freiheitsentziehende Sanktion 6 Monate und 1 Tag bis zu 4 Jahren.

Artikel 187

Die in den vorangehenden Artikeln festgesetzten Sanktionen erhöhen sich um ein Drittel bis um die Hälfte, wenn die Drohung mittels eines anonymen Briefes oder durch einen anonymen Überbringer oder im Zusammenwirken mehrerer Personen oder im Auftrag oder auf Befehl wirklicher oder imaginärer Geheimbünde erfolgt.

Artikel 188

Wer ohne gesetzlichen Grund gegenüber einem andern Gewalt übt oder ihn bedroht, um ihn zu einer Handlung zu zwingen — mag diese recht oder unrecht sein —, die der Betreffende nicht vorzunehmen wünscht, oder um ihn zur Duldung der Vornahme durch einen anderen oder zu einer Unterlassung von etwas zu zwingen, was das Gesetz nicht verbietet, wird mit freiheitsentziehender Sanktion von 6 Monaten und 1 Tag bis zu 2 Jahren bestraft, wenn der Schuldige sein Ziel nicht erreicht; mit Freiheitsentziehung von 2 bis zu 5 Jahren, wenn er es erreicht.

Artikel 189

A. Die im vorangehenden Artikel bezeichneten Sanktionen erhöhen sich um ein Drittel bis um die Hälfte, wenn eine der in Art. 187 erwähnten Begehungsweisen gegeben ist.

B. Ebenso sind die in Art. 185, 186 und 188 bezeichneten Sanktionen um ein Drittel bis um die Hälfte zu erhöhen, wenn die Gewaltanwendung oder Drohung unter Anwendung von Waffen, Explosivstoffen oder irgend einem anderen Mittel, das einen Personenschaden herbeiführen kann, erfolgt, vorausgesetzt, daß das Mittel nur zur Einschüchterung im Hinblick auf das erstrebte Ziel verwandt wird.

Straftaten gegen die Individualrechte

Artikel 190

Mit freiheitsentziehender Sanktion von 5 bis zu 70 Tagen oder Geldstrafe von 5 bis zu 70 Tagesbußen oder beidem wird bestraft:

A. wer, ohne damit einen anderen strafrechtlichen Tatbestand zu verwirklichen, einen anderen mit Waffen bedroht oder in eine tätliche Auseinandersetzung hineinzieht, es sei denn, er befinde sich in Notwehr;

B. wer mit Worten in der Hitze des Zornes einem anderen androht, er werde ihm ein Übel zufügen, das eine strafbare Handlung darstellen würde, sofern er durch nachfolgende Handlungen zeigt, daß er an dem mit der Drohung angekündigten Vorhaben festhält;

C. wer mit Worten einen anderen bedroht, er werde ihm ein Übel zufügen, das eine strafbare Handlung nicht darstellen würde;

D. wer auf einen anderen einen rechtswidrigen Zwang ausübt, sofern dieser nicht mit schwererer Sanktion bedroht ist.

II. KAPITEL

Hausfriedensbruch

Artikel 191

Ein Beamter, der, ohne dazu durch ein Gesetz ermächtigt zu sein oder in anderen als in den durch ein solches Gesetz geregelten Fällen eine Person zwingt, ihren Wohnsitz oder ständigen Aufenthaltsort zu verändern, wird mit freiheitsentziehender Sanktion von 2 bis 6 Jahren und Geldstrafe von 100 bis 300 Tagesbußen bestraft.

Artikel 192

A. Eine Privatperson, die ein fremdes Besitztum oder eine der dazu gehörigen Anlagen betritt oder gegen den Willen des Besitzers darin verweilt, wird mit Freiheitsentziehung von 3 Monaten bis zu 2 Jahren bestraft. Die Sanktion beträgt 6 Monate und 1 Tag bis zu 3 Jahren, wenn der Schuldige sich durch Täuschung oder heimlich Eintritt verschafft hat.

B. Wird die Tat zur Nachtzeit, in menschenleerer Gegend, unter Gewaltanwendung oder Einschüchterung gegenüber Personen, Gewaltanwendung gegenüber Sachen, mit Waffen oder im Zusammenwirken von 2 oder mehr Personen begangen, so ist eine freiheitsentziehende Sanktion von 1 bis zu 5 Jahren verwirkt.

C. Als dem Besitztum zugehörige Anlagen im Sinne dieses Artikels gelten Innenhöfe, Barackenlager, Außenhöfe, Warenlager, Läden, Speicher, Schuppen, Ställe, Hallen, Garagen und sonstige Anbauten oder Örtlichkeiten, sofern diese dicht bei dem Hauptgebäude liegen, an dieses angrenzen, einen inneren Zugang zu ihm haben und mit ihm zusammen ein Ganzes bilden; hierzu gehören nicht Gärten und sonstiges offenes Gelände, das dem Anbau oder der Produktion dient, auch dann nicht, wenn es dicht bei dem Hauptgebäude liegt, an es angrenzt und einen inneren Zugang zu ihm hat.

Artikel 193

Die Bestimmungen des vorangehenden Artikels finden keine Anwendung, wenn jemand ein fremdes Besitztum zur Nachtzeit ausschließlich zu dem Zwecke betritt, Opfern eines Verbrechens oder eines Unglücksfalls, der sich unmittelbar zuvor ereignete, Beistand oder Hilfe zu leisten; betritt er das Besitztum am Tage, so finden sie darüber hinaus auch dann keine Anwendung, wenn er ein schweres und tatsächlich vorhandenes Übel von sich, von den Inhabern des Besitztums oder einem Dritten abwenden oder der Menschlichkeit oder Rechtspflege einen Dienst erweisen will.

Artikel 194

Personen, die Cafés, Gaststätten, Gasthäuser, Hotels, Kabaretts oder ähnliche Einrichtungen und öffentliche Örtlichkeiten zu einer Zeit betreten, in der diese für den Publikumsverkehr geöffnet sind, begehen keinen strafbaren Hausfriedensbruch.

Artikel 195

Ein Richter, der das Betreten der Wohnung einer beliebigen Person zur Nachtzeit anordnet, wird, sofern diese Anordnung nicht auf dem einzigen und erwiesenen, gesetzlich gebilligten Zweck beruht, Opfern eines Verbrechens oder Unglücksfalles Beistand und Hilfe zu leisten, mit Besonderer Rechtsminderung von 6 Monaten und 1 Tag bis zu 1 Jahr und Geldstrafe von 100 bis zu 180 Tagesbußen bestraft.

Artikel 196

A. Ein Beamter, der ohne das Einverständnis des Berechtigten eine Wohnung betritt oder darin verweilt, wird, wenn es sich nach Anlaß und Form nicht um einen der Fälle handelt, die Verfassung und Gesetze ausdrücklich vorsehen, mit Freiheitsentziehung von 6 Monaten und 1 Tag bis zu 2 Jahren und Besonderer Rechtsminderung für die gleiche Zeitdauer bestraft.

B. Wenn der Schuldige, abgesehen von dem Eindringen und unbefugten Verweilen in der fremden Wohnung darüber hinaus eine Haussuchung oder irgend einen anderen Willkürakt vorgenommen hat, beträgt der Freiheitsentzug 1 bis 3 Jahre; die Rechtsminderung erstreckt sich auf den gleichen Zeitraum. Die gleiche Sanktion ist zu verhängen, wenn sich der Schuldige mittels Täuschung, Bestechung oder heimlich Eintritt verschafft hat.

C. Ist die Tat aus Haß, politischer Leidenschaft, Rache, Gewinnsucht oder aus irgend einem anderen niedrigen Beweggrund begangen worden, oder tritt einer der in Art. 192 Abs. B genannten erschwerenden Umstände hinzu, so beträgt die Sanktion 2 bis 4 Jahre Freiheitsentzug und Besondere Rechtsminderung von gleicher Zeitdauer.

Artikel 197

A. Ein Beamter, der, ohne dazu durch das Gesetz ermächtigt zu sein oder ohne die darin vorgeschriebenen Formalitäten zu beachten, Papiere und Effekten durchsucht, die sich in einer Wohnung befinden, wird, falls der Berechtigte nicht zuvor sein Einverständnis hierzu erteilt hatte, mit Besonderer Rechtsminderung von 6 Monaten und 1 Tag bis zu 1 Jahr und Geldstrafe von 100 bis zu 180 Tagesbußen bestraft.

B. Gibt er unmittelbar nach der Durchsuchung die Papiere und Effekten, die Gegenstand der Durchsuchung waren, nicht zurück, so ist die Sanktion Besondere Rechtsminderung von 1 bis zu 2 Jahren und Geldstrafe von 150 bis zu 200 Tagesbußen.

C. Wurde die Tat zur Nachtzeit begangen, so ist Besondere Rechtsminderung von 3 bis 6 Jahren und Geldstrafe von 200 bis 300 Tagesbußen zu verhängen.

Artikel 198

A. Einer Sanktion der Besonderer Rechtsminderung von 6 Monaten und 1 Tag bis zu 3 Jahren und Geldstrafe von 100 bis 250 Tagesbußen unterliegt der Beamte, der anläßlich einer häuslichen Registrierung von Schriftstücken irgendwelche ungerechten Schikanen gegen Personen übt oder unnötige Schäden an Sachen hervorruft.

B. Unterschlägt er Papiere oder Effekten, die Gegenstand der Durchsuchung waren, oder eignet er sie sich sonst an, so wird er wie ein Räuber bestraft.

Artikel 199

Einer freiheitsentziehenden Sanktion von 1 bis 3 Jahren und Besonderer Rechtsminderung von gleicher Dauer unterliegt der Beamte, der anläßlich einer Durchsuchung von Papieren oder Effekten diesen heimlich ein anderes Schriftstück oder einen Gegenstand unterschiebt, in der Absicht, den Durchsuchten, dessen Familie oder einen Dritten zu belasten.

III. KAPITEL

Straftaten gegen die Unterrichtsfreiheit und die freie Gedankenäußerung

Artikel 200

A. Ein Beamter, der die Schließung oder Auflösung eines privaten Unterrichtsinstituts in anderen als in den im Gesetz ausdrücklich vorgesehenen Fällen anordnet, wird mit freiheitsentziehender Sanktion von 6 Monaten und 1 Tag bis zu 2 Jahren, Besonderer Rechtsminderung für die gleiche Zeit und Geldstrafe von 100 bis 200 Tagesbußen bestraft.

B. Ein Beamter, der dem Gericht von der Schließung oder Auflösung nicht binnen 24 Stunden, nachdem diese in Kraft getreten ist, Mitteilung macht, wird mit Besonderer Rechtsminderung von 2 bis zu 6 Jahren und Geldstrafe von 100 bis zu 300 Tagesbußen bestraft.

C. Ein Beamter, der in irgendeiner Weise den normalen Arbeitsablauf eines privaten Unterrichtsinstitutes unterbricht, wird mit Besonderer Rechtsminderung von 6 Monaten und 1 Tag bis zu 2 Jahren und Geldstrafe von 100 bis 200 Tagesbußen bestraft.

D. Wer unter Zuwiderhandlung gegen geltende Gesetze ein öffentliches Unterrichtsinstitut gründet oder leitet, wird mit Geldstrafe von 31 bis 200 Tagesbußen bestraft.

Artikel 201

Ein Beamter, der in irgendeiner Form die freie Gedankenäußerung in Presse oder Literatur unterbindet oder stört, wird mit Besonderer Rechtsminderung von 6 Monaten und 1 Tag bis zu 2 Jahren und Geldstrafe von 100 bis 200 Tagesbußen bestraft.

IV. KAPITEL

Straftaten gegen das Versammlungs- und Vereinigungsrecht sowie gegen das Petitionsrecht

Artikel 202

A. Mit freiheitsentziehender Sanktion von 6 Monaten und 1 Tag bis zu 2 Jahren, Besonderer Rechtsminderung für den gleichen Zeitraum und Geldstrafe von 100 bis 200 Tagesbußen werden bestraft:

1. ein Beamter, der jemandem, der weder festgenommen noch verhaftet ist, verbietet oder ihn hindert, an irgendeiner Versammlung oder Kundgebung teilzunehmen, sofern diese auf Grund der Verfassung und der Gesetze erlaubt ist;
2. ein Beamter, der jemandem verbietet oder ihn hindert, Mitglied einer Vereinigung zu werden, es sei denn, diese wird in diesem Gesetzbuch für verboten erklärt;
3. ein Beamter, der jemandem verbietet oder ihn hindert, Petitionen an die Behörden zu richten.

B. Ein Privatmann, der jemanden an der Ausübung eines der Individualrechte hindert, auf die sich der vorhergehende Absatz bezieht, wird mit freiheitsentziehender Sanktion von 6 Monaten und 1 Tag bis zu 2 Jahren und Geldstrafe von 100 bis 200 Tagesbußen bestraft.

Artikel 203

A. Ein Beamter, der außer in den im Gesetz vorgesehenen Fällen eine Versammlung unterbindet, die ordnungsgemäß angemeldet worden ist, oder der verhindert, daß eine genehmigte Kundgebung stattfindet, unterliegt einer freiheitsentziehenden Sanktion von 6 Monaten und 1 Tag bis zu 2 Jahren, Besonderer Rechtsminderung für den gleichen Zeitraum und Geldstrafe von 100 bis 200 Tagesbußen.

B. Dieselbe Sanktion ist über einen Beamten zu verhängen, der ohne gesetzlichen Grund die Durchführung von Tagungen einer Vereinigung verhindert, es sei denn, die Verhinderung erfolgt im Hinblick auf eine strafbare Handlung.

Artikel 204

Mit freiheitsentziehender Sanktion von 1 bis zu 3 Jahren, Besonderer Rechtsminderung für den gleichen Zeitraum und Geldstrafe von 100 bis 250 Tagesbußen wird der Beamte bestraft, der außer in den von den Gesetzen ausdrücklich vorgesehenen Fällen die Auflösung irgendeiner Zusammenkunft oder friedlichen Kundgebung oder die zeitweise Auflösung irgendeiner Gesellschaft, sofern diese nicht zu den unerlaubten gehört, anordnet.

Artikel 205

Ein Beamter, der die Gerichte nicht innerhalb 24 Stunden nach seiner Entschließung unter Beifügung der Vorgänge von den Umständen in Kenntnis setzt, welche die Auflösung einer Gesellchaft oder einer ihrer Tagungen begründeten, sowie von den Namen der Gesellschafter oder Teilnehmer, die für diese Umstände verantwortlich erscheinen, unterliegt der Sanktion der Besonderen Rechtsminderung von 2 bis zu 6 Jahren und Geldstrafe von 100 bis 300 Tagesbußen.

Straftaten gegen die Individualrechte

Artikel 206

A. Mit freiheitsentziehender Sanktion von 6 Monaten und 1 Tag bis zu 1 Jahr und Besonderer Rechtsminderung für den gleichen Zeitraum wird der Beamte bestraft, der, ohne zuvor zweimal hintereinander die Auflösung einer Versammlung oder Kundgebung oder die Aufhebung von Sitzungen einer Gesellschaft verlangt zu haben, Gewalt anwendet um die Auflösung oder Aufhebung herbeizuführen, es sei denn, es war ein gewalttätiger Angriff von Seiten der Versammelten, der an der Kundgebung Beteiligten oder von Mitgliedern der Vereinigung vorangegangen.

B. Wenn die Gewaltanwendung eine Straftat gegen Personen oder einen Sachschaden zur Folge hat, so unterliegt der Schuldige den gegenüber der schwersten Straftat angedrohten Sanktionen im Einklang mit Art. 23 Abs. C und darüber hinaus der Besonderen Rechtsminderung für einen Zeitraum, welcher dem der verhängten freiheitsentziehenden Sanktion entspricht.

Artikel 207

Ein Beamter, der sich nach Auflösung einer Versammlung oder Kundgebung oder nach Aufhebung einer Vereinigung oder einer ihrer Tagungen weigert, den Gerichten über die Gründe, welche die Auflösung oder Aufhebung veranlaßt haben, auf Verlangen Aufschluß zu geben, wird mit Besonderer Rechtsminderung von 2 bis zu 10 Jahren oder mit Geldstrafe von 100 bis zu 400 Tagesbußen bestraft.

Artikel 208

A. Wer die Ordnung bei einer friedlichen Versammlung oder Kundgebung in schwerwiegender Weise stört oder wer die Tagung einer erlaubten Vereinigung stört, wird, wenn die Störung in der Absicht der Unterbrechung oder Auflösung erfolgte, mit freiheitsentziehender Sanktion von 1 Monat und 1 Tag bis zu 6 Monaten oder Geldstrafe von 31 bis 180 Tagesbußen oder beidem bestraft.

B. Werden Gewaltmittel angewandt, so beträgt die freiheitsentziehende Sanktion 6 Monate und 1 Tag bis zu 2 Jahren; die strafrechtliche Verantwortlichkeit für Personen- oder Sachschaden, der dabei hervorgerufen wird, bleibt unberührt.

C. Wird die Tat zur Nachtzeit oder mit Hilfe von Bewaffneten ausgeübt, so beträgt die freiheitsentziehende Sanktion 2 bis 4 Jahre unbeschadet der Bestimmungen des vorangehenden Absatzes.

V. KAPITEL

Straftaten gegen die Ausübung des Eigentumsrechts

Artikel 209

A. Ein Beamter, der jemandem sein Eigentum entzieht, in Fällen, in denen er nicht auf Anordnung einer zuständigen Behörde und aus einem durch das öffentliche Wohl gerechtfertigten Grund handelt, bzw. bevor in der vom Gesetz vorgeschriebenen Form eine entsprechende Ermächtigung erteilt ist, unterliegt einer freiheitsentziehenden Sanktion von 1 bis 3 Jahren, Besonderer Rechtsminderung für den gleichen Zeitraum und Geldstrafe von 100 bis 250 Tagesbußen.

B. Derselben Sanktion unterliegt der Beamte, der jemanden im Besitz seines Eigentums stört, es sei denn, er handelt in Ausführung eines Gerichtsbeschlusses oder der im Einklang mit der ausdrücklichen gesetzlichen Regelung ergangenen Anordnung einer zuständigen Behörde.

VI. KAPITEL
Straftaten gegen die Kultfreiheit

Artikel 210

A. Wer in Verunglimpfung einer der im Justizministerium der Republik registrierten Religionsgemeinschaften deren Betätigung oder öffentliche Zeremonien hindert oder stört und dadurch die öffentliche Ordnung beeinträchtigt, wird mit freiheitsentziehender Sanktion von 1 Monat und 1 Tag bis zu 6 Monaten oder Geldstrafe von 31 bis 180 Tagesbußen oder beiden Sanktionsarten bestraft.

B. Geht die Handlung mit Drohungen, Gewalttaten oder beleidigenden Äußerungen einher, so beträgt die Freiheitsentziehung 6 Monate und 1 Tag bis zu 1 Jahr oder Geldstrafe von 100 bis 200 Tagesbußen.

Artikel 211

Wer in der Absicht, Dogmen, Riten oder Kulthandlungen einer der in der Republik registrierten Religionsgemeinschaften zu verspotten, denjenigen, der diese ausübt, öffentlich beleidigt oder verhöhnt und dadurch Ärgernis erregt, wird mit freiheitsentziehender Sanktion von 1 Monat und 1 Tag bis zu 6 Monaten oder Geldstrafe von 31 bis zu 180 Tagesbußen oder beiden Sanktionsarten bestraft.

Artikel 212

A. Wer aus Gegnerschaft oder Mißachtung einer der in der Republik anerkannten Religionsgemeinschaften einen ihrer Priester bei Ausübung seiner Funktionen öffentlich mißhandelt, wird mit freiheitsentziehender Sanktion von 1 Monat und 1 Tag bis zu 6 Monaten oder Geldstrafe von 31 bis 180 Tagesbußen oder beiden Sanktionsarten bestraft, sofern nicht wegen der zugefügten Verletzungen eine in diesem Gestzbuch bezeichnete höhere Sanktion verwirkt ist.

B. Wer aus Gegnerschaft oder Mißachtung einer der in der Republik anerkannten Religionsgemeinschaften Gegenstände, die zur Ausübung des Kultes bestimmt sind, verächtlich macht, beschädigt oder zerstört und dadurch öffentliches Ärgernis erregt, unterliegt einer freiheitsentziehenden Sanktion von 6 Monaten und 1 Tag bis zu 1 Jahr und Geldstrafe von 100 bis 180 Tagesbußen, falls die Tat an einem für den Kult geweihten Ort oder bei Gelegenheit einer öffentlichen Kulthandlung ausgeübt wurde.

C. Wurde die Straftat an einem anderen Ort verübt, so beträgt die freiheitsentziehende Sanktion 1 Monat und 1 Tag bis zu 6 Monaten oder Geldstrafe von 31 bis 180 Tagesbußen oder beides.

Artikel 213

Im Falle des Absatzes C des vorangehenden Artikels ist die Strafverfolgung nur auf Antrag des verletzten Teiles zulässig.

IV. TITEL

Straftaten gegen die parlamentarische Immunität

Artikel 214

Einer freiheitsentziehenden Sanktion von 1 bis zu 6 Jahren unterliegen:

1. Personen, die während der Sitzungen der gesetzgebenden Körperschaft oder außerhalb solcher Sitzungen einen dieser Körperschaft angehörenden Senator oder ein Mitglied des Repräsentantenhauses wegen seiner in Ausübung seines Amtes geäußerten Meinungen oder abgegebenen Voten beleidigen oder bedrohen.
2. Personen, die Gewalt oder Einschüchterungsmittel anwenden, um einen Senator oder ein Mitglied des Repräsentantenhauses an der Teilnahme bei einer Sitzung der gesetzgebenden Körperschaft, der er angehört, zu hindern, oder die durch die gleichen Mittel auf seine freie Meinungsäußerung oder die Ausübung seines Stimmrechts einwirken.

Artikel 215

A. Ein Beamter, der nach dem Zusammentritt des Kongresses einen Senator oder ein Mitglied des Repräsentantenhauses ohne Ermächtigung der gesetzgebenden Körperschaft, der er angehört, festnimmt oder ein Verfahren gegen ihn betreibt, unterliegt, falls der Betreffende nicht auf frischer Tat betroffen worden ist, der Sanktion der Besonderen Rechtsminderung von 6 Monaten und 1 Tag bis zu 10 Jahren und einer Geldstrafe von 100 bis zu 300 Tagesbußen.

B. Dieselbe Sanktion ist über einen Beamten zu verhängen, der einen auf frischer Tat betroffenen Senator oder ein Mitglied des Repräsentantenhauses festnimmt, ohne der betreffenden gesetzgebenden Körperschaft, falls diese tagt, so schnell wie möglich Mitteilung zu machen, oder sie andernfalls unmittelbar nach ihrem Zusammentritt zu benachrichtigen.

C. Dieselbe Sanktion ist über Richter zu verhängen, welche in eine mündliche Verhandlung gegen einen Senator oder gegen ein Mitglied des Repräsentantenhauses eintreten, als wenn es sich um einen gewöhnlichen Beschuldigten handelte, ohne hierfür, je nachdem, entweder die Ermächtigung der zuständigen gesetzgebenden Körperschaft eingeholt oder ihr nach Maßgabe der in den vorangehenden Absätzen genannten Richtlinien Bericht erstattet zu haben.

D. Derselben Sanktion unterliegt der Beamte, der ein in einem ohne die Ermächtigung der zuständigen gesetzgebenden Körperschaft durchgeführten Verfahren ergangenes Urteil gegen einen Senator oder ein Mitglied des Repräsentantenhauses vollstreckt; es sei denn, die betreffende Körperschaft hat die Genehmigung zur Vollstreckung erteilt.

V. TITEL

Straftaten gegen die öffentliche Ordnung

I. KAPITEL

Aufforderung zur Begehung strafbarer Handlungen

Artikel 216

A. Wer in anderen als den in Art. 156 vorgesehenen Fällen in der Absicht, die öffentliche Ordnung zu stören, öffentlich zur Begehung eines bestimmten Deliktes auffordert, wird mit freiheitsentziehender Sanktion von 6 Monaten und 1 Tag bis zu 6 Jahren bestraft.

B. Die Gerichte haben bei den Strafzumessungserwägungen die Art der Straftat zu berücksichtigen, zu der aufgefordert worden ist, dergestalt, daß die auferlegte Sanktion in keinem Fall mehr als ein Drittel der für das Delikt, auf das sich die Aufforderung bezieht, im Gesetz angedrohten Höchststrafe betragen darf.

Artikel 217

A. Der beamtete Diener eines Kultes, der bei Ausübung seiner Funktionen die Grundeinrichtungen des Staates, die Gesetze oder Handlungen der Obrigkeit öffentlich verächtlich macht, unterliegt einer freiheitsentziehenden Sanktion von 2 Monaten und 1 Tag und Geldstrafe von 70 bis 180 Tagesbußen.

B. Derselben Sanktion unterliegt der beamtete Diener eines Kultes, der unter Ausnutzung seiner Stellung zum Ungehorsam gegen Gesetze oder zur Zuwiderhandlung gegen mit einem öffentlichen Amt verbundene Pflichten auffordert.

C. Hatte die Aufforderung Erfolg, so beträgt die Sanktion 1 bis 3 Jahre, es sei denn, die verübte Tat ist mit einer höheren Sanktion bedroht.

Artikel 218

Wer öffentlich eine Handlung, die durch das Gesetz als Straftat mit einer Sanktion bedroht ist, entschuldigt und dadurch Ärgernis erregt, und wer zum gewalttätigen Ungehorsam gegen Gesetze auffordert oder wer den sozialen Klassenhaß aufstachelt und dadurch eine Gefahr für die öffentliche Ruhe und Ordnung herbeiführt, wird mit freiheitsentziehender Sanktion von 1 Monat und 1 Tag bis zu 6 Monaten oder Geldstrafe von 31 bis zu 180 Tagesbußen oder beidem bestraft.

II. KAPITEL

Verbotene Versammlungen und Kundgebungen

Artikel 219

Als gesetzwidrige Versammlungen und Kundgebungen sind anzusehen:

1. diejenigen, die unter Verletzung der Bestimmungen stattfinden, welche die Ausübung des Rechtes der Versammlungsfreiheit regeln;
2. Versammlungen oder Kundgebungen, bei denen eine beachtliche Anzahl bewaffneter Personen zusammenkommt;
3. Versammlungen oder Kundgebungen, die zu dem Zwecke stattfinden, eine der in diesem Gesetzbuch oder in Spezialgesetzen bezeichneten Straftaten zu begehen;
4. Versammlungen oder Kundgebungen, in deren Verlauf gegen die öffentliche Ordnung in strafbarer Weise verstoßen wird.

Artikel 220

Veranstalter oder Leiter irgendeiner Versammlung oder Kundgebung, die anberaumt ist, ohne daß zuvor schriftlich und unter namentlicher Bezeichnung die zuständigen Behörden davon in Kenntnis gesetzt sind, und zwar innerhalb der durch die einschlägigen Gesetze geregelten Fristen unter Angabe des Zweckes, Ortes, des Tages und der Stunde, an der die Versammlung stattfinden soll, unterliegen einer freiheitsentziehenden Sanktion von 1 Monat und 1 Tag bis zu 6 Monaten oder Geldstrafe von 31 bis zu 180 Tagesbußen oder beidem.

Artikel 221

In anderen als den im vorangehenden Artikel geregelten Fällen unterliegen die Veranstalter, Leiter oder Urheber irgendeiner ungesetzlichen Versammlung oder Kundgebung einer freiheitsentziehenden Sanktion von 6 Monaten und 1 Tag bis zu 1 Jahr oder Geldstrafen von 100 bis zu 200 Tagesbußen.

Artikel 222

Bloße Teilnehmer an Versammlungen oder Kundgebungen der in Art. 219 Nr. 1 und 3 geregelten Art werden mit Freiheitsentzug von 1 Monat und 1 Tag bis zu 6 Monaten oder Geldstrafe von 31 bis zu 180 Tagesbußen oder beidem bestraft, wenn sie Kenntnis davon hatten, daß auf eine Versammlung oder Kundgebung, an der sie teilnahmen, eine der beiden genannten Bestimmungen zutraf.

Artikel 223

Wer zu der Kundgebung oder Versammlung mit Waffen erscheint, wird mit freiheitsentziehender Sanktion von 6 Monaten und 1 Tag bis zu 2 Jahren bestraft.

Artikel 224

Bloße Teilnehmer an Versammlungen oder Kundgebungen, bei denen eine der in diesem Gesetzbuch oder in Spezialgesetzen bezeichneten Straftaten begangen wird, unterliegen derjenigen Sanktion, die für die betreffende Straftat angedroht ist.

Artikel 225

Wenn auf die zweite darauf gerichtete Aufforderung der Obrigkeit oder eines ihrer Vertreter die gesetzwidrige Versammlung oder Kundgebung nicht aufgelöst wird, so unterliegen

1. die Veranstalter, Urheber und Leiter einer freiheitsentziehenden Sanktion von 6 Monaten und 1 Tag bis zu 2 Jahren und Geldstrafe von 100 bis zu 250 Tagesbußen;
2. die bloßen Teilnehmer einer freiheitsentziehenden Sanktion von 6 Monaten und 1 Tag bis zu 1 Jahr oder Geldstrafe von 100 bis zu 200 Tagesbußen.

Artikel 226

Als Leiter, Veranstalter oder Urheber gelten diejenigen Personen, die durch Reden, die sie auf der Versammlung halten, durch Druckschriften, die sie veröffentlicht oder verteilt haben, durch Spruchbänder, Fahnen oder andere Zeichen, die sie entfaltet oder gezeigt haben, durch mündliche Befehle, die sie erteilt haben, oder durch irgendein anderes Verhalten in diesem Sinne als verantwortlich für das Verhalten der Versammlung erscheinen.

Artikel 227

Als gesetzwidrige Organisationen werden angesehen:

1. diejenigen Organisationen, die gebildet sind oder tätig werden, ohne daß die Formalitäten und Erfordernisse erfüllt sind, die durch die

Gesetze, welche die Ausübung des Organisationsrechtes regeln, zu diesem Zwecke festgelegt sind;

2. diejenigen Organisationen, welche Gewaltanwendung gegen Personen zur Durchsetzung ihrer Ziele befürworten, empfehlen oder anraten, seien diese Ziele vergeltender oder irgendeiner anderen Art; ferner allgemein diejenigen Organisationen, die durch ihre Zielsetzung oder durch sonstige Umstände dem sozialen Frieden oder der öffentlichen Moral zuwiderlaufen;
3. diejenigen Organisationen, welche die Begehung irgendeiner in diesem Gesetzbuch oder in Spezialgesetzen bezeichneten Straftat zum Ziele haben.

Artikel 228

Gründer oder Initiatoren einer Organisation, die nicht mindestens 8 Tage vor Beginn der Organisationstätigkeit der zuständigen Behörde zwei von ihnen beglaubigte Exemplare der Statuten, Bestimmungen, Verträge oder Vereinbarungen, die für die Tätigkeit maßgeblich sein sollen, und in denen die Bezeichnung und die Zielsetzung der Organisation, ihr Sitz, die Gesellschaftsform und Leitung, die Einkünfte, mit denen sie rechnet oder von denen sie ihre Ausgaben zu bestreiten beabsichtigt und die Verwendung, die ihre Guthaben oder ihr Gesellschaftsvermögen im Falle ihrer Auflösung finden sollen, klar bezeichnet sein müssen, einreichen, werden mit freiheitsentziehender Sanktion von 1 Monat und 1 Tag bis zu 6 Monaten oder Geldstrafe von 31 bis zu 180 Tagesbußen oder beidem bestraft.

Artikel 229

A. Mit einer freiheitsentziehenden Sanktion von 1 Monat und 1 Tag bis zu 6 Monaten oder Geldstrafe von 31 bis zu 180 Tagesbußen oder beidem werden die Präsidenten, Verwaltungsratsmitglieder oder Direktoren von Gesellschaften bestraft,
   1. die den zuständigen Beamten den Eintritt in die Gebäude am Sitz der Gesellschaft oder zu demjenigen Ort, an dem die Gesellschaftssitzungen stattfinden, verweigern;
   2. die der Anordnung der zuständigen Behörde, eine Sitzung unverzüglich aufzuheben, in der eine der in diesem Gesetzbuch oder in Spezialgesetzen bezeichneten Straftaten begangen oder verabredet worden ist, nicht Folge leisten.

B. Bloßen Mitgliedern der Gesellschaft wird in beiden Fällen eine freiheitsentziehende Sanktion von 1 Monat und 1 Tag bis zu 3 Monaten oder Geldstrafe von 31 bis zu 90 Tagesbußen oder beides auferlegt; es sei denn, die betreffenden Personen haben unverzüglich die Sitzung verlassen; in diesem Fall bleiben sie straffrei.

Artikel 230

Eine juristische Person unterliegt der Sanktion der Schließung von 5 bis zu 30 Tagen.

Artikel 231

A. Mit freiheitsentziehender Sanktion von 1 bis zu 6 Jahren werden die Urheber, Organisatoren, Direktoren, Präsidenten, Sekretäre oder Leiter von Organisationen, die gemäß Art. 227 Ziff. 2 gesetzwidrig sind, bestraft.

B. Bloße Gesellschafter oder passive Mitglieder, ebenso wie Personen, die mit diesen in irgendeiner Weise zusammenarbeiten, ihnen Beistand leisten, um sie Maßnahmen der Jusitzbehörden zu entziehen, oder Personen, die aus der Tätigkeit der Gesellschaft Nutzen ziehen, werden mit freiheitsentziehender Sanktion von 1 bis zu 3 Jahren bestraft. Im Sinne des vorangehenden Absatzes gelten als bloße Gesellschafter oder passive Mitglieder diejenigen, die in den Büchern oder Registern der genannten Gesellschaften oder Vereinigungen als solche erscheinen, falls solche Unterlagen vorhanden sind. Ferner wird derjenige als bloßer Gesellschafter oder passives Mitglied im Sinne dieser Bestimmungen angesehen und der für diese Gruppe geltenden Sanktion unterworfen, der die Versammlungsstätten der Organisationen aufsucht, ihren Sitzungen beiwohnt, für die Verfolgung ihrer Zwecke tätig ist, die Zielsetzungen der Organisation verbreitet oder öffentliche Solidarität mit den Mitgliedern bekundet.

Artikel 232

A. Die Urheber, Organisatoren, Direktoren oder Leiter von Organisationen, die zur Begehung von Verbrechen gegründet wurden, unterliegen einer freiheitsentziehenden Sanktion von 2 bis zu 6 Jahren; bloße Mitglieder einer solchen von 1 bis zu 3 Jahren.

B. Wenn die Mitglieder einer solchen Organisation in menschenleerer Gegend tätig sind oder auf öffentlichen Wegen mit Waffen angetroffen werden oder wenn sie die Waffen an einem sicheren Ort niedergelegt oder versteckt haben, so unterliegen die Urheber, Direktoren oder Leiter der Organisation einer freiheitsentziehenden Sanktion von 4 bis zu 8 Jahren und die einfachen Mitglieder einer solchen von 2 bis zu 5 Jahren.

C. Als Organisatoren gelten auch diejenigen, die freiwillig finanziell zu dem Vermögen der gesetzwidrigen Organisation beitragen.

III. KAPITEL

Bildung bewaffneter Gruppen

Artikel 233

A. Derjenige, der in anderen als den in Art. 158 geregelten Fällen eine bewaffnete Gruppe bildet oder zusammenstellt, um eine Straftat zu begehen, oder wer über eine solche Gruppe einen Oberbefehl oder in ihr eine besondere Funktion ausübt, unterliegt einer freiheitsentziehenden Sanktion von 3 bis zu 6 Jahren.

B. Sonstige Personen, die der bewaffneten Gruppe angehören, unterliegen einer freiheitsentziehenden Sanktion von 1 bis zu 3 Jahren.

Artikel 234

Wer ohne Genehmigung der zuständigen Behörde eine bewaffnete Gruppe bildet oder zusammenstellt, ohne daß deren Ziel die Begehung von in diesem Gesetzbuch oder in Sondergesetzen bezeichneten strafbaren Handlungen ist, wird mit freiheitsentziehender Sanktion von 6 Monaten und 1 Tag bis zu 1 Jahr und Geldstrafe von 100 bis zu 200 Tagesbußen bestraft.

IV. KAPITEL
Aufruhr

Artikel 235

A. Des Aufruhrs sind diejenigen schuldig, die sich öffentlich und tumultartig erheben, um mit Gewalt eines der folgenden Ziele zu erreichen:

1. Verhinderung der Verkündung oder der Durchführung von Gesetzen oder Verhinderung der freien Durchführung von öffentlichen Wahlen oder Volksabstimmungen in einer Provinz, einem Bezirk oder Wahlkreis.
2. Hinderung eines Gerichtes, einer Behörde, einer öffentlichen Körperschaft oder eines Beamten an der freien Ausübung ihrer Tätigkeit oder der Vollstreckung von Urteilen oder von gerichtlichen oder Verwaltungsanordnungen.
3. Verübung eines Gewalt-, Schädigungs- oder Racheaktes gegenüber einer Person, einer Familie oder gegenüber dem Vermögen einer Behörde, von Behördenangehörigen oder von öffentlichen Amtsträgern wegen irgendwelcher Handlungen dieser Personen bei Ausübung ihrer Funktionen.
4. Verübung eines Gewalt-, Schädigungs- oder Racheaktes gegen Privatpersonen aus allgemein politischen oder sozialpolitischen Beweggründen.
5. Übergriffe auf das Vermögen oder auf Vermögensteile einer bestimmten Personenklasse, einer Gemeinde, einer Provinz oder des Staates, oder gänzliche oder teilweise Zerstörung von Vermögenswerten aus allgemein politischen oder sozialpolitischen Beweggründen.
6. Zeitweilige oder dauernde Unterbindung öffentlicher Versorgungsdienste, die für den Staat, eine Provinz oder eine Gemeinde von allgemeinem Interesse sind.

B. Als Aufruhr gelten auch Zusammenschlüsse von Unternehmern, die einen Arbeitsstillstand bezwecken, sowie Streiks von Arbeitern, sofern die einen oder anderen Handlungen infolge ihrer Ausdehnung und Zielsetzung nicht als solche Aussperrungen oder Streiks angesehen werden können, die nur dazu bestimmt sind, Vorteile oder Verbesserungen in der Industrie oder innerhalb der kollektiven Arbeitsverhältnisse zu erzielen; wenn sie vielmehr die Tendenz zeigen, die öffentliche Gewalt zu bekämpfen, den öffentlichen Frieden zu stören oder aus sozialpolitischen oder allgemeinpolitischen Beweggründen irgendeine andere der in diesem Kapitel und in Kapitel III Titel Nr. 1 dieses Gesetzbuches bezeichneten Handlungen zu begehen.

Artikel 236

A. Diejenigen Personen, welche die Aufrührer angestiftet oder zu ihrem Verhalten bestimmt haben oder den Aufruhr sonst hervorgerufen oder gefördert haben, sowie die Hauptanführer werden mit freiheitsentziehender Sanktion von 3 bis zu 8 Jahren bestraft,

1. wenn es sich bei ihnen um Personen handelt, die im zivilen Bereich amtliche Machtbefugnisse haben;

2. wenn es zu Kampfhandlungen zwischen den ihrem Befehl unterstehenden Kräften und der öffentlichen Gewalt gekommen ist,
3. wenn Plünderungen am Eigentum von Privatpersonen, Gemeinden, der Provinz oder des Staates vorgekommen sind,
4. wenn Telegraf- oder Telefonleitungen unterbrochen oder beseitigt. oder wenn Eisenbahnschienen oder irgendein anderer Verkehrsweg unterbrochen oder abgeschnitten, oder wenn schwere Gewalttätigkeiten gegen Personen begangen worden sind,
5. wenn Abgaben, Steuern, Geldstrafen oder sonstige Geldleistungen gefordert, oder wenn der gesetzliche öffentliche Geldverkehr sonst beeinträchtigt worden ist.

B. In allen übrigen Fällen lautet die Sanktion auf Freiheitsentzug von 2 bis zu 5 Jahren.

Artikel 237

Die bloßen Teilnehmer des Aufruhrs werden mit freiheitsentziehender Sanktion von 1 bis zu drei Jahren bestraft, wenn ihre Handlungsweise unter einen der in Absatz A des vorangehenden Artikels genannten Bestimmungen fällt; und mit 6 Monaten und 1 Tag bis zu 2 Jahren in allen übrigen Fällen.

Artikel 238

Wenn der Aufruhr nicht durch namentlich bekannte Anführer organisiert worden ist, so gelten diejenigen als Anführer, die die übrigen tatsächlich angeführt haben, oder die das Wort für die anderen geführt oder die Befehle erteilt haben, oder die Aufrufe unterzeichnet, Bescheinigungen oder andere Schriftstücke in ihrem Namen ausgestellt oder sonstige ähnliche Handlungen begangen haben, die sie als Vertreter der Aufrührer oder Befehlshaber ausweisen.

Artikel 239

Die Verabredung zu dem Delikt des Aufruhrs wird mit freiheitsentziehender Sanktion von 6 Monaten und 1 Tag bis zu 1 Jahr bestraft.

Artikel 240

Wer es unternimmt, Truppen oder irgendeine Einheit der bewaffneten Macht dazu zu bewegen, das Delikt des Aufruhrs zu begehen, unterliegt einer freiheitsentziehenden Sanktion von 2 bis zu 5 Jahren.

Artikel 241

Auf die Straftat des Aufruhrs sind die Artikel 159 und 160 anwendbar, letzterer mit der Maßgabe, daß an die Stelle der dort angegebenen Sanktion Freiheitsentziehung von 2 bis zu 5 Jahren tritt.

Artikel 242

Auf die Straftat des Aufruhrs sind ferner die Artikel 151, 152 und 153 auch hinsichtlich der dort bezeichneten Sanktionen anwendbar, jedoch mit der Maßgabe, daß die obere Grenze des Strafrahmens um ein Viertel herabgesetzt wird.

V. KAPITEL
Störung der öffentlichen Ordnung

Artikel 243

A. Wer, ohne eine öffentliche Erhebung hervorzurufen, Gewalt oder Einschüchterungsmittel gebraucht, um einen der im vorangehenden Kapitel genannten Zwecke zu erreichen, wird mit freiheitsentziehender Sanktion von 6 Monaten und 1 Tag bis zu 3 Jahren bestraft.

B. Wer, um andere Staatsbürger einzuschüchtern, einen Alarm verursacht oder Tumulte oder Störungen der öffentlichen Ordnung hervorruft, oder wer bei solchem Anlaß Raketen oder andere ähnliche Feuerwerkskörper abbrennt oder explosible Stoffe verwendet, oder wer öffentlich droht, eine Gemeingefahr durch den Gebrauch solcher Mittel herbeizuführen, wird mit freiheitsentziehender Sanktion von 1 bis zu 8 Jahren bestraft.

C. Wenn sich die Explosion oder die Drohung an dem Ort oder zur Zeit eines Menschenauflaufes oder einer Gemeingefahr ereignet, oder wenn diese Handlung anläßlich einer Feuersbrunst, eines Schiffbruches oder eines anderen Unglücks oder einer öffentlichen Katastrophe begangen wird, so beträgt die Sanktion 1 bis zu 8 Jahren Freiheitsentzug.

Artikel 244

A. Mit freiheitsentziehender Sanktion von 1 Monat und 1 Tag bis zu 6 Monaten oder Geldstrafe von 31 bis zu 180 Tagesbußen oder beidem wird bestraft:
   1. Wer einen Tumult oder eine Störung der Ordnung durch Lärm, Tätlichkeiten oder wiederholte Zwischenrufe während der Sitzung eines Richters oder eines Gerichtshofes hervorruft.
   2. Wer einen Tumult oder eine Störung der Ordnung bei öffentlichen Handlungen irgendeiner Körperschaft, eines Wahlkollegiums, einer öffentlichen Organisation, Behörde oder Anstalt hervorruft.
   3. Wer einen Tumult oder eine Störung der Ordnung bei öffentlichen Darbietungen oder bei von zahlreichen Personen besuchten feierlichen Zusammenkünften, sofern diese in gesetzmäßiger Weise in der Öffentlichkeit stattfinden, hervorruft.

B. Bei der Bemessung der Sanktion soll der Richter neben den die strafrechtliche Verantwortlichkeit modifizierenden Umständen des einzelnen Falles berücksichtigen: Rang und Bedeutung des Gerichtes, der Behörde, der Körperschaft oder der Organisation; die zeitlichen und örtlichen Umstände, die betätigte Handlungsweise und die Art und Weise, in der die Störung der Ordnung vor sich gegangen ist.

Artikel 245

A. Personen, welche die öffentliche Ordnung stören in der Absicht, eine Privatperson zu beleidigen oder ihr Schaden zuzufügen, unterliegen einer freiheitsentziehenden Sanktion von 1 Monat und 1 Tag bis zu 6 Monaten oder Geldstrafe von 31 bis zu 180 Tagesbußen oder beiden Sanktionsarten.

B. Wenn mit der Straftat bezweckt wird, jemanden an der Ausübung seiner politischen Rechte zu hindern, so beträgt die Sanktion Freiheitsentzug von 6 Monaten und 1 Tag bis zu 1 Jahr und Geldstrafe von 100 bis zu 200 Tagesbußen.

Artikel 246

Personen, die sich bei einer Versammlung, Zusammenkunft oder öffentlichen Kundgebung zu Aufrufen hinreißen lassen, die umstürzlerisch oder geeignet sind, eine Rebellion oder einen Aufruhr herbeizuführen, oder die an solchen Orten Plakate, Embleme, Spruchbänder oder Fahnen zeigen, oder die gedruckte Texte oder Schmähschriften verfassen, anschlagen oder entfalten, die geeignet sein könnten, eine Störung der öffentlichen Ordnung hervorzurufen, werden mit freiheitsentziehender Sanktion von 1 Monat und 1 Tag bis zu 6 Monaten bestraft oder mit Geldstrafe von 31 bis zu 180 Tagesbußen oder beiden Sanktionsarten.

Artikel 247

A. Personen, die in der Absicht, die öffentliche Ordnung zu stören, oder die Verwirklichung eines antisozialen oder politischen Zweckes zu begünstigen oder zu fördern, aus Gefängnissen, Krankenanstalten oder sonstigen Örtlichkeiten, in denen sich Gefangene oder vorläufig festgenommene Personen befinden, diese befreien oder ihr Entweichen begünstigen, werden, wenn Gewalt, Einschüchterung oder Bestechung eine Rolle gespielt haben, mit Freiheitsentzug von 6 Monaten und 1 Tag bis zu 3 Jahren bestraft und mit 6 Monaten und 1 Tag bis zu 2 Jahren, wenn der Tatbestand auf andere weniger schwerwiegende Weise verwirklicht worden ist.

B. Wenn das Entweichen des vorläufig Festgenommenen oder Gefangenen außerhalb der genannten Anstalt durch Überrumplung derjenigen Personen, denen die Aufsicht übertragen war, bewerkstelligt wird, so beträgt die Sanktion, falls Gewalt, Einschüchterung oder Bestechung dabei im Spiele waren, 6 Monate und 1 Tag bis zu 1 Jahr, in allen anderen Fällen 1 Monat und 1 Tag bis zu 8 Monaten.

Artikel 248

Wer, ohne sich nach einem anderen Artikel dieses Gesetzbuches strafbar gemacht zu haben, mit dem Vorsatz, eine Störung der öffentlichen Ordnung oder eine politische oder antisoziale Bewegung zu veranlassen oder zu begünstigen, Omnibus- oder Straßenbahnstationen, Eisenbahnen oder Flughäfen, Leitungen oder Transmissionsanlagen für Elektrizität, Gas oder Wasser, (sonstige) Transmissionsanlagen, Neben- oder Hauptanlagen solcher Werke oder Stationen oder funkentelegrafische Anlagen zerstört, bzw. an ihnen Störungen oder Schäden hervorruft, und wer auf irgendeine andere Weise die Verbindungswege oder den Nachrichtenverkehr unterbricht, unterliegt einer freiheitsentziehenden Sanktion von 1 bis zu 4 Jahren und Geldstrafe von 100 bis zu 250 Tagesbußen.

Artikel 249

Personen, die zwecks Veranlassung oder bei Gelegenheit von Störungen der öffentlichen Ordnung Bildwerke, Statuen, irgendein Denkmal oder einen dem öffentlichen Nutzen oder der Verschönerung dienenden Gegenstand zerstören oder von ihrem Platz entfernen, unterliegen einer freiheitsentziehenden Sanktion von 1 Monat und 1 Tag bis zu 6 Monaten oder Geldstrafe von 31 bis zu 180 Tagesbußen oder beiden Sanktionsarten.

Artikel 250

Personen, die auf irgendeine Weise Zwistigkeiten oder Gegensätze ziviler oder militärischer Art zwischen den verschiedenen Körperschaften, Institutionen oder Organisationen des Staates, der Provinzen oder der Gemeinden fördern oder Haß oder bewaffnete Auseinandersetzung zwischen den Bürgern oder den Gesellschaftsklassen hervorrufen, unterliegen, falls ihr Verhalten nicht durch eine andere Bestimmung dieses Gesetzes mit schwererer Strafe bedroht ist, einer freiheitsentziehenden Sanktion von 6 Monaten und 1 Tag bis zu 2 Jahren.

Artikel 251

Wenn der wegen irgendeiner der in diesem Kapitel bezeichneten Straftaten Beschuldigte ein Beamter oder öffentlicher Amtsträger ist, so ist außerdem die Sanktion der Besonderen Rechtsminderung für die Dauer von 6 Monaten und 1 Tag bis zu 6 Jahren zu verhängen.

VI. KAPITEL

Attentat, Widerstand und Ungehorsam

Artikel 252

A. Einer freiheitsentziehenden Sanktion von 6 Monaten und 1 Tag bis zu 3 Jahren unterliegen diejenigen, welche physische Gewalt gegen die Person eines Vertreters der Obrigkeit anwenden oder die einen Vertreter der Obrigkeit ernstlich einschüchtern, um ihn zu zwingen, in Ausübung seiner amtlichen Obliegenheiten tätig zu werden oder sich gegen seinen Willen einer Tätigkeit zu enthalten.

B. Einer freiheitsentziehenden Sanktion von 6 Monaten und 1 Tag bis zu 1 Jahr und einer Geldstrafe von 100 bis zu 200 Tagesbußen unterliegen diejenigen, die, ohne gegen die Obrigkeit tätlich zu werden, ihr doch Widerstand bei der Ausübung der ihr übertragenen Funktionen oder aus Anlaß solcher Ausübung gewaltsam entgegensetzen.

Artikel 253

A. Die verwirkte Sanktion ist Freiheitsentziehung von 3 bis zu 6 Jahren, wenn bei der Verwirklichung der in dem vorangehenden Artikel Abs. A bezeichneten Taten einer der folgenden Umstände hinzutritt:

1. Bewaffnete Aggression;
2. Wenn die Schuldigen öffentliche Amtsträger sind;
3. Wenn die Obrigkeit den Forderungen der Täter auf Grund des geübten Zwanges nachgegeben hat.

B. Wenn einer der vorgenannten Umstände in den Fällen des Artikels 252 Abs. B hinzukommt, beträgt die Sanktion 6 Monate und 1 Tag bis zu 3 Jahren.

Artikel 254

A. Eine freiheitsentziehende Sanktion von 6 Monaten und 1 Tag bis zu 2 Jahren wird verhängt:

1. wenn die in Art. 252 erwähnten Taten gegen einen Vertreter der Obrigkeit oder einen öffentlichen Amtsträger bei der gesetzlichen Ausübung seiner Funktionen oder anläßlich solcher Ausübung verübt werden, falls einer der beiden erstgenannten Umstände des Art. 253 Abs. A hinzutritt,

2. wenn die Schuldigen Personen angegriffen haben, welche der Obrigkeit, ihren Vertretern oder den angegriffenen öffentlichen Amtsträgern zu Hilfe geeilt sind oder ihnen beigestanden haben.

B. Wenn keine der in Art. 254 Abs. A erwähnten Umstände vorliegen, sind freiheitsentziehende Sanktionen von 1 Monat und 1 Tag bis zu 6 Monaten oder Geldstrafe von 31 bis zu 180 Tagesbußen oder beide Sanktionsarten zu verhängen.

Artikel 255

A. Eine Privatperson, die, ohne gegen die Vorschrift des Art. 252 zu verstoßen, der Obrigkeit oder ihren Vertretern bei der Ausübung ihrer Funktionen Widerstand leistet oder sich ihr gegenüber in schwerwiegender Weise unbotmäßig verhält, unterliegt einer freiheitsentziehenden Sanktion von 1 Monat und 1 Tag bis zu 6 Monaten oder einer Geldstrafe von 31 bis zu 180 Tagesbußen oder beiden Sanktionsarten.

B. Wenn der Widerstand oder der Ungehorsam nicht schwerwiegend waren oder sich nur als bloße Respektlosigkeit gegenüber der Obrigkeit oder ihren Vertretern darstellt, beträgt die Sanktion 5 bis 60 Tage Freiheitsentzug oder Geldstrafe von 5 bis zu 60 Tagesbußen oder beides.

Artikel 256

Die Vorschriften der vorangehenden Artikel sind nicht anzuwenden, wenn die Obrigkeit oder ihre Vertreter oder der öffentliche Amtsträger die Tat dadurch verursacht haben, daß sie bei Ausübung ihrer Funktionen die ihnen vom Gesetz auferlegten Grenzen überschritten haben.

VII. KAPITEL

Unbotmäßigkeit gegenüber der Obrigkeit: Beleidigungen, Verächtlichmachung, Provokation oder Drohungen gegenüber Vertretern der Obrigkeit, ihren Beauftragten oder Beamten

Artikel 257

Unbotmäßigkeit begehen:

1. Personen, die einen Vertreter der Obrigkeit bei Ausübung seiner Funktionen oder bei Gelegenheit seiner Amtstätigkeit verleumden, beleidigen, verächtlich machen, provozieren oder durch Worte oder Taten beschimpfen, oder die ihn in seiner Gegenwart oder durch ein an ihn gerichtetes Schreiben bedrohen,
2. ein Beamter, der seinen Vorgesetzten bei Ausübung seines Amtes verleumdet, beleidigt, verächtlich macht, provoziert oder durch Worte oder Taten beschimpft oder ihn in seiner Gegenwart oder durch ein an ihn gerichtetes Schreiben bedroht.

Im ersten Fall ist eine freiheitsentziehende Sanktion von 6 Monaten und 1 Tag bis zu 3 Jahren, und im zweiten Fall eine solche von 3 Monaten bis zu 2 Jahren und Zeitweiliger Entzug von Rechten für den gleichen Zeitraum verwirkt.

Artikel 258

Personen, die einen Vertreter der Obrigkeit in Ausübung seiner Funktionen oder anläßlich seiner Amtstätigkeit verleumden, beleidigen, verächtlich machen, provozieren oder durch Worte oder Taten beschimpfen, und zwar in seiner Abwesenheit oder in nicht an ihn gerichteten Schreiben, unterliegen einer freiheitsentziehenden Sanktion von 1 Monat und 1 Tag bis zu 6 Monaten oder einer Geldstrafe von 31 bis zu 180 Tagesbußen oder beiden Sanktionsarten.

Artikel 259

Dieselbe Sanktion ist demjenigen aufzuerlegen, der einen Beamten oder einen Beauftragten der Obrigkeit bei Ausübung seiner Funktionen oder anläßlich seiner Amtstätigkeit verleumdet, beleidigt, verächtlich macht, provoziert oder durch Worte oder Taten beschimpft oder in seiner Gegenwart oder durch ein an ihn gerichtetes Schreiben bedroht.

Artikel 260

A. Eine Verleumdung oder Beleidigung der Obrigkeit, ihrer Vertreter oder Beamten im Sinne der vorangehenden Artikel bleibt straffrei, wenn der Täter eine dem Amtsträger zur Last gelegte Straftat beweist, und wenn dieser die Richtigkeit der Beschuldigungen zugibt, vorausgesetzt, daß diese sich ausschließlich auf Handlungen bezogen, die nach Maßgabe des Art. 510 B 1 mit der Ausübung der amtlichen Befugnisse in Zusammenhang standen.

B. In gleicher Weise sind die wegen einer Provokation angeklagten Täter nicht strafbar, wenn die Obrigkeit oder ihre Vertreter oder der Beamte die Tat dadurch selbst veranlaßt haben, daß sie bei Ausübung ihrer Funktionen ihre gesetzlichen Befugnisse überschritten haben.

Artikel 261

A. Abgesehen von dem im Gesetzesdekret Nr. 660 vom 16. 10. 34 Art. 2 vorgesehenen Fall genügt in Fällen, in denen sich die Tat gegen eine Obrigkeit, eine öffentliche Körperschaft, einen Beamten oder eine bestimmte Abteilung des Staates richtet, die Anzeige des Verletzten, um das Ermittlungsverfahren einzuleiten, da von diesem Augenblick an die Tat als Offizialdelikt zu betrachten ist.

B. Ein Beamter oder öffentlicher Amtsträger, der von einer Tat Kenntnis erhält, von der er glaubt, daß sie den Tatbestand der Verleumdung oder Beleidigung i. S. des vorangehenden Abs. A darstellt, hat sich jeglicher Handlungen zur Einleitung gerichtlicher Maßnahmen zu enthalten und die Tat mit allen Einzelheiten den Behörden oder der Obrigkeit zu unterbreiten, die er als verleumdet oder beleidigt ansieht, damit diese dann, falls sie es für geboten erachten, unmittelbar eine Anzeige bei dem zuständigen Gericht erstatten können.

C. In solchen Fällen ist nur die Regierung befugt, die strafbare Handlung für erloschen (extinguida) zu erklären.

D. Falls die Verleumdung oder die Beleidigung gegen das Oberhaupt eines fremden Staates, gegen diplomatische Vertreter oder deren Repräsentanten oder gegen einen Ausländer, der auf Grund von Staatsverträgen eine gleiche Stellung zu beanspruchen hat, gerichtet war, so ist eine besondere Aufforderung der Regierung zur Durchführung des Verfahrens erforderlich.

VIII. KAPITEL

Gemeinsame Vorschriften für die vorangehenden Kapitel

Artikel 262

Unter Obrigkeit i. S. der vorangehenden Artikel ist zu verstehen:

1. derjenige, der durch gesetzliche Ermächtigung selbst oder als Mitglied einer öffentlichen Körperschaft oder eines ordentlichen oder außerordentlichen Gerichtes eigene Jurisdiktionsgewalt hat,
2. Beamte der Staatsanwaltschaft,
3. die Staatsoberhäupter der befreundeten oder alliierten Nationen, deren diplomatischer Vertreter und diejenigen Ausländer, die auf Grund von Staatsverträgen als Hoheitsträger zu betrachten sind.

Artikel 263

Einem Beamten, dem irgendeine der in den vorangehenden Kapiteln bezeichneten Straftaten zur Last fällt, ist immer außer der freiheitsentziehenden Sanktion oder der Geldstrafe, die je nach Sachlage verwirkt ist, Besondere Rechtsminderung von 6 Monaten und 1 Tag bis zu 6 Jahren aufzuerlegen.

IX. KAPITEL

Straftaten gegen die Ausübung der Fabrikarbeit, der Arbeit in Landwirtschaft, Industrie und Handel

1. Abschnitt

Straftaten gegen die Ausübung der Arbeit

Artikel 264

Mit freiheitsentziehender Sanktion von 1 Monat und 1 Tag bis zu 6 Monaten oder Geldstrafe von 31 bis zu 180 Tagesbußen oder beiden Sanktionsarten werden bestraft:

1. Arbeitgeber und Arbeiter, die abgesehen von den in Art. 235 Abs. B geregelten Fällen Aussperrung oder Streik erklären, ohne dem Arbeitsministerium mindestens 8 Tage vorher diese Absicht mitgeteilt zu haben;
2. Arbeitgeber und Arbeiter, die es, nachdem sie beim Arbeitsministerium die entsprechende Ermächtigung für die Aussperrung oder den Streik beantragt haben, ohne gesetzlichen Grund unterlassen, die Vereinigung für Soziale Zusammenarbeit anzurufen, deren Stellung sich aus Artikel 2 des Gesetzes Nr. 3 vom 6. Februar 1934 ergibt;
3. diejenigen, die auf irgendeine Art und Weise Sitzungen der Vereinigung für Zusamenarbeit oder das Tätigwerden der Nationalen Kommission, auf die sich Artikel 3 des genannten Gesetzes bezieht, verhindern oder stören;
4. Arbeiter oder Arbeitgeber, die, obwohl sie in ihren Forderungen oder Rechtsansprüchen durch endgültigen Beschluß der zuständigen Behörde befriedigt worden sind, gleichwohl zum Streik oder zur Aussperrung ihre Zuflucht nehmen;
5. Arbeiter oder Arbeitgeber, die sich mit Angehörigen oder Vertretern anderer nicht artverwandter Industrien verständigen, um einen Streik oder eine Aussperrung zu erklären, sofern die festgelegten

Forderungen oder die formulierten Rechtsansprüche die verschiedenen von der Arbeitsniederlegung betroffenen Sektoren des Arbeitsmarktes nicht in gleicher Weise berühren;

6. die Arbeitgeber und Arbeiter, die ungesetzliche Propaganda treiben, um eine Aussperrung oder einen Streik hervorzurufen oder die unter Gewaltanwendung die Arbeitsaufnahme außerhalb der Fabrik oder der von den Forderungen oder Rechtsansprüchen betroffenen Sektoren hindern; ferner diejenigen, die in irgendeiner Art und Weise Zwang ausüben, um einen Arbeitsausstand oder Streik auf anderen nicht betroffenen Sektoren hervorzurufen.

7. Arbeiter, Beamte oder Betriebsführer von Unternehmen der öffentlichen Dienste wie Licht, Gas, Wasser, Telefon, Funkentelegrafie und Transportwesen; und die Arbeiter und Angestellten der Post, der Feuerwehr, des ärztlichen und pharmazeutischen Dienstes, der Polizei oder irgendeines staatlichen Verwaltungszweiges, die ihren Dienst verlassen mit der Folge, daß er unterbrochen wird; dies gilt auch dann, wenn der Streik, der die genannten Betriebsleiter, Gesellschaften, Angestellten und Arbeiter betrifft, gesetzmäßig ist,

8. diejenigen, die unter Zuwiderhandlung gegen die Vorschriften des Gesetzes vom 9. 7. 1924 die Ratschläge der Kommissionen der „Inteligencia Obrera“, auf die sich das genannte Gesetz und das Gesetzesdekret Nr. 323 vom 10. 7. 1934 beziehen, mißachten oder ihnen zuwiderhandeln.

Artikel 265

A. Bevollmächtigte, Verwalter und Direktoren einer Firma, einer Gesellschaft oder eines Unternehmens, welche die Ratschläge der Kommission für Soziale Zusammenarbeit nicht genau erfüllen, werden mit Freiheitsentzug von 6 Monaten und 1 Tag bis zu 2 Jahren bestraft.

B. Gesellschaften oder juristische Personen anderer Art, welche für irgendeine der zuvor bezeichneten Zuwiderhandlungen verantwortlich sind, unterliegen der Sanktion der Schließung von 10 bis zu 30 Tagen, sofern dadurch nicht die Bereitstellung öffentlicher Dienste, falls die Tätigkeit der Firma diese umfaßt, unterbrochen wird.

Wenn die Schließung nicht ohne Unterbrechung der von der Firma bereitgestellten öffentlichen Dienste durchgeführt werden kann, ist der juristischen Person eine Geldstrafe von 100 bis zu 500 Pesos aufzuerlegen.

C. Desgleichen kann das Gericht die Dienstenthebung der Verwalter, Direktoren oder verantwortlichen Bevollmächtigten und die Einrichtung einer regierungsamtlichen Verwaltung für die Geschäfte der Firma während der Dauer der Dienstenthebung oder sonstige Maßnahmen verfügen, die zur Sicherung normaler Verhältnisse im öffentlichen Dienst erforderlich erscheinen.

Artikel 266

Ausländer, die eine der vorgenannten Straftaten begehen, können des Landes verwiesen werden, sobald die ihnen auferlegte Sanktion verbüßt ist, wenn das Gericht der Meinung ist, daß ihre Tätigkeit wegen möglicher Rückfälle eine Gefahr darstellen kann.

2. Abschnitt

Straftaten gegen die Berufsausübung in Landwirtschaft, Industrie und Handel

Artikel 267

A. Derjenige, der durch Drohungen oder Gewalt die rechtmäßige Ausübung der individuellen Freiheit in Landwirtschaft, Industrie oder Handel — auf welche Weise immer — einzuengen oder zu unterbinden versucht, wird mit Freiheitsentzug von 1 Monat und 1 Tag bis zu 6 Monaten oder Geldstrafe von 31 bis zu 180 Tagesbußen oder beiden Sanktionsarten bestraft, falls die Tat in diesem Gesetzbuch nicht mit einer höheren Strafe bedroht ist.

B. Derjenige, welcher Drohungen oder Gewalt gebraucht, um die Unterbindung, Fortsetzung oder Unterbrechung der Arbeit in einer Firma oder in einem Unternehmen des Handels, der Industrie oder der Landwirtschaft zu erreichen, in der Absicht, die Arbeiter, Unternehmer oder Geschäftsführer zu einer Verbesserung oder Verschlechterung der Gehälter oder Bedingungen für die Wiederaufnahme, Nichtunterbrechung oder Fortsetzung der Arbeit abweichend von vorher getroffenen Vereinbarungen zu nötigen, unterliegt einer freiheitsentziehenden Sanktion von 1 Monat und 1 Tag bis zu 6 Monaten oder Geldstrafe von 31 bis zu 180 Tagesbußen oder beiden Sanktionsarten, vorbehaltlich der Bestimmungen des vorangehenden Absatzes A.

C. Wenn der Täter sein Vorhaben erreicht, beträgt die Sanktion 6 Monate und 1 Tag bis zu 1 Jahr Freiheitsentzug.

Artikel 268

A. Eine freiheitsentziehende Sanktion von 3 Monaten bis zu 2 Jahren haben die Förderer von Taten, wie sie in den vier vorangehenden Artikeln bezeichnet sind, ferner die Leiter oder Direktoren von Gesellschaften, Syndikaten, Konföderationen oder Gremien, denen die Haupttäter angehören, sofern sie sich mit ihnen solidarisch erklärt haben, verwirkt.

B. Die in dem vorangehenden Abschnitt festgesetzte Sanktion beträgt 6 Monate und 1 Tag bis zu 3 Jahren, wenn die Schuldigen das Ziel, das sie verfolgt haben, erreichen.

C. Falls in diesem Gesetzbuch für die begangenen Taten eine höhere Sanktion angedroht ist, so ist die schwerere Sanktion anzuwenden.

Artikel 269

Wer mittels betrügerischer Machenschaften, oder indem er falsche Gerüchte ausstreut oder verbreitet, oder indem er irgendein anderes Mittel unredlicher Propaganda gebraucht, versucht, die Kundschaft eines Industrie- oder Handelsunternehmens zu seinem Vorteil abspenstig zu machen, wird mit Geldstrafe von 31 bis zu 180 Tagesbußen bestraft.

Artikel 270

Juristische Personen, die für eine der in diesem Kapitel bezeichneten Straftaten verantwortlich sind, haben die Sanktion der Schließung von 5 Tagen bis zu 6 Monaten verwirkt.

X. KAPITEL

Heimliche Herstellung von Druckschriften

Artikel 271

A. Es unterliegen einer freiheitsentziehenden Sanktion von 1 Monat und 1 Tag bis zu 6 Monaten oder Geldstrafe von 31 bis zu 180 Tagesbußen oder beiden Sanktionsarten:
   1. Je nach Lage des Falles: die Verfasser, Verleger, Herausgeber oder Drucker von heimlichen Druckschriften.
      Als solche werden angesehen Schriften, die nicht die Anschrift der Druckerei, in der die Druckarbeiten stattgefunden haben, oder zumindest Name und Wohnsitz des oder der verantwortlichen Verfasser tragen.
   2. Je nach Lage des Falles: die Verleger, Herausgeber oder Drucker von periodischen Druckschriften, die den in dem Sondergesetz über das Druckereiwesen enthaltenen Vorschriften nicht genügen.

B. Juristische Personen, die für eine solche Straftat verantwortlich sind, haben die Sanktion der Schließung von 5 Tagen bis zu 1 Monat verwirkt.

VI. TITEL

Straftaten gegen die Rechtspflege

I. KAPITEL

Denunziation oder falsche Anschuldigung und Meineid

1. Abschnitt

Denunziation oder falsche Anschuldigung

Artikel 272

A. Der Denunziation oder falschen Anschuldigung ist schuldig:
   1. derjenige, der wahrheitswidrig und wissentlich vor einer Gerichtsperson oder einem Polizeibeamten, der zur Durchführung des Ermittlungsverfahrens berufen ist, einem anderen Taten zur Last legt, die, wenn sie begangen wären, ein Verbrechen oder eine Übertretung darstellen würden;
   2. derjenige, der das Vorhandensein von Spuren oder Beweisanzeichen oder anderen stofflichen Beweisen vorspiegelt in der Absicht, einen anderen zu beschuldigen, dieser sei für ein Verbrechen oder eine Übertretung verantwortlich.

B. Diese Straftat wird nach Maßgabe der folgenden Bestimmungen bestraft:
   1. mit Freiheitsentzug von 10 bis zu 20 Jahren, wenn ein rechtskräftiges Urteil ergangen ist, das auf Grund der Denunziation oder falschen Anschuldigung auf Todesstrafe erkannt hat und das vollstreckt worden ist;
   2. auf Freiheitsentzug von 6 bis zu 10 Jahren, wenn ein Todesurteil zwar verkündet, aber nicht vollstreckt worden ist;
   3. auf Freiheitsentzug von 1 bis zu 6 Jahren, wenn die dem falsch Angeschuldigten oder Denunzierten auferlegte Sanktion in

Freiheitsentzug für eine 6 Jahre überschreitende Zeitdauer bestanden hat;
4. mit Freiheitsentzug von 6 Monaten und 1 Tag bis zu 2 Jahren, wenn dem falsch Angeschuldigten oder Denunzierten eine freiheitsentziehende Sanktion von weniger als 6 Jahren oder irgendeine andere nicht mit Freiheitsentzug verbundene Sanktion auferlegt worden ist;
5. mit Freiheitsentzug von 1 Monat und 1 Tag bis zu 6 Monaten oder Geldstrafe von 31 bis zu 180 Tagesbußen oder beiden Sanktionsarten, wenn sich die falsche Anschuldigung auf eine Übertretung bezog.

C. Der Täter ist in jedem Fall mit den Geldstrafen und finanziellen Verbindlichkeiten aller Art zu belasten, die von dem Unschuldigen erfüllt worden sind.

Artikel 273

Wenn die Denunziation oder falsche Anschuldigung zu einer Verurteilung des Beschuldigten geführt hat, so ist ein Verfahren gegen den Denunzianten oder Anschuldiger solange nicht einzuleiten, als nicht das ergangene Urteil im Revisionsverfahren rechtskräftig geworden ist; ferner bedarf es eines Strafantrages des Verletzten.

Artikel 274

A. Mit dem Verfahren gegen den Denunzianten oder Angeschuldigten ist ferner, abgesehen von dem in dem vorangehenden Artikel vorgesehenen Fall, solange einzuhalten, als nicht ein endgültiger Freispruch oder ein gleichfalls endgültiger Einstellungsbeschluß seitens des über die Tat des Angeschuldigten erkennenden Gerichts ergangen ist.

B. Wenn der Beschluß nur auf vorläufige Einstellung oder Absehen von der Verfolgung lautet, so ist gegen den Denunzianten oder falschen Anschuldiger erst nach Ablauf eines Jahres vom Tage der Beschlußfassung an vorzugehen, sofern während dieser Zeit nicht noch einmal eine Voruntersuchung eröffnet worden ist, und sofern gegen die auf Absehen von der Verfolgung lautende Entscheidung nicht ein die Verurteilung erstrebendes Rechtsmittel, wie es das Gesetz vorsieht, eingelegt ist. Der Untersuchungsrichter hat bei einem auf Absehen von der Verfolgung lautenden Beschluß und das Gericht hat bei vorläufiger Einstellung ausdrücklich zu erklären, ob sie dem Denunzierten oder Angeschuldigten das in diesem Artikel näher bezeichnete Recht einräumen.

C. In keinem dieser Fälle darf ein Verfahren ohne Strafantrag des Denunzierten oder Angeschuldigten eingeleitet werden; der Antrag ist vor Ablauf eines Zeitraumes von 3 Jahren, gerechnet von dem Zeitpunkt an, in dem das Urteil oder der Beschluß, auf den sich Absatz A bezieht, endgültig geworden ist, bzw. gerechnet vom Ablauf der Jahresfrist, auf die sich Absatz B bezieht, zu stellen.

D. Die Befugnis zur Ausübung der dem Denunzierten oder Angeschuldigten zustehenden Rechte geht im Falle seines Todes auf seine gesetzlichen Erben über.

Artikel 275

Eine für irgendeine der in diesem Abschnitt enthaltenen Straftaten verantwortliche juristische Person wird mit Schließung von 5 bis zu 100 Tagen bestraft.

2. Abschnitt
Meineid

Artikel 276

Diejenigen, welche bei ihrer Zeugenvernehmung vor einer Gerichtsbehörde oder einem zuständigen Staatsbeamten nach Ablegung eines Eides oder Abgabe des feierlichen Versprechens, wahrheitsgemäß auszusagen, wissentlich etwas bekunden, dessen Unwahrheit ihnen bekannt ist, oder von dem sie gar nichts wissen, oder die die Wahrheit eines Sachverhaltes bestreiten, von dem sie sichere Kenntnis haben, oder die auf Befragen etwas verschweigen, von dem sie sichere Kenntnis haben, unterliegen einer freiheitsentziehenden Sanktion von 6 Monaten und 1 Tag bis zu 2 Jahren.

Artikel 277

Wenn die Erklärung in einem Strafverfahren abgegeben wurde und einen Schaden des Angeklagten im Sinne der nachgenannten Fälle zur Folge gehabt hat, so werden die folgenden Sanktionen verhängt:

1. Freiheitsentzug von 10 bis zu 20 Jahren, wenn die Todesstrafe über den Angeklagten infolge der falschen Aussage verhängt und vollstreckt worden ist,
2. Freiheitsentzug von 6 bis zu 10 Jahren, wenn die Todesstrafe nicht vollstreckt worden ist,
3. Freiheitsentzug von 1 bis zu 6 Jahren, wenn die falsche Aussage zu einem auf Freiheitsentzug von mindestens 6 Jahren lautenden Urteil geführt hat,
4. Freiheitsentzug von 6 Monaten und 1 Tag bis zu 2 Jahren, wenn als Folge der falschen Aussage eine freiheitsentziehende Sanktion unter 6 Jahren oder irgendeine nicht mit Freiheitsentzug verbundene Sanktion verhängt worden ist,
5. die gleiche Sanktion wird über denjenigen verhängt, der bei einer mündlichen Verhandlung vor Gericht sonst zum Nachteil einer Prozeßpartei oder des Angeklagten falsch aussagt.

Artikel 278

Derjenige, der in einem Gerichtsverfahren wissentlich falsche Zeugen stellt, wird so bestraft, als wenn ihm selbst eine falsche Aussage im Sinne der angeführten Fälle zur Last fiele.

Artikel 279

Die Sanktionen der vorangehenden Artikel sind auch auf Sachverständige und Dolmetscher anzuwenden, die bei ihrem Erscheinen in solcher Eigenschaft vor Gericht oder einer anderen Behörde der Wahrheit nicht die Ehre geben, nachdem sie ihre Gutachten, Auskünfte oder Übersetzungen beschworen haben.

Artikel 280

A. Wenn durch das falsche Zeugnis die Untersuchungshaft einer Person oder ein anderer schwerer Schaden für sie veranlaßt worden ist, so beträgt die Geldstrafe 100 bis zu 200 Tagesbußen.

B. Diese Sanktion ist von den Gerichten unter Berücksichtigung der Tragweite der falschen Aussage, der Dauer der durch sie hervorgerufenen U-Haft und der verursachten Schäden zuzumessen.

Artikel 281

Straffrei ist bei Begehung der in den vorangehenden Artikeln bezeichneten Taten:

1. derjenige, der bei Offenbarung der Wahrheit seine Freiheit oder Ehre oder diejenige seines Ehegatten, seiner Eltern, Kinder oder Geschwister — gleichgültig, ob die Verwandtschaft auf Gesetz, Blutsbanden, Adoption oder Schwägerschaft beruht — oder seiner sonstigen legitimen Blutsverwandten der Seitenlinien bis zum dritten Grad schwer und unvermeidlich beeinträchtigen würde,
2. derjenige, der bei Berücksichtigung seiner persönlichen Verhältnisse nicht genötigt gewesen wäre, als Zeuge zu erscheinen, oder der darüber zu belehren gewesen wäre, daß er zur Aussage nicht verpflichtet war.

Artikel 282

A. Der Widerruf der falschen Aussage unter Offenbarung der Wahrheit in einem wegen eines Verbrechens anhängigen Strafverfahren beseitigt die strafrechtliche Verantwortlichkeit zu Gunsten des Widerrufenden, sofern der Widerruf zu einer Zeit und in einer Form geschieht, daß die Beseitigung der durch die falsche Aussage hervorgerufenen Wirkungen noch möglich ist.

B. In gleicher Weise bleibt derjenige von strafrechtlicher Verantwortlichkeit frei, der eine in einem wegen einer Übertretung anhängigen Verfahren oder in einem Zivilprozeß oder Verwaltungsstreitverfahren abgegebene falsche Aussage zurücknimmt, sofern der Widerruf wirksam ist.

Artikel 283

Personen, die in bezug auf Tatsachen oder Umstände, über die sie sich von Gesetzes wegen oder auf Grund einer Verordnung unter Eid oder einer gleichwertigen Förmlichkeit erklären müssen, um eine feierliche Handlung oder einen unerläßlichen Bestandteil einer von ihnen vorgenommenen Handlung zu erfüllen, wissentlich die Unwahrheit sagen, werden mit freiheitsentziehender Sanktion von 1 Monat und 1 Tag bis zu 1 Jahr und Geldstrafe von 31 bis zu 200 Tagesbußen bestraft.

Artikel 284

Ein Widerruf der falschen Aussage befreit den Täter von seiner strafrechtlichen Verantwortlichkeit, wenn der Widerruf in wirksamer Form erfolgt, und bevor eine Entscheidung oder Entschließung gefaßt worden ist, die auf der wahrheitswidrigen Bekundung oder dem wahrheitswidrigen Ableugnen oder der Verfälschung eines Sachverhalts beruht.

Artikel 285

A. Die Verfolgung wegen der Straftat der falschen Aussage setzt voraus, daß der Richter oder das Gericht, das in der Strafsache, der Strafvollzugssache, dem Zivil- oder Verwaltungsrechtstreit, in dem das falsche Zeugnis abgegeben wurde, erkannt hat, dessen Unrichtigkeit in dem das Verfahren beendenden Urteil oder Beschluß auf Antrag des Staatsanwalts oder des Verletzten feststellt und zugleich anordnet, daß ein dieser falschen Aussage zugrundeliegendes Verschulden vom zuständigen Richter oder Gericht überprüft werden möge.

B. Das Verfahren, in dem das falsche Zeugnis abgegeben worden ist, darf nicht unterbrochen werden; es sei denn, die Fortsetzung des Verfahrens ist unmöglich.

II. KAPITEL
Ungerechtfertigte Klagen

Artikel 286

A. Wer in gewinnsüchtiger Absicht eine Klage im summarischen Verfahren erhebt und diese auf offenbar unrichtige Tatsachen stützt, unterliegt einer Geldstrafe von 100 bis zu 300 Tagesbußen.

B. Der gleichen Sanktion unterliegt derjenige, der eine solche Klage unter der Vorspiegelung erhebt, den Wohnsitz des Beklagten nicht zu kennen, und dabei die Absicht verfolgt, infolge mangelnder Rechtsverteidigung ein Versäumnisurteil zu erlangen.

Artikel 287

Im Falle des Art. 286 Abs. A ist Strafverfolgungsvoraussetzung, daß der Zivilrichter auf Parteiantrag, welcher in der schriftlichen Erwiderung auf die Klage oder in der Rechtsmittelschrift genau formuliert sein muß, dem Beklagten im Endurteil ausdrücklich das Recht vorbehält, strafrechtlich vorzugehen.

Artikel 288

Ein bevollmächtigter Anwalt, amtlich Beauftragter, Agent oder Bevollmächtigter, der im geheimen Einverständnis mit dem Kläger oder seinem Prozeßanwalt Klagen im summarischen Verfahren, auf die sich Art. 286 bezieht, unterschreibt, unterliegt einer Sanktion von 100 bis zu 300 Tagesbußen.

Artikel 289

Eine juristische Person, die für in Art. 286 bezeichnete Straftaten strafrechtlich verantwortlich ist, unterliegt der Sanktion der Schließung von 5 bis zu 30 Tagen.

III. KAPITEL
Vorspiegelung von Verbrechen oder Übertretungen

Artikel 290

A. Derjenige, welcher vor einer Gerichtsperson oder einem Polizeibeamten, der gesetzlich verpflichtet ist, bei einem strafrechtlichen Ermittlungsverfahren mitzuwirken, einen anderen einer offensichtlich erfundenen strafbaren Handlung beschuldigt, oder wer Spuren oder körperliche Indizien zur Unterstützung einer solchen Vorspiegelung vortäuscht, ohne eine bestimmte Person zu beschuldigen, aber in der Absicht, ein gerichtliches Verfahren zur Nachprüfung der vorgespiegelten Tat in Gang zu setzen, wird mit freiheitsentziehender Sanktion von 6 Monaten und 1 Tag bis zu 2 Jahren bestraft.

B. Derjenige, welcher vor der zuständigen gerichtlichen Instanz erklärt oder fälschlich gesteht, ein Verbrechen oder eine Übertretung begangen zu haben oder bei der Begehung mitgewirkt zu haben, wird, wenn er keinen anderen beschuldigt, mit einer freiheitsentziehenden Sanktion von 2 Monaten bis zu 1 Jahr oder Geldstrafe von 60 bis zu 200 Tagesbußen bestraft.

C. Eine juristische Person, die diese Straftaten begeht, wird mit der Sanktion der Schließung von 5 bis zu 30 Tagen bestraft.

D. Derjenige, der die in Abs. B bezeichnete Straftat begeht, ist von strafrechtlicher Verantwortlichkeit frei, wenn er die Erklärung oder das Geständnis ausschließlich in der Absicht gegeben hat, seine Ehefrau, seine Eltern, Abkömmlinge oder seine gesetzlichen, natürlichen oder Adoptivgeschwister oder Schwäger zu begünstigen.

IV. KAPITEL

Willkürliche Ausübung von Rechten

Artikel 291

Wer sich mit Gewalt einer Sache bemächtigt, die seinem Schuldner gehört, um sich auf diese Weise bezahlt zu machen, unterliegt einer freiheitsentziehenden Sanktion von 1 Monat und 1 Tag bis zu 6 Monaten oder Geldstrafe von 31 bis zu 180 Tagesbußen oder beiden Sanktionsarten.

Artikel 292

A. Derjenige, welcher ein Recht, das ihm zusteht, unter Gewaltanwendung gegen fremde Sachen ausübt, statt die Hilfe der zuständigen Behörde in Anspruch zu nehmen, wird mit Geldstrafe von 31 bis zu 180 Tagesbußen bestraft, falls wegen des verursachten Schadens nicht eine höhere Sanktion angemessen ist.

B. Wenn der Täter Drohungen oder Gewalt gegen Personen gebraucht, beträgt die Sanktion Freiheitsentzug von 2 Monaten und 1 Tag bis zu 1 Jahr, es sei denn, den Drohungen oder der Gewaltanwendung entspricht eine strengere Sanktion.

C. Wenn die Gewalt mit Waffen ausgeübt, oder wenn eine Verletzung des Angegriffenen bei der Gewaltanwendung hervorgerufen wird, beträgt die Sanktion 6 Monate und 1 Tag bis zu 2 Jahren Freiheitsentzug; es sei denn, der Täter hat wegen der zugefügten Verletzung oder der Gewaltanwendung eine strengere Sanktion verwirkt.

V. KAPITEL

Parteibegünstigung

Artikel 293

A. Ein Richter oder richterlicher Beamter, der ein offensichtlich ungerechtes Urteil zum Nachteil des Angeklagten in einem Strafverfahren wegen einer Straftat fällt, unterliegt, wenn die Vollstreckung des Urteils begonnen hat, einer freiheitsentziehenden Sanktion von 2 bis zu 10 Jahren und Allgemeiner Rechtsminderung für eine gleich lange Zeitspanne.

B. Wenn die Vollstreckung des Urteils noch nicht begonnen hat, beträgt die Sanktion 1 bis 6 Jahre Freiheitsentzug und Allgemeine Rechtsminderung für die gleiche Zeitspanne.

C. Ist das Urteil zum Nachteil des Angeklagten in einem Strafverfahren wegen einer Übertretung gefällt worden, so beträgt die Sanktion, wenn die Vollstreckung begonnen hat, 6 Monate und 1 Tag bis zu 2 Jahren Freiheitsentzug und Allgemeine Rechtsminderung für die gleiche Zeitspanne.

D. Wenn die Vollstreckung noch nicht begonnen hat, so ist auf Zeitweiligen Entzug von Rechten von 2 Monaten und 1 Tag bis zu 1 Jahr oder Geldstrafe von 61 bis zu 200 Tagesbußen zu erkennen.

Artikel 294

A. Der Richter oder Gerichtsbeamte, der ein offensichtlich ungerechtes Urteil zum Vorteil des Angeklagten in einem Strafverfahren fällt, unterliegt, wenn das Urteil in einem Strafverfahren wegen eines Verbrechens ergangen ist, einer freiheitsentziehenden Sanktion von 1 bis zu 6 Jahren und Besonderer Rechtsminderung für die gleiche Zeitspanne; ist das Urteil wegen einer Übertretung ergangen, so beträgt die Sanktion Freiheitsentzug von 2 Monaten und 1 Tag bis zu 1 Jahr und Zeitweiligem Entzug von Rechten für die gleiche Zeitdauer.

B. Der Richter oder Gerichtsbeamte, der ein offensichtlich ungerechtes Urteil in einer seiner Jurisdiktion unterliegenden, nicht strafrechtlichen Sache fällt, wird mit freiheitsentziehender Sanktion von 3 Monaten bis zu 6 Jahren und Zeitweiligem Entzug von Rechten für die gleiche Zeitspanne bestraft.

Artikel 295

Der Richter oder Gerichtsbeamte, der irgendeinen anderen offensichtlich ungerechten Beschluß faßt oder eine offensichtlich ungerechte richterliche Anordnung oder Verfügung trifft, unterliegt der Sanktion des Zeitweiligen Entzugs von Rechten von 6 Monaten und 1 Tag bis zu 6 Jahren und Geldstrafe von 100 bis zu 250 Tagesbußen.

Artikel 296

A. Der Richter oder Gerichtsbeamte, der aus Unwissenheit oder unentschuldbarer Nachlässigkeit in irgendeiner seiner Jurisdiktion unterliegenden Sache ein Urteil fällt oder einen rechtskräftigen Beschluß faßt, der offensichtlich ungerecht, in sich unschlüssig und willkürlich ist, wird mit Freiheitsentzug von 2 Monaten und 1 Tag bis zu 1 Jahr und Zeitweiligem Entzug von Rechten für die gleiche Zeitdauer bestraft.

B. Eine Nachlässigkeit oder Unwissenheit ist als unentschuldbar anzusehen, wenn die Entscheidung offensichtlich gegen das Gesetz verstößt, oder wenn sie den Rechtsmittelzug außer acht läßt oder einer vom Gesetz angeordneten Form ermangelt und dadurch nichtig ist.

Artikel 297

A. Der Richter oder Gerichtsbeamte, der sich weigert, ein Urteil zu sprechen oder eine vorläufige Anordnung zu treffen, indem er Unklarheit, Lückenhaftigkeit oder Schweigen der Gesetze vorschützt, wird mit Besonderer Rechtsminderung von 1 bis zu 6 Jahren bestraft.

B. Der Richter oder Gerichtsbeamte, der für eine böswillige Verzögerung der Rechtspflege verantwortlich ist, wird mit Besonderer Rechtsminderung von 1 bis zu 5 Jahren bestraft.

Artikel 298

Ein öffentlicher Amtsträger, der in einer gemischt verwaltungsrechtlichen oder rein verwaltungsrechtlichen Sache eine Entschließung faßt, einen Vergleich vorschlägt, eine Verfügung trifft oder ein Rechtsmittel vorschlägt, wissend, daß das Veranlaßte ungerecht oder unnötig ist, wird mit Besonderer Rechtsminderung von 6 Monaten und 1 Tag bis zu 4 Jahren bestraft.

Der gleichen Sanktion unterliegt der Beamte oder staatliche Angestellte, der wissentlich eine vom Verfassungsgerichtshof für verfassungswidrig erklärte Vorschrift anwendet.

Artikel 299

A. Der öffentliche Amtsträger, der es unter Zuwiderhandlung gegen die ihm auferlegten Pflichten böswillig unterläßt, die Ermittlung von Straftaten zu fördern, von denen er Kenntnis hat, oder Verbrecher zu verfolgen, festzunehmen oder den Behörden zu überantworten, unterliegt der Sanktion der Besonderen Rechtsminderung von 2 bis zu 6 Jahren und Geldstrafe von 100 bis zu 300 Tagesbußen.

B. Ein Arzt, der bei einer Person, die er untersucht, oder an einem Leichnam, den er identifiziert, Zeichen einer Vergiftung oder irgendwelche Spuren eines Verbrechens erkennt und die Behörde nicht davon unmittelbar verständigt, wird, wenn nach den Umständen nicht eine schwerere strafrechtliche Verantwortlichkeit besteht, mit Geldstrafe von 31 bis zu 180 Tagesbußen und Zeitweiligem Entzug von Rechten von 1 bis zu 6 Monaten bestraft.

Artikel 300

In allen in den vorangehenden Artikeln geregelten Fällen ist das Maß der Sanktion der Tragweite der getroffenen Entschließung, dem Schaden, der durch sie entstanden ist, und der mehr oder weniger hohen Evidenz der Ungerechtigkeit anzupassen.

Artikel 301

A. Der Anwalt, bevollmächtigte Anwalt oder juristische Bevollmächigte, Beauftragte oder Vertreter, der unter böswilligem Mißbrauch seines Amtes oder aus unentschuldbarer Nachlässigkeit oder Unwissenheit seinem Auftraggeber bei der Besorgung einer Rechtssache, die ihm anvertraut ist, Schaden zufügt, wird mit Geldstrafe von 31 bis zu 300 Tagesbußen bestraft.

B. Das Gericht hat bei der Strafzumessung das Wesen des Mißbrauches, der Nachlässigkeit oder der Unwissenheit, das Maß der Unentschuldbarkeit und die dem Auftraggeber zugefügten Schäden zu berücksichtigen.

C. Wenn der bevollmächtigte Anwalt oder der juristische Bevollmächtigte, Beauftragte oder Vertreter des Geschädigten von einem Dritten bezeichnet worden war, so geht die zivilrechtliche Verantwortlichkeit, die aus der Straftat entsteht, subsidiär auch zu Lasten desjenigen, der ihn empfohlen hat, mit der Maßgabe, daß dieser Dritte für je 3 Pesos 1 Tag persönliche Schuldhaft erleidet, ohne daß jedoch diese Haft 6 Monate übersteigen darf.

Artikel 302

Der Anwalt, bevollmächtigte Anwalt, juristische Bevollmächigte, Beauftragte oder Vertreter, der die Verteidigung einer Partei übernommen hat und danach ohne deren Zustimmung in derselben Sache die Gegenseite vertritt oder sie berät oder ihr in derselben Sache gegen den früheren Auftraggeber gerichtete Weisungen erteilt, wird mit Besonderer

Rechtsminderung von 6 Monaten und 1 Tag bis zu 3 Jahren oder Geldstrafe von 100 bis zu 300 Tagesbußen bestraft.

Artikel 303

Der öffentliche Amtsträger, Richter oder Gerichtsbeamte, der jemandem, der seiner Autorität untersteht, die Ausführung einer der zuvor erwähnten Straftaten empfiehlt, wird mit derselben Sanktion bestraft, die von dem Empfänger dieser Empfehlung verwirkt wäre; dabei ist jedoch die Besonderheit der rechtswidrigen Handlung, die empfohlen wird, zu berücksichtigen.

VI. KAPITEL

Bestechung

Artikel 304

A. Der öffentliche Amtsträger, der für sich oder für eine Mittelsperson eine Zuwendung oder ein Geschenk entgegennimmt oder ein Angebot oder ein Versprechen annimmt für eine Handlung, die sich auf die Ausübung seines Amtes bezieht und eine Straftat darstellt, und der diese Handlung dann ausführt, wird mit freiheitsentziehender Sanktion von 2 bis zu 8 Jahren, Geldstrafe von 100 bis 400 Tagesbußen und Besonderer Rechtsminderung für eine der Freiheitsentziehung entsprechende Zeitspanne bestraft; unbeschadet der für die im Interesse der Zuwendung oder des Geschenkes verübte Straftat verwirkten Sanktion.

B. Wenn die Straftat nicht ausgeführt wird, so beträgt die Sanktion 6 Monate und 1 Tag bis zu 3 Jahren Freiheitsentzug, Besondere Rechtsminderung für die gleiche Zeitspanne und Geldstrafe von 100 bis zu 250 Tagesbußen.

Artikel 305

A. Der öffentliche Amtsträger, der für sich oder eine Mittelsperson eine Zuwendung oder ein Geschenk entgegennimmt oder ein Angebot oder ein Versprechen annimmt für eine in sein Amt einschlagende rechtswidrige Handlung, die keine Straftat darstellt, und der diese Handlung dann ausführt, unterliegt einer freiheitsentziehenden Sanktion von 1 bis zu 4 Jahren, Besonderer Rechtsminderung für die gleiche Zeitspanne und Geldstrafe von 100 bis zu 300 Tagesbußen.

B. Wenn die rechtswidrige Handlung nicht zur Ausführung gelangt, beläuft sich die Sanktion auf 6 Monate und 1 Tag bis zu 2 Jahren Freiheitsentzug, Besondere Rechtsminderung für die gleiche Zeitspanne und Geldstrafe von 100 bis zu 200 Tagesbußen.

C. Wenn die Zuwendung oder das Versprechen die Begehung einer in den vorangehenden Absätzen nicht behandelten, gegebenenfalls rechtmäßigen Handlung zum Gegenstand hat, so beträgt die Sanktion Freiheitsentzug von 2 Monaten und 1 Tag bis zu 1 Jahr und Zeitweiliger Entzug von Rechten für die gleiche Zeitdauer.

D. Wenn mit der empfangenen oder versprochenen Zuwendung bezweckt wird, daß der Beamte von einer Handlung absieht, zu der er in Ausübung der ihm übertragenen Aufgaben verpflichtet wäre, so beträgt die Sanktion 6 Monate und 1 Tag bis zu 2 Jahren Freiheitsentzug, Besondere Rechtsminderung für die gleiche Zeitspanne und Geldstrafe von 100 bis zu 200 Tagesbußen.

Straftaten gegen die Rechtspflege

Artikel 306

Die Bestimmungen der vorangehenden Artikel sind auch auf Schiedsrichter, Sachverständige und jede Person anzuwenden, die mit durch das Gesetz festgelegten Befugnissen eine öffentliche Funktion ausübt.

Artikel 307

A. Der öffentliche Amtsträger, der im Rahmen seiner Amtsführung duldet, daß ihm oder den seiner Obhut in bürgerlicher Hinsicht anvertrauten Personen eine Zuwendung oder ein Geschenk gemacht wird, dessen wirtschaftlicher Wert den Charakter einer Ehrengabe oder reinen Freundschaftsgabe übersteigt, wird mit Zeitweiligem Entzug von Rechten von 3 Monaten bis zu 2 Jahren bestraft.

B. Der gleichen Sanktion unterliegt der öffentliche Amtsträger, der für sich oder für seiner Obhut in bürgerlicher Hinsicht anvertraute Personen einen Preisnachlaß, Rabatt oder die Zurückvergütung von Beträgen entgegennimmt, die er an Gesellschaften des öffentlichen Dienstes für Leistungen oder irgend etwas anderes zu bezahlen hat; desgleichen derjenige, der Freifahrtscheine von Transportgesellschaften oder Freikarten für öffentliche Schaustellungen entgegennimmt oder daraus Nutzen zieht.

Artikel 308

A. Derjenige, der durch eine Zuwendung, ein Geschenk, ein Angebot oder ein Versprechen einen öffentlichen Amtsträger besticht, wird mit denselben Sanktionen bestraft, die der Amtsträger verwirkt hat, abgesehen von der Besonderen Rechtsminderung.

B. Die Straftat gilt als verübt, wenn der Amtsträger auf die Bestechung eingegangen ist, auch wenn er die Zuwendung noch nicht entgegengenommen hat oder wenn das Anerbieten oder das Versprechen, das dem Amtsträger gemacht worden ist, noch nicht erfüllt worden ist.

Artikel 309

A. Der Amtsträger, dem irgendein Vorschlag betreffend eine Zuwendung, ein Geschenk, ein Anerbieten oder ein gesetzwidriges Versprechen gemacht wird, ist verpflichtet, diesen Sachverhalt seinem unmittelbaren Vorgesetzten oder dem Untersuchungsrichter oder in Ermangelung eines solchen der nächsten Gemeindebehörde oder der Staatsanwaltschaft anzuzeigen.

B. Wenn er das nicht tut, wird er, auch wenn er sich auf die Bestechung nicht eingelassen hat, wegen Personenhehlerei bestraft.

Artikel 310

A. Wenn die Initiative für die Zuwendung, das Geschenk, das Anerbieten oder das Versprechen von dem öffentlichen Amtsträger selbst oder von einer Mittelsperson ausgegangen ist, so wird als Täter einer Bestechungsstraftat nur der Amtsträger und der Dritte, dessen er sich bedient hat, bestraft, nicht dagegen die Personen, an die der Vorschlag gerichtet war, auch wenn diese ihn angenommen haben.

B. Wenn der öffentliche Amtsträger sein Ansinnen unter Gewaltanwendung oder Drohungen gestellt hat, so beträgt die Sanktion Freiheitsentziehung von 1 bis zu 4 Jahren, Besondere Rechtsminderung für die gleiche Zeitspanne und Geldstrafe von 100 bis zu 300 Tagesbußen.

C. Die Person, an die der gesetzwidrige Vorschlag gerichtet war, ist verpflichtet, den Sachverhalt dem zuständigen Untersuchungsrichter anzuzeigen.

D. Tut sie das nicht, so unterliegt sie der für die Straftat der Personenhehlerei angedrohten Sanktion.

Artikel 311

Wenn die Bestechung im Rahmen eines Strafverfahrens zu Gunsten des Angeklagten von diesem oder seiner Ehefrau oder einem Verwandten aufsteigender oder absteigender Linie, von Geschwistern oder Verwandten gleichen Grades verübt wird, so geht der, der den Bestechungsversuch unternimmt, straffrei aus, während gegen den, der sich bestechen läßt, die Sanktionen verhängt werden, die in dem vorangehenden Artikel genannt sind.

Artikel 312

In allen zuvor erörterten Fällen werden die Zuwendungen und Geschenke eingezogen.

Artikel 313

Die Rechtsanwälte, bevollmächtigten Anwälte, Bevollmächtigten, Geschäftsführer, Beauftragten oder Vertreter aller Art, die irgendeine Belohnung fordern oder von ihrem Klienten irgendein Geschenk annehmen unter dem Vorwand, auf Grund dessen eine günstige Entscheidung irgendeines öffentlichen Amtsträgers zu erlangen, sei es in der Hauptsache oder in irgendeinem Nebenpunkt, oder die sich im Hinblick darauf Kostenansprüche oder Vergütungen, die nicht geschuldet werden, oder die den geschuldeten Betrag übersteigen, bezahlen lassen, werden mit Freiheitsentzug von 6 Monaten und 1 Tag bis zu 2 Jahren, Besonderer Rechtsminderung für die gleiche Zeitspanne und Geldstrafe von 100 bis 200 Tagesbußen bestraft.

Artikel 314

Der Offizialverteidiger, der von seinem zahlungsunfähigen Mandanten eine Vergütung für die Durchführung der ihm vom Gericht in einer Strafsache übertragenen Verteidigung verlangt, wird mit Besonderer Rechtsminderung von 6 Monaten und 1 Tag bis zu 2 Jahren und Geldstrafe von 100 bis zu 200 Tagesbußen bestraft.

VII. KAPITEL

Untreue in bezug auf anvertraute Schriftstücke und andere Gegenstände

Artikel 315

Sekretäre, Hilfsbeamte und Angestellte der Gerichte oder Gemeindegerichte (juzgados), ferner Archivare oder Beamte von Justizarchiven, die Akten, Gerichtsprotokolle, corpora delicti, Überführungsstücke, Urkunden, Papiere, Gegenstände oder Sachen, die ihrer Obhut im Hinblick auf ihr Amt anvertraut sind, unterdrücken, verheimlichen, ändern, zerstören oder unbrauchbar machen, werden, falls wegen der Art des Schadens nicht eine schwerere Sanktion verwirkt ist, mit Freiheitsentzug von 6 Monaten und 1 Tag bis zu 3 Jahren, Besonderer Rechtsminderung für den gleichen Zeitraum und Geldstrafe von 100 bis zu 250 Tagesbußen bestraft.

Artikel 316

Derselben Sanktion unterliegen öffentliche Notare, Handelsnotare oder Angehörige eines Handelsmaklerkollegiums, die Akten, Schriftstücke, verschlossene Testamente oder Urkunden, die sie auf Grund ihrer Tätigkeit in Obhut genommen haben, deren Obhut ihnen sonst obliegt, oder die von ihnen errichtet worden sind, unterdrücken, verheimlichen, zerstören, ändern oder unbrauchbar machen.

Artikel 317

Wenn der Amtsträger, der irgendwelcher in diesem Kapitel bezeichneter Straftaten schuldig ist, vor der mündlichen Gerichtsverhandlung die Urkunden, Papiere oder seiner Obhut anvertrauten Gegenstände wieder in ihren ursprünglichen Zustand versetzt, und wenn weder einem Dritten noch der Allgemeinheit bis dahin ein nicht wieder zu beseitigender Schaden entstanden ist, und wenn der Amtsträger durch die zeitweilige Entziehung oder Unterdrückung auch keinen Vorteil gehabt hat, so lautet die Sanktion auf Zeitweiligen Entzug von Rechten von 3 Monaten bis zu 1 Jahr und Geldstrafe von 100 bis zu 200 Tagesbußen.

Artikel 318

Den gleichen Sanktionen unterliegen, abgesehen von dem Zeitweiligen Entzug von Rechten und der Rechtsminderung, Anwälte, bevollmächtigte Anwälte, amtlich Bevollmächtigte oder Privatleute, die zufällig oder in Ausführung einer gerichtlichen Auflage oder bei Ausführung irgendeiner Verfahrensmaßnahme mit der Ausfertigung oder Verwahrung von Akten, Beschlußausfertigungen, letztwilligen Verfügungen, Urkunden oder Papieren, die ihnen ausgehändigt sind, betraut sind, und die unter Ausnutzung dieses Umstandes dieselben entfernen, verheimlichen, vertauschen, abändern oder unbrauchbar machen, mit oder ohne Zusammenwirken mit den bezeichneten Amtsträgern.

Artikel 319

Denselben Sanktionen unterliegen die kirchlichen Amtsträger und deren Angestellte, die in den Kirchengerichten oder Archiven Dienst leisten, wenn es sich um Akten, Inschriften oder Urkunden handelt, die wegen des Datums ihrer Errichtung oder aus irgendeinem anderen Grunde Rechtswirkungen innerhalb der staatlichen Rechtsordnung auslösen sollen.

Artikel 320

Der öffentliche Amtsträger, der Urkunden, letztwillige Verfügungen oder Papiere, die er in Obhut hat, unterdrückt, zerstört, verheimlicht oder vertauscht, oder der sie ohne Anordnung des zuständigen Vorgesetzten, und ohne dadurch einer gerichtlichen Verfügung zu entsprechen, aushändigt, wird mit Freiheitsentzug von 6 Monaten und 1 Tag bis zu 3 Jahren, Besonderer Rechtsminderung für die gleiche Zeitdauer und Geldstrafe von 100 bis zu 250 Tagesbußen bestraft.

Artikel 321

Der öffentliche Amtsträger, der Papiere, Räume, Behältnisse oder Effekten jeglicher Art in seiner Obhut hat, die mit einem Siegel oder einem anderen Zeichen der Beschlagnahme oder Sequestrierung, mit

Zeichen, die der Identifizierung dienen sollen, oder mit kraft Gesetzes darauf angebrachten amtlichen Verschlußmitteln verschlossen sind. und der die Verstrickung bricht oder in einen Verstrickungsbruch einwilligt, wird mit Freiheitsentzug von 6 Monaten und 1 Tag bis zu 3 Jahren, Besonderer Rechtsminderung für die gleiche Zeitdauer und Geldstrafen von 100 bis zu 250 Tagesbußen bestraft.

Artikel 322

Ein öffentlicher Amtsträger, der — abgesehen von den im vorangehenden Artikel erwähnten Fällen — einen Briefumschlag, eine Postsendung, Papiere oder verschlossene Urkunden, deren Obhut ihm kraft Gesetzes oder durch Anordnung seines Vorgesetzten anvertraut war, ohne die entsprechende gesetzliche Befugnis öffnet oder in ihre Öffnung einwilligt, wird mit Freiheitsentzug von 2 Monaten bis zu 2 Jahren, Zeitweiligem Entzug von Rechten für die gleiche Zeitspanne und Geldstrafe von 60 bis zu 250 Tagesbußen bestraft.

VIII. KAPITEL

Untreue im Strafvollzug und Zuwiderhandlungen in den Strafanstalten, Zuchthäusern und Absonderungsgebieten

Artikel 323

Ein öffentlicher Amtsträger, der für das Entweichen eines Gefangenen, dessen Aufsicht oder Obhut ihm übertragen war, verantwortlich ist, wird bestraft:

1. falls sich der Flüchtige zur Vollstreckung eines wegen eines Verbrechens ergangenen Urteils im Strafvollzug befand, mit freiheitsentziehender Sanktion von 6 Monaten und 1 Tag bis zu 5 Jahren und Besonderer Rechtsminderung für die gleiche Zeit.
2. Falls sich der Flüchtige nicht zur Vollstreckung eines wegen eines Verbrechens ergangenen Urteils, sondern wegen einer Übertretung im Strafvollzug, oder wenn er sich in Untersuchungshaft befand, so beträgt die Sanktion 3 Monate bis zu 2 Jahren Freiheitsentzug und Besondere Rechtsminderung für die gleiche Zeitdauer.

Artikel 324

Ein öffentlicher Amtsträger, dem die Obhut über einen Straf- oder Untersuchungsgefangenen übertragen ist, und der in anderen als den vom Gesetz oder von Rechtsverordnungen vorgesehenen Fällen dem Gefangenen erlaubt, daß er die Anstalt, in der er verwahrt wird, verläßt, wird mit freiheitsentziehender Sanktion von 3 Monaten bis zu 1 Jahr und Zeitweiligem Entzug von Rechten für die gleiche Zeit bestraft.

Artikel 325

Den gleichen Sanktionen, abgesehen von der Rechtsminderung und dem Zeitweiligen Entzug von Rechten, unterliegen Privatleute, die ein Entweichen von Untersuchungshäftlingen, Strafgefangenen oder sonst zu einer Sanktion Verurteilten begünstigen oder dabei helfen, indem sie Geräte, Werkzeuge oder andere Mittel zur Durchführung der Flucht bereitstellen.

Artikel 326

Ein öffentlicher Amtsträger, behördlich Beauftragter oder eine mit der Aufsicht oder Obhut über einen Untersuchungshäftling oder Strafgefangenen betraute Person ist verantwortlich für dessen persönliche Sicherheit. Falls ein Verbrechen zum Nachteil des Untersuchungshäftlings oder Strafgefangenen, der seiner Aufsicht oder Obhut anvertraut ist, begangen wird, so gilt die Aufsichtsperson als Mittäter und wird mit derselben Sanktion bestraft, die je nach Sachlage wegen des begangenen Verbrechens verwirkt ist; es sei denn, der Betreffende weist nach, daß er die Begehung des Verbrechens mit allen ihm zur Verfügung stehenden Mitteln zu verhindern versucht hat.

Artikel 327

Die Vorschriften dieses Kapitels sind auch auf diejenigen Personen anwendbar, denen die Obhut oder Aufsicht über solche Gefangene anvertraut ist, die sichernden Maßregeln unterworfen sind, sofern diese sich in der zum Vollzug der Maßregeln bestimmten Anstalt oder auf dem Transport von einem Ort zum anderen auf Anordnung der zuständigen Behörde befinden.

Artikel 328

Derjenige, der aus einem Zuchthaus, einer militärischen Festung, einem Gefängnis oder einem sonstigen Verwahrungs- oder Haftort eine Person, die sich dort zur Verbüßung einer freiheitsentziehenden Sanktion befindet, entführt oder der ihre Flucht erleichtert, wird mit Freiheitsentzug von 6 Monaten und 1 Tag bis zu 4 Jahren bestraft.

Artikel 329

A. Derjenige, der — abgesehen von den in Artikel 247 Abs. A vorgesehenen Fällen — einen Häftling oder Gefangenen aus der Örtlichkeit, in der er sich unter Aufsicht oder in Präventiv- oder Untersuchungshaft befindet, herausläßt oder der sein Entweichen fördert, wird mit freiheitsentziehender Sanktion von 3 Monaten bis zu 2 Jahren bestraft.

B. Die gleiche Sanktion wird auf diejenigen angewandt, die die Flucht einer in einer zum Vollzug sichernder Maßregeln bestimmten Anstalt befindlichen Person veranlassen oder erleichtern.

Artikel 330

Personen, die die Flucht eines Häftlings, Strafgefangenen oder sonst zu einer Sanktion Verurteilten außerhalb der in den vorangehenden Artikeln erwähnten Örtlichkeiten ermöglichen, indem sie die mit der Bewachung oder der Obhut betrauten Personen überrumpeln, oder indem sie irgendein anderes ähnliches Mittel anwenden, werden mit Freiheitsentzug von 3 Monaten bis zu 1 Jahr bestraft, falls die zur Ermöglichung der Flucht begangene Straftat nicht mit einer schwereren Sanktion bedroht ist.

Artikel 331

A. Untersuchungshäftlinge, Strafgefangene oder zu einer Sanktion Verurteilte, die tumultartig mittels Gewalt oder Drohung versuchen, Amtsträger, denen ihre Obhut obliegt, zur Begehung, Unterlassung oder Duldung einer bestimmten Handlung zu zwingen, werden mit Freiheitsentzug von 3 Monaten und 1 Tag bis zu 2 Jahren bestraft.

B. Der gleichen Sanktion unterliegen die Insassen solcher Anstalten, die für den Vollzug sichernder Maßregeln bestimmt sind, mit Ausnahme der Heil- und Pflegeanstalten.

C. Personen, die bei Ordnungsverstößen oder Tumulten als Rädelsführer, Förderer oder Anstifter tätig sind, werden mit Freiheitsentzug von 6 Monaten und 1 Tag bis zu 3 Jahren bestraft.

IX. KAPITEL

Vollstreckungsvereitlung bei Sanktionen und sichernden Maßregeln

Artikel 332

A. Derjenige, der durch Flucht die Vollstreckung einer freiheitsentziehenden Sanktion vereitelt, die ihm auferlegt worden ist und die er in einem Gefängnis oder Zuchthaus verbüßt, verwirkt eine Erhöhung der vereitelten Sanktion, die mindestens 3 Monate und höchstens ein Drittel der ursprünglichen Strafhöhe ausmacht, sofern einer der nachfolgenden Umstände vorliegt:

1. wenn die Entweichung unter Gewaltanwendung gegen Personen oder Einschüchterung oder mittels Gebrauches von Betäubungsmitteln bewerkstelligt wurde;
2. wenn die Entweichung durch Aufbrechen einer Tür, eines Fensters, von Wänden, eines Daches oder des Fußbodens durchgeführt wurde,
3. wenn Dietriche oder falsche bzw. wenn zwar richtige aber gestohlene Schlüssel verwandt worden sind, oder wenn die Entweichung mittels Fassadenkletterei durchgeführt wurde.

B. Falls keiner der in dem vorangehenden Absatz erwähnten Umstände gegeben ist, beträgt die Sanktion 1 Monat und 1 Tag bis zu 6 Monaten Freiheitsentzug, höchstens jedoch ein Fünftel der Zeitdauer derjenigen Sanktion, die der Verurteilte gerade verbüßte.

Artikel 333

Ein Verurteilter, der außerhalb der in dem vorangehenden Artikel erwähnten Örtlichkeiten entflieht, indem er sich der Bewachung von mit seiner Beaufsichtigung oder Obhut betrauten Personen entzieht, wird mit Freiheitsentzug von 1 Monat und 1 Tag bis zu 6 Monaten, jedoch mit derselben Beschränkung, wie sie der vorangehende Artikel festsetzt, bestraft.

Artikel 334

Wenn gegen denjenigen, der entsprechend Artikel 332 Abs. A entflohen ist, ein Urteil ergangen war, in dem das Gericht auf einen der erschwerenden Umstände der Artikel 39 und 40 erkannt hatte, so erhöht sich die freiheitsentziehende Sanktion, die für die Vollstreckungsvereitelung zu verhängen ist, um ein Viertel bis um die Hälfte, mit der Maßgabe, daß der Verurteilte in die Strafanstalt, aus der er entflohen ist, oder in eine sicherere Anstalt eingewiesen wird und für einen vom Gericht zu bestimmenden Zeitraum denjenigen Beschränkungen unterworfen wird, die die Zuchthaus- oder Gefängnisordnung zuläßt, ohne daß jedoch körperliche Strafen oder Vergeltungsarten, die die Menschenwürde antasten, angewandt werden dürfen.

Artikel 335

A. Wenn der Entwichene sich alsbald freiwillig den Behörden stellt, so unterliegt er weder einer Sanktion noch einer Straferhöhung für die Flucht, bleibt jedoch für eine Gewaltanwendung verantwortlich, die er etwa anläßlich der Flucht begangen hat, sofern diese für sich allein den Tatbestand einer Straftat erfüllt.

B. Ein öffentlicher Amtsträger, der infolge Nachlässigkeit für die Flucht des Gefangenen verantwortlich ist, bleibt straffrei, wenn die Wiederergreifung des Flüchtlings gelingt, bevor ein rechtskräftiges Urteil gegen den nachlässigen Amtsträger in einem wegen der Entweichung eingeleiteten Verfahren ergangen ist.

Artikel 336

A. Vollstreckungsvereitelung bei den Sanktionen der Rechtsminderung und des Zeitweiligen Entzuges von Rechten wird mit Freiheitsentzug von 3 bis zu 6 Monaten oder Geldstrafe von 90 bis zu 180 Tagesbußen oder beidem bestraft, unbeschadet dessen, daß die Sanktion der Rechtsminderung oder des Zeitweiligen Entzuges von Rechten bis zu ihrer vollständigen Verbüßung weiter zu vollstrecken ist.

B. Vollstreckungsvereitelung bei der Sanktion der Landesverweisung wird mit Freiheitsentzug von 2 Monaten und 1 Tag bis zu 6 Monaten oder Geldstrafe von 61 bis zu 180 Tagesbußen oder beidem bestraft; nach Verbüßung dieser Sanktion ist die Landesverweisung weiter zu vollstrecken.

Artikel 337

Ein Ausländer, der durch Gerichtsentscheidung oder Regierungsanordnung aus dem Territorium der Republik ausgewiesen worden ist und der von neuem im Inland betroffen wird, ist mit Freiheitsentzug von 3 bis zu 6 Monaten oder Geldstrafe von 90 bis zu 180 Tagesbußen oder beidem zu bestrafen. Nach Verbüßung der Sanktion ist die Ausweisung des Ausländers mit Nachdruck durchzuführen.

Artikel 338

A. Vollstreckungsvereitelung bei Nebensanktionen wird mit Geldstrafe von 31 bis zu 180 Tagesbußen bestraft. Vollstreckungsvereitelung im Rückfall wird mit Freiheitsentzug von 1 Monat und 1 Tag bis zu 6 Monaten bestraft.

B. Vollstreckungsvereitelung bei sichernden Maßregeln, wie sie im Buch IV festgelegt sind, wird mit Vollstreckungsverlängerung oder mit einer Maßnahme geahndet, die das Gericht auf Grund pflichtgemäßen Ermessens festsetzt, ohne daß jedoch eine freiheitsentziehende Sanktion, die deshalb verhängt wird, 6 Monate übersteigen darf.

Artikel 339

Der Nichtvollzug von Sanktionen, die juristischen Personen auferlegt sind, wird bestraft:

1. wenn es sich um eine Geldstrafe handelt, mit dem Verbot, bestimmte Handlungen oder Geschäftsabschlüsse vorzunehmen, unbeschadet der für die Durchführung der Vollstreckung der Geldstrafe zu treffenden Anordnung.

2. wenn es sich um das Verbot, bestimmte Rechtshandlungen oder Geschäftsabschlüsse vorzunehmen, handelt, mit Zeitweiliger Schließung von 1 bis zu 30 Tagen,
3. wenn es sich um Zeitweilige Schließung oder Auflösung handelt, so gelten bei Vollstreckungsvereitelung als Täter eines Delikts des Ungehorsams, wie es in Artikel 255 Absatz A mit Strafe bedroht ist, die Direktoren, Verwalter oder Geschäftsführer der Körperschaft, der Gesellschaft oder des Unternehmens, die das Gericht für verantwortlich hält, die Zuwiderhandlung begangen zu haben; im übrigen hat das Gericht die von ihm für tauglich gehaltenen Anordnungen zu treffen, um ohne weiteren Verzug die Durchführung der der juristischen Person auferlegten Sanktion der Schließung oder Auflösung sicherzustellen.

X. KAPITEL

Unzulässige Anwendung von sichernden Maßregeln

Artikel 340

A. Der Amtsträger einer Verwaltungs- oder Polizeibehörde, der ohne Anordnung des zuständigen Richters oder Gerichts irgendeine sichernde Maßregel verhängt oder vollstreckt, unterliegt einer freiheitsentziehenden Sanktion von 6 Monaten und 1 Tag bis zu 3 Jahren und Allgemeiner Rechtsminderung für die gleiche Zeitdauer.

B. Der Vertreter der Obrigkeit oder seine Gehilfen oder der öffentliche Amtsträger, der sichernde Maßregeln verschärft oder bei ihrer Anwendung die gesetzten Grenzen überschreitet, indem er sich nicht an die Art des Vollzuges, seine zeitliche Dauer oder die Gattung der vom Gericht angeordneten Maßnahme hält, unterliegt einer freiheitsentziehenden Sanktion von 6 Monaten und 1 Tag bis zu 2 Jahren.

C. Derselben Sanktion unterliegen der Vertreter der Obrigkeit oder seine Gehilfen oder der öffentliche Amtsträger, der bei der Anwendung von Nebensanktionen diese verschärft, modifiziert oder abändert.

XI. KAPITEL

(Personen- und Sach)-Hehlerei

Artikel 341

A. Derjenige, der nach Verübung einer Straftat, die im Gesetz mit freiheitsentziehender Sanktion von mindestens 6 Jahren oder mit dem Tode bedroht ist, dem Schuldigen dabei hilft, der gerichtlichen Untersuchung zu entgehen oder sich dem Richterspruch zu entziehen, wird, falls er nicht als Mittäter in Betracht kommt, mit Freiheitsentzug von 6 Monaten und 1 Tag bis zu 3 Jahren bestraft.

B. Handelt es sich um Straftaten, die vom Gesetz mit irgendeiner anderen Sanktion bedroht sind, so ist eine Geldstrafe von 100 bis 350 Tagesbußen verwirkt.

C. Die Vorschriften dieses Artikels sind auch dann anzuwenden, wenn die begünstigte Person der ihr zur Last gelegten Tat nicht überführt wird.

Artikel 342

A. Derjenige, der, ohne an einer Straftat teilgenommen zu haben, Gegenstände, die im Hinblick auf die Person, die sie anbietet, oder wegen des Anlasses oder der Umstände der Verpfändung oder Veräußerung augenscheinlich oder bei verständiger Betrachtung mutmaßlich aus einer Straftat herrühren, im Eigeninteresse verheimlicht, zum Pfande nimmt oder auf irgendeine andere Weise erwirbt, oder derjenige, der bei der Veräußerung oder der Verpfändung von solchen Gegenständen mitwirkt, um den Tätern zu helfen, aus ihrer Beute Nutzen zu ziehen, wird mit Freiheitsentzug von 3 Monaten bis zu 1 Jahr bestraft.

B. Derselben Sanktion unterliegt derjenige, der, obwohl er von der begangenen Straftat Kenntnis hat, dem für sie Verantwortlichen hilft, die Beute, den aus ihr gezogenen Nutzen oder den erzielten Preis sicherzustellen.

C. Wenn das Strafmaß der Sanktion, die für die Straftat verhängt ist, aus der die in Absatz A genannten Gegenstände herrühren, geringer ist als die Sanktion, die nach Maßgabe des Absatzes A festzusetzen ist, so ist dem Hehler eine freiheitsentziehende Sanktion nur in einer Höhe aufzuerlegen, die der gegen den Täter der Haupttat verhängten Sanktion entspricht.

Artikel 343

A. Über einen öffentlichen Amtsträger, der für eine der in den vorangehenden Artikeln bezeichneten Straftaten verantwortlich ist, ist außer den Sanktionen des Freiheitsentzuges und der Geldstrafe, wie sie gegenüber Privatleuten angedroht sind, Zeitweiliger Entzug von Rechten für die Dauer der freiheitsentziehenden Sanktion zu verhängen.

B. Der zeitweilige Entzug von Rechten beträgt mindestens 6 Monate.

C. Straffrei sind diejenigen Personen, die Personenhehlerei in bezug auf ihre Ehegatten, Aszendenten, Deszendenten, gesetzlichen, natürlichen oder Adoptivgeschwister oder Verschwägerten gleichen Grades begehen, sofern sie nicht für sich selbst aus den Ergebnissen der Straftat Nutzen gezogen oder den Tätern zur Nutznießung verholfen haben.

VII. TITEL

Straftaten gegen den öffentlichen Glauben

I. KAPITEL

Fälschung des Staatssiegels, der Unterschriften des Präsidenten der Republik und der Staatsminister

1. Abschnitt

Fälschung des Staatssiegels

Artikel 344

A. Derjenige, der das Staatssiegel fälscht, wird mit freiheitsentziehender Sanktion von 5 bis zu 10 Jahren bestraft.

B. Wer, ohne bei der Fälschung selbst beteiligt gewesen zu sein, von dem falschen Siegel wissentlich Gebrauch macht, wird mit Freiheitsentzug von 2 bis zu 6 Jahren bestraft.

C. Bei der Strafzumessung hat das Gericht den Gebrauch. zu dem das Siegel bestimmt war, und die durch die Straftat für das Gemeinwohl oder einen Dritten verursachten Nachteile in Betracht zu ziehen.

Artikel 345

A. Wer das Staatssiegel einer fremden Macht fälscht, wird mit Freiheitsentzug von 2 bis zu 6 Jahren bestraft.

B. Personen, die, ohne an der Fälschung beteiligt gewesen zu sein, von dem falschen Siegel der ausländischen Macht innerhalb des Territoriums der Republik Gebrauch machen, werden mit Freiheitsentzug von 1 bis zu 3 Jahren bestraft.

C. Die Gerichte messen die Höhe der Sanktion unter Berücksichtigung der in dem vorangehenden Artikel Abs. C bezeichneten Umstände zu.

2. Abschnitt

Fälschung der Unterschriften des Präsidenten der Republik und der Staatsminister

Artikel 346

A. Wer die Unterschrift des Präsidenten der Republik fälscht, wird mit Freiheitsentzug von 12 bis zu 20 Jahren bestraft.

B. Wer die Unterschrift irgendeines Staatsministers fälscht, wird mit Freiheitsentzug von 8 bis zu 12 Jahren bestraft.

C. Wer die Unterschrift des Staatschefs einer ausländischen Macht oder die Unterschrift seiner Minister fälscht, wird mit Freiheitsentzug von 4 bis zu 8 Jahren bestraft.

D. Wer innerhalb des Territoriums der Republik wissentlich eine der falschen Unterschriften, auf die sich die vorangehenden Artikel beziehen, gebraucht, unterliegt einer freiheitsentziehenden Sanktion von 3 bis zu 6 Jahren.

II. KAPITEL

Fälschung von Münzen, Schatzanweisungen und Schuldverschreibungen der Republik, Siegeln oder gestempelten Wertpapieren, deren Ausgabe dem Staat vorbehalten ist, und von Banknoten

1. Abschnitt

Münzfälschung

Artikel 347

A. Wer falsche Münzen von geringerem Wert als dem der echten herstellt, indem er Gold- oder Silbermünzen, die gesetzlichen Kurs in der Republik haben, nachahmt, unterliegt einer freiheitsentziehenden Sanktion von 6 bis zu 12 Jahren.

B. Wer falsche Münzen von gleichem Wert wie dem der gesetzlichen herstellt, indem er eine der Gold- oder Silbermünzen, die gesetzlichen Kurs in der Republik haben, nachahmt, wird mit Freiheitsentzug von 2 bis zu 5 Jahren bestraft.

Artikel 348

A. Wer eine echte Münze aus Gold oder Silber, die einen gesetzlichen Kurs in der Republik hat, verändert, um den Anschein eines höheren Wertes als den, den sie in Wirklichkeit hat, zu erwecken, oder wer eine Münze absichtlich beschneidet, um sie in diesem Zustand zirkulieren zu lassen, wird mit Freiheitsentzug von 2 bis zu 6 Jahren bestraft.

B. Wer eine echte Münze, die noch keinen gesetzlichen Kurs in der Republik hat, verändert, um sie als eine andere echte Münze, die einen solchen Kurs hat, erscheinen zu lassen, wird mit Freiheitsentzug von 1 bis zu 3 Jahren bestraft.

Artikel 349

A. Wer eine Münze herstellt, um eine andere Gold- oder Silbermünze, die einen gesetzlichen Kurs in einem ausländischen Staat hat, nachzuahmen, wird mit Freiheitsentzug von 2 bis zu 6 Jahren bestraft.

B. Die Veränderung einer ausländischen Metallmünze wird mit Freiheitsentzug von 6 Monaten und 1 Tag bis zu 2 Jahren bestraft.

Artikel 350

A. Die in den vorangehenden Artikeln bezeichneten Sanktionen sind auch, je nach Sachlage, über Personen zu verhängen, die gefälschte Münzen in die Republik eingeführt haben.

B. Ferner sind diese Sanktionen auch auf Personen, die die Münzen ausgeben, anzuwenden, falls ein Einvernehmen zwischen ihnen und den Herstellern der Münzen oder denjenigen, die sie eingeführt haben, besteht.

C. Personen, die, ohne mit den Fälschern oder mit den Personen, die das Falschgeld eingeführt haben, im Einvernehmen zu stehen, die Münze in Kenntnis der Münzfälschung empfangen und ausgeben, unterliegen, je nach Sachlage, einer freiheitsentziehenden Sanktion von 6 Monaten und 1 Tag bis zu 3 Jahren.

Artikel 351

A. Wer nach gutgläubigem Empfang falscher Münzen diese in Höhe eines 5 Pesos übersteigenden Betrages ausgibt, nachdem er über die Verfälschung Gewißheit erlangt hat, wird mit Freiheitsentzug von 6 Monaten und 1 Tag bis zu 1 Jahr bestraft.

B. Personen, in deren Besitz sich gefälschte Münzen befinden, bei denen nach Zahl und Begleitumständen vernünftigerweise gefolgert werden muß, daß sie zum Ausgeben bestimmt sind, unterliegen einer freiheitsentziehenden Sanktion von, je nach Sachlage, 6 Monaten und 1 Tag bis zu 2 Jahren.

Artikel 352

Derjenige, welcher in Anzeigen, Schriftstücken oder auf Gegenständen gleich welcher Art, die er herstellt, verbreitet oder an das Publikum verteilt, im Faksimile und ohne Fälschungsvorsatz eine Münze abbildet, die gesetzlichen Kurs in der Republik hat, unterliegt einer freiheitsentziehenden Sanktion von 1 Monat und 1 Tag bis zu 6 Monaten oder Geldstrafe von 31 bis zu 180 Tagesbußen oder beiden Sanktionsarten.

Artikel 353

Falls die nachgeahmte Münze aus Nickel, Kupfer oder anderem Metall, jedoch nicht aus Gold oder Silber war, ist die obere Grenze des Strafrahmens der Sanktion um ein Drittel herabzusetzen.

2. Abschnitt

Fälschung von Papiergeld, Schatzanweisungen und Schuldverschreibungen der Republik, Siegeln und gestempelten Wertpapieren, deren Ausgabe dem Staate vorbehalten ist, und von Banknoten

Artikel 354

A. Personen, die Papiergeld, gewöhnliche oder Rentenschuldverschreibungen oder Schatzanweisungen der Republik oder deren Coupons oder andere Titel oder Inhaberwertpapiere oder deren Coupons, sofern diese vom Staat, einer Provinz oder einer Gemeinde ausgegeben sind; Inhaber- oder Numerar-Kreditbriefe oder Banknoten, deren Emission auf Gesetz beruht, verfälschen, werden mit Freiheitsentzug von 2 bis zu 20 Jahren und Geldstrafe von 100 bis zu 500 Tagesbußen bestraft.

B. Der gleichen Sanktion unterliegen Personen, welche die falschen Titel einführen, mit ihnen Handel treiben, sie auf irgendeine Weise in Umlauf setzen, oder sie im Einvernehmen mit dem Fälscher und in Kenntnis der Verfälschung ausgeben.

Artikel 355

A. Personen, die Schuldverschreibungen oder deren Coupons, Schatzanweisungen oder Kreditpapiere einer fremden Macht oder Banknoten, die von ihr ausgegeben worden sind, oder irgendein auf den Inhaber lautendes Wertpapier, dessen Umlauf in dem fremden Land durch Gesetz zugelassen und in der Republik Cuba nicht verboten ist, oder dessen Coupons fälschen, werden mit Freiheitsentzug von 2 bis zu 12 Jahren und Geldstrafe von 100 bis 400 Tagesbußen bestraft.

B. Der gleichen Sanktion unterliegen Personen, welche gefälschte Titel im Einvernehmen mit den Fälschern oder denjenigen, die sie in das Territorium der Republik eingeführt haben, in Kenntnis der Verfälschung ausgeben oder in Umlauf setzen.

C. Personen, die, ohne mit dem Fälscher oder denjenigen, die die Titel eingeführt haben, in Verbindung zu stehen, gewöhnliche oder Rentenschuldverschreibungen oder deren Coupons in Kenntnis der Verfälschung erwerben, um sie in Umlauf zu setzen, werden mit Freiheitsentzug von 2 bis zu 6 Jahren und Geldstrafe von 100 bis zu 300 Tagesbußen bestraft.

Artikel 356

Die Straftaten, auf die sich diese Artikel beziehen, gelten als vollendet, auch wenn die gefälschten Titel nicht in Umlauf gelangt sind, oder wenn es den Fälschern noch nicht gelungen ist, den Gewinn, den sie erstrebten, zu erhalten; eine vollendete Straftat ist vielmehr schon dann anzunehmen, wenn der Täter die gefälschten Werte in Kenntnis der Verfälschung und in der Absicht, sie in Umlauf zu setzen, in Besitz hat.

Artikel 357

Personen, die gefälschte Banknoten oder andere auf den Inhaber lautende Titel oder deren gleichfalls falsche Coupons gutgläubig erworben haben und sie dann in Kenntnis der Unechtheit in einem Umfang oder in einer Art und Weise ausgeben, die auf diese Kenntnis hinweisen, unterliegen einer freiheitsentziehenden Sanktion von 4 Monaten bis zu 2 Jahren und Geldstrafen von 100 bis zu 250 Tagesbußen.

Artikel 358

A. Personen, die Namenswertpapiere oder andere Kreditpapiere, die nicht auf den Inhaber lauten und deren Emission vom Gesetz zugelassen ist, verfälschen oder nach Cuba einführen, werden mit Freiheitsentzug von 2 bis zu 8 Jahren und Geldstrafe von 100 bis zu 300 Tagesbußen bestraft.

B. Personen, die Namenspapiere oder eine andere Art von Kreditpapieren, deren Emission durch Gesetz eines ausländischen Staates oder durch eine Vorschrift mit Gesetzesrang in dem betreffenden Land zugelassen ist, verfälschen, werden mit Freiheitsentzug von 2 bis zu 4 Jahren und Geldstrafe von 100 bis zu 250 Tagesbußen bestraft.

Artikel 359

A. Derjenige, der in der Absicht, sich einen Vorteil zu verschaffen, und zum Nachteil eines Dritten mit einem falschen Titel der in den vorangehenden Artikeln erörterten Art wissentlich Handel treibt, unterliegt einer freiheitsentziehenden Sanktion von 6 Monaten und 1 Tag bis zu 2 Jahren und Geldstrafe von 100 bis zu 200 Tagesbußen.

B. Derselben Sanktion unterliegt derjenige, der vor Gericht oder in einem Verwaltungsverfahren ein Namenspapier oder ein auf den Inhaber lautendes Wertpapier oder dessen Coupons in sicherer Kenntnis der Unechtheit vorlegt.

Artikel 360

A. Mit Freiheitsentzug von 2 bis zu 6 Jahren und Geldstrafe von 100 bis 400 Tagesbußen wird bestraft:

1. wer Siegel, Kennzeichen und Kennmarken verfälscht, die in den Ministerien oder Behörden des Staates, der Provinz oder Gemeinden zur Kennzeichnung irgendwelcher Dokumente, oder um die Bezahlung von Gebühren zu bestätigen oder zu beweisen, verwandt werden;
2. wer Siegel oder irgendwelche gestempelten Wertpapiere, deren Ausgabe dem Staat vorbehalten ist, verfälscht,
3. wer falsche Siegel oder gestempelte falsche Wertpapiere in das Territorium der Republik einführt oder wer sie im Einvernehmen mit den Fälschern oder denjenigen, die sie eingeführt haben, in Umlauf bringt.

B. Personen, die im Einvernehmen mit den Fälschern oder denjenigen, die sie eingeführt haben, die bezeichneten falschen Siegel oder falschen gestempelten Wertpapiere wissentlich erwerben in der Absicht, sie in Umlauf zu bringen oder in Vorteilsabsicht, werden mit Freiheitsentzug von 6 Monaten und 1 Tag bis zu 2 Jahren und Geldstrafe von 100 bis zu 200 Tagesbußen bestraft.

C. Derselben Sanktion unterliegen diejenigen, die wissentlich und in Vorteilsabsicht von dem falschen Siegel Gebrauch machen.

D. Einer freiheitsentziehenden Sanktion von 3 Monaten bis zu 1 Jahr und Geldstrafe von 100 bis zu 200 Tagesbußen unterliegen diejenigen Personen, die Merkmale ganz oder teilweise von gestempelten Wertpapieren des Staates, einer Provinz oder einer Gemeinde auf irgendeine Weise verschwinden lassen, mit denen diese zur Kennzeichnung der Unbrauchbarmachung versehen wurden, weil sie schon entwertet, außer Kraft gesetzt oder eingelöst worden waren; in gleicher Weise werden diejenigen bestraft, welche in dieser Weise verfälschte Gegenstände entgegennehmen, um sie in Umlauf zu setzen, obwohl sie sich über die gesetzwidrige Eigenschaft oder Herkunft im klaren sind; ferner diejenigen, die, obwohl sie sich über die Unechtheit im klaren sind, von ihnen Gebrauch machen, sie verwerten oder in Umlauf setzen.

Artikel 361

A. Personen, die gutgläubig die bezeichneten gestempelten Wertpapiere erlangt haben und sie dann in Kenntnis der Unechtheit vertreiben, unterliegen einer freiheitsentziehenden Sanktion von 1 Monat und 1 Tag bis zu 6 Monaten oder einer Geldstrafe von 31 bis zu 180 Tagesbußen oder beiden Sanktionsarten.

B. Personen, die in Kenntnis der Unechtheit von den Wertpapieren lediglich Gebrauch machen, unterliegen einer Geldstrafe von 31 bis zu 100 Tagesbußen.

Artikel 362

Derjenige, der in Anzeigen, Druckschriften, Warenproben oder auf Gegenständen gleich welcher Art, die er herstellt, verkauft oder an das Publikum verteilt, im Faksimile und ohne Fälschungsvorsatz Siegel oder gestempelte Wertpapiere, Schuldverschreibungen, Schatzanweisungen oder staatliche Wertpapiere abbildet, wird mit freiheitsentziehender Sanktion von 1 Monat und 1 Tag bis zu 6 Monaten oder Geldstrafe von 31 bis zu 180 Tagesbußen oder beiden Sanktionsarten bestraft.

Artikel 363

Personen, die zu Löhnungszwecken oder zur Erfüllung irgendeiner anderen Verpflichtung Wertmarken, Blechmarken, Spielmarken aus Metall oder irgendein anderes Wertzeichen oder Schriftstück, das Zahlungsmittel ersetzen soll, an deren Stelle ausgeben, unterliegen einer freiheitsentziehenden Sanktion von 1 Monat und 1 Tag bis zu 6 Monaten oder Geldstrafe von 31 bis zu 180 Tagesbußen oder beiden Sanktionsarten.

Artikel 364

Juristische Personen, die für eine der in diesem Kapitel erwähnten Straftaten verantwortlich sind, unterliegen der Sanktion der Schließung von 5 Tagen bis zu 6 Monaten und einer Geldstrafe von 100 bis 5000 Pesos.

III. KAPITEL
Urkundenfälschung

1. Abschnitt
Fälschung von öffentlichen und amtlichen Urkunden, handschriftlichen Testamenten, Geschäftsunterlagen und Telegrammen

Artikel 365

A. Einer freiheitsentziehenden Sanktion von 4 bis zu 8 Jahren und Allgemeiner Rechtsminderung für die gleiche Zeitspanne unterliegt der öffentliche Amtsträger, der unter Mißbrauch seiner Funktionen eine der folgenden die Wahrheit verfälschenden Handlungen begeht:

1. Herstellung einer falschen Urkunde im ganzen oder teilweise,

2. Abänderung einer echten Urkunde.

B. Authentische Abschriften sind wie Originalurkunden zu behandeln, wenn sie bei Verlust der Originale nach gesetzlicher Vorschrift an deren Stelle treten.

C. Die im vorangehenden Artikel bezeichnete Sanktion ist auch demjenigen öffentlichen Amtsträger aufzuerlegen, der in eine amtliche Urkunde in Ausübung der ihm übertragenen Funktionen Tatsachen, Daten, Vorfälle oder Erklärungen aufnimmt, die sich in Wirklichkeit nicht zugetragen haben; ferner demjenigen, der Erklärungen, welche die Betroffenen abgegeben haben, wegläßt, vertauscht oder abändert.

Artikel 366

Der öffentliche Amtsträger, der eine „Abschrift" in beglaubigter Form von einer nicht vorhandenen Urkunde ausfertigt oder in eine Abschrift etwas aufnimmt, was von dem Inhalt des Originals abweicht oder diesem widerspricht, wird mit Freiheitsentzug von 3 bis zu 6 Jahren und Allgemeiner Rechtsminderung für die gleiche Zeit bestraft.

Artikel 367

A. Einer freiheitsentziehenden Sanktion von 6 Monaten und 1 Tag bis zu 4 Jahren und Besonderer Rechtsminderung für die gleiche Zeitdauer unterliegt der öffentliche Amtsträger, der gesetzwidrig irgendein Schriftstück in ein Protokoll, Archiv, Register, eine letztwillige Verfügung, ein amtliches Heft oder Buch einschiebt.

B. Der gleichen freiheitsentziehenden Sanktion unterliegt ein für diese Straftat verantwortlicher Privatmann.

Artikel 368

Den Sanktionen, die für die in den Artikeln 365, 366, 367, 369 und 370 bezeichneten Fälle angedroht sind, unterliegen auch die Geistlichen, Kleriker oder Amtsdiener eines in der Republik zugelassenen Kultes, die irgendeine der in den genannten Artikeln enthaltenen Straftaten in bezug auf Akten oder Urkunden begehen, sofern letztere Rechtswirkungen innerhalb der bürgerlichen Rechtsordnung hervorzurufen bestimmt sind.

Artikel 369

A. Ein Privatmann, der eine Fälschung mittels einer der in Artikel 365 bezeichneten Begehungsarten an einer öffentlichen oder amtlichen Urkunde, einem handschriftlichen Testament, an Urkunden oder Niederschriften, die Eheschließungen oder andere den Personenstand betreffende Handlungen zum Gegenstand haben, oder an Wechseln, Schecks oder anderen Handelspapieren vornimmt, wird mit Freiheitsentzug von 1 bis zu 4 Jahren und Geldstrafe von 100 bis zu 350 Tagesbußen bestraft.

B. Eine Fälschung in bezug auf die beglaubigte Abschrift einer Urkunde, — sei es, daß deren Existenz vorgetäuscht wird, sei es, daß Dinge beurkundet werden, die dem wirklichen Inhalt widersprechen oder von ihm abweichen; oder sei es, daß die Authentizität geändert wird, — wird mit Freiheitsentzug von 1 bis zu 4 Jahren und Geldstrafe von 100 bis zu 350 Tagesbußen bestraft.

C. Derselben Sanktion unterliegt derjenige, der in Vorteilsabsicht oder zum Schaden eines Dritten von einer der in diesem oder in den vorangehenden Artikeln behandelten Urkunden Gebrauch macht.

Artikel 370

A. Ein Privatmann, der vor einem zuständigen Urkundsbeamten falsche Angaben in bezug auf seine Identität oder den eigenen Personenstand oder denjenigen eines Dritten oder auch in bezug auf andere Tatsachen, für die die Urkunde Beweis erbringen soll, macht, unterliegt einer freiheitsentziehenden Sanktion von 6 Monaten und 1 Tag bis zu 2 Jahren.

B. Der gleichen Sanktion unterliegt derjenige, der wissentlich von einer im Sinne des vorangehenden Absatzes falschen Urkunde Gebrauch macht oder der auf irgendeine Weise daraus Nutzen zieht.

Artikel 371

A. Öffentliche Amtsträger, die im Telegrafen- oder Telefondienst oder im Dienst der öffentlichen Rundfunkanstalten stehen und irgendeine Depesche unterdrücken oder verfälschen, werden mit Freiheitsentzug von 1 bis zu 3 Jahren und Besonderer Rechtsminderung für die Dauer des Freiheitsentzuges bestraft.

B. Der gleichen Sanktion — abgesehen von der Besonderen Rechtsminderung — unterliegt ein Privatmann, der für die in Absatz A bezeichnete Straftat verantwortlich ist.

C. Gleichen Sanktionen unterliegen der Amtsträger und der Privatmann, die von der falschen Depesche in Vorteilsabsicht oder um einem anderen zu schaden, Gebrauch machen.

Artikel 372

Die in den Artikeln dieses Abschnittes zusammengefaßten Tathandlungen gelten nur dann als Fälschungsdelikte, wenn durch sie ein Schaden für die Allgemeinheit oder für Einzelpersonen entstanden ist oder entstehen kann.

2. Abschnitt

Fälschung von ärztlichen Zeugnissen, von Personalpapieren und ähnlichen Urkunden

Artikel 373

A. Ein Arzt, der unentgeltlich ein falsches Zeugnis über eine Erkrankung oder eine Verletzung ausstellt, um diese vor einem Gericht oder einer Behörde glaubhaft zu machen oder um jemanden von einem öffentlichen Dienst zu befreien, unterliegt einer freiheitsentziehenden Sanktion von 1 Monat und 1 Tag bis zu 6 Monaten oder einer Geldstrafe von 31 bis 180 Tagesbußen oder beiden Sanktionsarten.

B. Der gleichen Sanktion unterliegt derjenige, der von dem falschen Zeugnis Gebrauch macht.

C. Wenn jemand auf Grund des falschen ärztlichen Zeugnisses in eine Heil- und Pflegeanstalt eingewiesen oder in ihr zurückgehalten wird, obwohl er geistig gesund ist, oder wenn aus dem genannten Zeugnis ein anderer schwerer Schaden für einen einzelnen oder für die Allgemeinheit erwächst, so lautet die Sanktion auf Freiheitsentzug von

6 Monaten und 1 Tag bis zu 3 Jahren und Besondere Rechtsminderung für die gleiche Zeitdauer.

Artikel 374

A. Wenn die Straftat entgeltlich oder für eine Belohnung oder ein Versprechen begangen worden ist, so beträgt die Sanktion 1 bis 4 Jahre und Besondere Rechtsminderung für die gleiche Zeitdauer.

B. Die gleichen Sanktionen sind demjenigen aufzuerlegen, der für die Tat ein Entgelt entrichtet oder eine Belohnung oder ein Versprechen erteilt hat.

Artikel 375

A. Der öffentliche Amtsträger, der eine Staatsangehörigkeitsbescheinigung oder eine Naturalisationsbescheinigung, einen Reisepaß, eine Kennkarte für Ausländer, eine Identitätsbescheinigung, eine Aufenthaltsbescheinigung oder irgendeine ähnliche Urkunde ausstellt oder die Mittel für die Ausstellung zur Verfügung stellt, wird, wenn die Bescheinigung auf einen falschen Namen lautet, oder wenn die ausstellende Behörde falsch angegeben ist, oder wenn eines der persönlichen Daten des Betroffenen geändert wird, ebenso wie derjenige, der eine solche die gesetzlichen Erfordernisse zwecks Vorspiegelung der Echtheit erfüllende Bescheinigung blanko ausgibt oder ausfertigt, mit Freiheitsentzug von 1 bis zu 4 Jahren und Besonderer Rechtsminderung für die gleiche Zeitdauer bestraft.

B. Ein öffentlicher Amtsträger, der ein falsches Zeugnis über Verdienste oder Dienste, über gute Führung, Armut oder ähnliche Umstände ausstellt, wird mit Freiheitsentzug von 1 Monat und 1 Tag bis zu 1 Jahr und Zeitweiligem Entzug von Rechten für die der freiheitsentziehenden Sanktion entsprechende Zeitdauer bestraft.

C. Der gleichen Sanktion unterliegt der öffentliche Amtsträger, der von der falschen Bescheinigung Gebrauch macht.

Artikel 376

A. Ein Privatmann, der eine Bescheinigung oder eine Urkunde der in den vorangehenden Artikeln bezeichneten Art verfälscht oder eine echte Urkunde abändert, unterliegt einer freiheitsentziehenden Sanktion von 1 Monat und 1 Tag bis zu 6 Monaten oder Geldstrafe von 31 bis zu 180 Tagesbußen oder beiden Sanktionsarten.

B. Diese Vorschrift ist auch auf denjenigen anwendbar, der wissentlich von der falschen Bescheinigung Gebrauch macht.

Artikel 377

A. Einer freiheitsentziehenden Sanktion von 1 Monat und 1 Tag bis zu 6 Monaten oder Geldstrafe von 31 bis 180 Tagesbußen oder beiden Sanktionsarten unterliegt derjenige, der einer Behörde oder einem öffentlichen Amtsträger ein Zeugnis oder eine andere echte Urkunde vorzeigt unter der Vorspiegelung, er sei die Person, auf die sich die Urkunde bezieht, oder indem er fälschlich einen anderen als durch die Urkunde identifiziert bezeichnet.

B. Der gleichen Sanktion unterliegt derjenige, der die Urkunde dem Schuldigen geliefert hat.

3. Abschnitt
Fälschung von Privaturkunden

Artikel 378

A. Derjenige, welcher, nachdem er eine unechte Privaturkunde ganz oder teilweise hergestellt oder eine echte zum Nachteil eines Dritten oder in der Absicht, Nachteile zuzufügen, oder in Vorteilsabsicht abgeändert hat, von dieser für sich oder für einen Dritten Gebrauch macht, wird mit Freiheitsentzug von 6 Monaten und 1 Tag bis zu 3 Jahren bestraft.

B. Derselben Sanktion unterliegt derjenige, der, ohne bei der Fälschung beteiligt gewesen zu sein, von der falschen Urkunde wissentlich und in Vorteilsabsicht oder in der Absicht, einen Dritten zu schädigen, Gebrauch macht.

4. Abschnitt
Gemeinsame Bestimmungen hinsichtlich der vorangehenden Abschnitte

Artikel 379

A. Wenn der Schuldige eine der in den vorangehenden Artikeln bezeichneten Straftaten begangen hat, um zu seinem Vorteil oder zum Vorteil anderer ein Beweismittel für wahre Vorkommnisse zu schaffen, wird er mit Freiheitsentzug von 1 Monat und 1 Tag bis zu 6 Monaten oder Geldstrafe von 31 bis zu 180 Tagesbußen oder beiden Sanktionsarten bestraft.

B. Der gleichen Sanktion unterliegt derjenige, der zum Schaden der Allgemeinheit oder eines Dritten eine Originalurkunde oder eine authentische Abschrift, die nach dem Gesetz bestimmt ist, eine in Verlust geratene Urkunde zu ersetzen, ganz oder teilweise unterdrückt oder zerstört.

IV. KAPITEL
Betrügerische Verheimlichung von Vermögenswerten oder Berufsverhältnissen

Artikel 380

Derjenige, welcher auf Befragen durch einen zuständigen Verwaltungsbeamten eine falsche Erklärung abgibt, um seine Vermögensverhältnisse oder die amtliche oder berufliche Tätigkeit, die er ausübt, zu verheimlichen, in der Absicht, die Bezahlung von Steuern oder Abgaben zu umgehen, die er auf Grund dieser Verhältnisse bezahlen müßte, unterliegt einer Geldstrafe von 31 bis zu 150 Tagesbußen.

Artikel 381

Eine für diese Straftat verantwortliche juristische Person unterliegt einer Geldstrafe in Höhe des doppelten bis fünffachen Betrages der Steuern oder Abgaben, die zu bezahlen gewesen wären, und wenn deren Höhe nicht bestimmt werden kann, einer Geldstrafe von 50 bis 500 Pesos, und in jedem Fall der Maßnahme der Schließung von 2 bis zu 10 Tagen bei der ersten und von 10 bis zu 60 Tagen bei weiteren Zuwiderhandlungen.

V. KAPITEL

Anmaßung öffentlicher Ämter oder gesetzlicher Befugnisse und unzulässiger Gebrauch von Namen, Amtskleidung, Insignien oder Orden

Artikel 382

Wer ohne gesetzliche Ermächtigung Handlungen vornimmt, die einer Behörde oder einem öffentlichen Amtsträger vorbehalten sind, indem er sich Amtsbefugnisse beilegt, wird im ersten Fall mit Freiheitsentzug von 6 Monaten und 1 Tag bis zu 2 Jahren und im zweiten Fall mit Freiheitsentzug von 3 Monaten bis zu 1 Jahr bestraft, unbeschadet der strafrechtlichen Verantwortlichkeit für Straftaten, die er bei der Vornahme der erwähnten Handlungen etwa sonst begeht.

Artikel 383

A. Derjenige, welcher in Vorteilsabsicht und indem er sich die insoweit erforderlichen, ihm nicht erteilten gesetzlichen Befugnisse beilegt, Handlungen auf beruflichem, künstlerischem oder amtlichem Gebiet vornimmt, die ihm ohne amtlichen Auftrag oder Ermächtigung nicht zustehen, unterliegt einer freiheitsentziehenden Sanktion von 3 Monaten bis zu 1 Jahr.

B. Der gleichen Sanktion unterliegt der zu solchen Handlungen Befugte, der die Verübung der Straftat, auf die sich der vorangehende Absatz bezieht, auf irgendeine Weise begünstigt oder erleichtert.

C. Der gleichen Sanktion unterliegen Personen, die unter Zuwiderhandlung gegen die Bestimmungen des Gesetzes vom 6. Juli 1932 die Tätigkeit eines landwirtschaftlichen Ingenieurs oder Zuckerfachmanns, chemischen Sachverständigen auf dem Gebiet des Zuckerrohranbaues oder chemischen Meisters auf dem Gebiet des Zuckerrohranbaues ausüben, ohne vorher das Diplom für die genannten Berufszweige auf der Escuela Correspondiente de la Universidad Nacional oder die (amtliche) Bestätigung erlangt zu haben, daß sie ein solches Diplom auf einer ausländischen Universität erworben haben; ferner diejenigen, welche die beruflichen oder technischen Dienste solcher Personen ausnutzen oder in Anspruch nehmen.

D. Durch die Bestimmungen der vorangehenden Absätze bleibt die Verantwortlichkeit für strafbare Handlungen unberührt, die sich daraus ergeben, daß infolge der unerlaubten Berufsausübung Schäden verursacht werden.

Artikel 384

Derjenige, welcher sich das Amt eines Dieners oder Vertreters einer in der Republik zugelassenen Kultgemeinschaft beilegt und solche Handlungen dieser Kultgemeinschaft vornimmt, die sich auf den bürgerlichen Stand von Personen beziehen, mögen diese Handlungen auch vom Standpunkt des bürgerlichen Rechts aus unwirksam oder nichtig sein, unterliegt einer freiheitsentziehenden Sanktion von 6 Monaten und 1 Tag bis zu 1 Jahr, sofern seine Taten nicht auf Grund anderer Bestimmungen mit schwererer Strafe bedroht sind.

Artikel 385

Derjenige, welcher in der Öffentlichkeit oder amtlich einen angenommenen Namen gebraucht, um dem Staat oder einer öffentlichen Körperschaft oder Privatpersonen irgendeinen Schaden zuzufügen, wird mit Freiheitsentzug von 1 Monat und 1 Tag bis zu 6 Monaten oder Geldstrafe von 31 bis zu 180 Tagesbußen oder beiden Sanktionsarten bestraft.

Artikel 386

Ein öffentlicher Amtsträger, der in Ausübung seines Amtes einem andern im Einvernehmen mit diesem oder mit einem Dritten einen Namen beilegt, den dieser nicht führt, oder Eigenschaften, Befugnisse oder eine Würde, die ihm nicht zustehen, unterliegt einer freiheitsentziehenden Sanktion von 1 Monat und 1 Tag bis zu 6 Monaten oder Geldstrafe von 31 bis zu 180 Tagesbußen oder beiden Sanktionsarten und in jedem Fall Zeitweiligem Entzug von Rechten für eine dem auferlegten Freiheitsentzug entsprechende Zeitdauer oder von 6 Monaten und 1 Tag bis zu 1 Jahr, wenn die auferlegte Sanktion nur auf Geldstrafe lautete.

Artikel 387

A. Derjenige, welcher in der Öffentlichkeit und unerlaubterweise Dienstkleidung, Insignien, Kennzeichnungen oder Uniformen einer staatlichen Stelle oder ihrer Amtsträger benutzt, wird mit Freiheitsentzug von 1 Monat und 1 Tag bis zu 6 Monaten oder Geldstrafe von 31 bis zu 180 Tagesbußen oder beiden Sanktionsarten bestraft.

B. Denselben Sanktionen unterliegen:

1. Personen, die unter Zuwiderhandlung gegen die Dekrete Nummer 348 vom 30. Juni 1913, Nr. 88 vom 18. Januar 1917, Nr. 1940 vom 28. Januar 1917, Nr. 60 vom 15. Januar 1925 oder Nr. 1654 vom 17. November 1931 ein Gewebe von gelber Farbe, das als „Kaki" bekannt ist, oder die Uniformen, Kennzeichnungen und Wappen des Heeres der Republik benutzen;
2. Personen, die unter Zuwiderhandlung gegen die Bestimmungen der Dekrete Nr. 1573 vom 19. Oktober 1923, Nr. 129 vom 2. Februar 1924, Nr. 60 vom 15. Januar 1925 oder Nr. 1654 vom 17. November 1931 ein Gewebe von gelber Farbe, das unter dem Namen „Kaki" bekannt ist und welches zur Herstellung von Uniformen für Angehörige des Heeres benutzt wird, oder die irgendein ähnliches Gewebe, das mit dem erstgenannten leicht verwechselt werden kann, importieren.
3. Personen, die unter Zuwiderhandlung gegen die Bestimmungen der Dekrete Nr. 2088 vom 21. November 1921, Nr. 1308 vom 4. September 1923 oder des Gesetzesdekretes Nr. 335 vom 10. Juli 1934 Uniformen, Kennzeichen oder Waffen, die durch ihre ähnliche Beschaffenheit zu irrtümlichen Verwechslungen mit denjenigen der Angehörigen der Kriegsmarine verleiten können, gebrauchen; — die Ermächtigung, welche die letztgenannte Gesetzesvorschrift in bezug auf den Gebrauch der Marineuniform enthält, bleibt unberührt.
4. Personen, die dem Dekret Nr. 277 vom 21. Januar 1934 zuwiderhandeln, das den Gebrauch von Uniformen bei Personen über 15 Jahre, gleichgültig zu welchem Zweck, verbietet, falls es sich

nicht um Angehörige der bewaffneten Macht oder der Ordnungspolizei, um Beamte oder Angestellte des Staates, der Provinzen oder einer Gemeinde oder hierzu ausdrücklich autorisierter privater Unternehmungen oder Institutionen handelt.

5. Personen, die unter Zuwiderhandlung gegen das in dem Dekret Nr. 182 vom 3. Januar 1919 Verordnete unzulässigerweise die Amtstracht der graduierten Krankenschwestern oder der Schwesternschülerinnen der Schwesternschule gebrauchen.
6. Personen, die unter Zuwiderhandlung gegen den Art. 1 des Dekretes Nr. 178 vom 15. August 1910 den Namen, das Abzeichen oder das Kennzeichen des Cubanischen Roten Kreuzes gebrauchen, ohne dieser international anerkannten Wohlfahrtsorganisation, genannt Rotes Kreuz, als ordnungsgemäß eingeschriebene Mitglieder anzugehören; die gerichtliche Zuständigkeit nach dem Militärstrafgesetz im Kriegsfalle bleibt unberührt.
7. Personen, die unter Zuwiderhandlung gegen die Anordnungen der Militärverordnung Nr. 173 vom 22. Juni 1901 Uniformen, Kennzeichen oder Unterscheidungsmerkmale der Zollbeamten gebrauchen.

C. Der Gebrauch jeder anderen Dienstkleidung, von Kennzeichen, Uniformen oder Unterscheidungsmerkmalen für eine bestimmte Tätigkeit, die nicht amtlicher Art ist, wird mit Geldstrafe von 31 bis 100 Tagesbußen bestraft.

D. Derselben Sanktion unterliegt derjenige, der öffentlich Orden der amtlichen Ordensliste der Republik zeigt, die ihm nicht verliehen sind, oder der sich einen akademischen oder beruflichen Titel zulegt, den er nicht besitzt.

VI. KAPITEL

Fälschungen in Ausübung von Handel und Gewerbe und bei Versteigerungen

Artikel 388

Einer freiheitsentziehenden Sanktion von 6 Monaten und 1 Tag bis zu 2 Jahren unterliegen Personen, welche Siegel, industrielle Warenzeichen, Patente, Zeichnungen oder Modelle von der Art, wie sie von Unternehmungen oder Firmen in Industrie und Handel zulässigerweise verwandt werden, fälschen; ferner diejenigen Personen, welche wissentlich davon Gebrauch machen.

Artikel 389

A. Personen, welche Verpackungen mit dauerhaft eingestempelten Kennzeichen, die zu Gunsten einer dritten Person registriert sind, kaufen oder verkaufen, unterliegen einer freiheitsentziehenden Sanktion von 1 Monat und 1 Tag bis zu 6 Monaten oder Geldstrafe von 31 bis zu 180 Tagesbußen oder beiden Sanktionsarten.

B. Personen, welche von solchen Verpackungen Gebrauch machen, indem sie zu Verkaufszwecken darin Waren einpacken, gleichgültig ob diese derjenigen Ware, die von dem Inhaber des Warenzeichens dafür vorgesehen ist, entsprechen oder von ihr abweichen, unterliegen einer freiheitsentziehenden Sanktion von 1 Monat und 1 Tag bis zu 6 Monaten oder Geldstrafe von 31 bis zu 180 Tagesbußen oder beiden Sanktionsarten.

C. In allen Fällen sind die Verpackungen zu beschlagnahmen, dem Schuldigen zu entziehen und dem Geschädigten zu übereignen.

Artikel 390

A. Derjenige, welcher in Ausübung eines Handelsgewerbes von verfälschten oder veränderten Gewichten oder Maßen in der Absicht Gebrauch macht, das Publikum zu betrügen, wird mit Freiheitsentzug von 6 Monaten und 1 Tag bis zu 2 Jahren und Geldstrafe von 100 bis zu 200 Tagesbußen bestraft.
B. Der bloße Besitz von falschen Gewichten und Maßeinheiten wird bei demjenigen, der ein mit diesen Gewichten und Maßen in Verbindung stehendes Gewerbe oder einen derartigen Handel betreibt, mit Geldstrafe von 100 bis 150 Tagesbußen bestraft.
C. Derjenige, welcher in Ausübung eines Gewerbes oder Handels den Käufer dadurch betrügt, daß er ihm eine Sache für eine andere unterschiebt, insbesondere eine Sache, die in bezug auf Herkunft, Qualität oder Quantität von der dargebotenen oder vereinbarten Sache abweicht, hat die Sanktion einer Geldstrafe von 31 bis zu 150 Tagesbußen verwirkt.
D. Wenn sich der Betrug auf Wertsachen bezieht, so beträgt die Sanktion Freiheitsentzug von 3 Monaten bis zu 1 Jahr und Geldstrafe von 90 bis zu 200 Tagesbußen.
E. Ein Händler oder Verkäufer, der Nahrungsmittel vertreibt, die nicht das entsprechende Gewicht oder Maß oder die entsprechende Qualität aufweisen, unterliegt einer freiheitsentziehenden Sanktion von 5 bis zu 60 Tagesbußen oder beiden Sanktionsarten.

Artikel 391

Einer freiheitsentziehenden Sanktion von 3 Monaten bis zu 1 Jahr und Geldstrafe von 90 bis zu 200 Tagesbußen unterliegen:

1. derjenige, welcher Gegenstände des Handels veräußert oder zum Verkauf bereithält, bei denen das registrierte Warenzeichen oder Muster oder der Name des wirklichen Herstellers verfälscht ist, oder solche Gegenstände, bei denen irgendeine Veränderung in der Absicht vorgenommen worden ist, sie mit anderen Gegenständen von höherem Wert zu vermischen,
2. derjenige, welcher ein gesetzliches Warenzeichen an einem Fabrikat, dem es zusteht, beseitigt oder der es davon trennt, um es durch Übertragung auf andere Gegenstände auszunutzen; ferner derjenige, der zu diesem Zweck nicht dauerhafte Verpackungen, die warenzeichenmäßig geschützt sind, gebraucht, indem er darin in Vorteilsabsicht gleichwertige oder ähnliche Waren wie diejenigen, die eigentlich hineingehören, verpackt;
3. derjenige, der eine falsche Nachbildung eines patentierten oder registrierten Gegenstandes verfertigt, herstellt oder in Vorteilsabsicht in seinem Besitz hat oder sie verbreitet, oder zum Schaden oder in der Absicht, den rechtmäßigen Besitzer zu schädigen, gebraucht;
4. derjenige, welcher ein Unternehmen fälschlicherweise als Niederlassung eines anderen registrierten Unternehmens bezeichnet oder einen falschen Handelsnamen führt oder ohne Ermächtigung von seiten des rechtmäßigen Inhabers des Warenzeichens dieses oder

die Herkunftsbezeichnung eines Gegenstandes verändert, oder Aufschriften, Briefköpfe, Anerkennungsbestätigungen oder deren Reproduktionen fälschlicherweise gebraucht, obwohl sie ihm nicht zustehen;

5. derjenige, welcher von irgendeinem Siegel, einer Bescheinigung oder einem beweiskräftigen Schriftzug in Handel oder Gewerbe ein Kennzeichen oder ein Zeichen verschwinden läßt, das anzeigt, daß der betreffende Gegenstand schon einmal veräußert worden ist;
6. derjenige, welcher unter Zuwiderhandlung gegen die Anordnungen in dem Gesetz vom 16. Juli 1912 von Ursprungsbescheinigungen in Form von Siegeln oder besonderen Garantiebanderolen, die an Verpackungen für Tabak, Zigarren oder Schnittabak für Exportzwecke angebracht sind, unbefugt Gebrauch macht.

Artikel 392

A. Einer Geldstrafe von 31 bis zu 150 Tagesbußen unterliegt derjenige, der zum Schaden des rechtmäßigen Inhabers an dessen eingetragenem geistigen Eigentum irgendeine Veruntreuung begeht.

B. Derselben Sanktion unterliegt derjenige, der in Vorteilsabsicht, und ohne zuvor die entsprechende Ermächtigung oder Erlaubnis des rechtmäßigen Inhabers erlangt zu haben, Theater-, Musik- oder Literaturwerke oder Werke der Dichtung, die nach Maßgabe der Bestimmungen des Gesetzes über das geistige Eigentum auf dem Namen des Autors eingetragen sind, wiedergibt, abschreibt, darstellt, aufführt oder sendet.

C. Der gleichen Sanktion unterliegt der Leiter, Produzent oder Direktor eines Theaters, einer Schau oder einer Rundfunkstation, der, wissend, daß die entsprechende Ermächtigung nicht vorliegt, und in Vorteilsabsicht die Aufführung, Wiedergabe, Darstellung oder Sendung eines für einen andern eingetragenen geistigen Eigentums zuläßt.

D. Die Einspielerlöse oder von den verantwortlichen Personen erlangten Einkünfte sind, sobald dem Geschädigten der entsprechende Schadensersatz geleistet worden ist, zu beschlagnahmen; der entsprechende Betrag ist der Wiedergutmachungskasse zuzuführen.

Artikel 393

A. Ein Industrieller oder Fabrikant, der bei der Zusammensetzung von Gegenständen, die er fabriziert oder dem Publikum verkauft, nicht die angekündigten oder genehmigten Fabrikationsformeln verwendet, unterliegt einer Geldstrafe von 60 bis zu 250 Tagesbußen für die erste Zuwiderhandlung und der Sanktion der Freiheitsentziehung von 6 Monaten und 1 Tag bis zu 2 Jahren für die folgenden Zuwiderhandlungen.

B. Denselben Sanktionen unterliegt derjenige, der unter Zuwiderhandlung gegen die Bestimmungen des Dekretes Nr. 665 vom 19. Juni 1908 heimlich Alkohol, Weine oder Liköre herstellt oder sich bei ihrer Zubereitung nicht an die Bestimmungen der Gesetze oder einschlägigen Verordnungen hält.

C. Wenn es sich um pharmazeutische Artikel handelt, z. B. um patentierte Medizinen oder ähnliche Artikel, so lautet die Sanktion auf Freiheitsentzug von 6 Monaten und 1 Tag bis zu 2 Jahren und Geldstrafe von 100 bis zu 250 Tagesbußen.

Artikel 394

A. Ein öffentlicher Amtsträger, der kraft seines Amtes bei einer öffentlichen Versteigerung mitwirken muß und dabei zum Nutzen eines Bieters und zum Schaden der übrigen Bieter oder der fiskalischen Interessen eine verbriefte Urkunde, ein Gebot, eine Preisliste, Schätzungen, Aufstellungen oder irgendein anderes Schriftstück, das bei der Auktion eine Rolle spielt, vertauscht, durch ein anderes ersetzt, unterdrückt oder abändert, unterliegt einer freiheitsentziehenden Sanktion von 1 bis zu 5 Jahren, Besonderer Rechtsminderung für die gleiche Zeitdauer und Geldstrafe von 100 bis zu 300 Tagesbußen.

B. Derselben Sanktion — abgesehen von der Besonderen Rechtsminderung — unterliegt der Privatmann, der in Zusammenwirken mit dem Staatsbeamten eine der in den vorangehenden Artikeln bezeichneten Straftaten begeht.

C. Derjenige, der eine Zuwendung oder ein Versprechen dafür verlangt, daß er an einer Auktion oder öffentlichen oder privaten Versteigerung nicht teilnimmt, und derjenige, der es unternimmt, Bieter von einer solchen Versteigerung mittels Drohungen, Zuwendungen, Versprechungen, Zusagen oder durch irgendeine List fernzuhalten in der Absicht, die Höhe des Zuschlags dadurch zu verändern, oder irgendeinen andern Schaden für die öffentliche Hand oder Privatleute herbeizuführen, wird mit Freiheitsentzug von 2 Monaten bis zu 1 Jahr und Geldstrafe von 60 bis zu 200 Tagesbußen bestraft.

D. Der gleichen Sanktion unterliegt derjenige, der von der Teilnahme an einer Versteigerung im Hinblick auf eine Vergütung, ein Versprechen oder eine Belohnung für sich oder zugunsten eines andern Abstand nimmt.

E. Wenn derjenige, der einer der in den Absätzen C und D des Artikels genannten Straftaten schuldig ist, öffentlicher Amtsträger ist, der kraft seines Amtes bei der Versteigerung mitzuwirken hat, so lautet die Sanktion auf Freiheitsentzug von 6 Monaten und 1 Tag bis zu 2 Jahren, Geldstrafe von 100 bis zu 300 Tagesbußen und Besondere Rechtsminderung für eine dem Freiheitsentzug entsprechende Zeitdauer.

VII. KAPITEL

Ergänzende Bestimmungen

Artikel 395

Juristische Personen, die für eine der in diesem Titel enthaltenen Straftaten verantwortlich sind, werden mit Schließung von 5 Tagen bis zu 6 Monaten bestraft.

Artikel 396

Gegenüber einem für eine der in diesem Titel enthaltenen Straftaten verantwortlichen öffentlichen Amtsträger ist, abgesehen von der in dem betreffenden Fall festgesetzten Sanktion, auf Besondere Rechtsminderung für eine Zeitdauer von 6 Monaten und 1 Tag bis zu 6 Jahren zu erkennen, falls diese Sanktion oder diejenige des Zeitweiligen Entzuges von Rechten nicht ohnehin ausdrücklich angedroht ist.

Straftaten von öffentlichen Amtsträgern

Artikel 397

A. Derjenige, welcher Prägestempel, Pressen, Meßinstrumente oder irgendwelche anderen Werkzeuge oder Instrumente, die bekanntermaßen für solche Fälschungsdelikte, wie sie in den vorangehenden Kapiteln behandelt sind, verwandt werden, herstellt oder einführt, wird mit der gegenüber den Fälschern angedrohten Sanktion bestraft, jedoch mit der Maßgabe, daß der Strafrahmen der Sanktion um ein Drittel ermäßigt wird.

B. Derjenige, welcher irgendwelche Werkzeuge oder Instrumente der genannten Art in seinem Besitz hat und keinen Aufschluß über den Grund des Erwerbs, Besitzes oder der Aufbewahrung gibt, unterliegt einer freiheitsentziehenden Sanktion von 1 Monat und 1 Tag bis zu 6 Monaten oder Geldstrafe von 31 bis zu 180 Tagesbußen oder beiden Sanktionsarten.

VIII. TITEL

Straftaten von öffentlichen Amtsträgern bei Ausübung ihres Amtes und amtsähnlicher Verrichtungen

I. KAPITEL

Geheimnisverrat

Artikel 398

A. Ein öffentlicher Amtsträger, der Geheimnisse preisgibt, die er auf Grund seines Amtes bewahrt oder von denen er Kenntnis erhalten hat, oder der Schriftstücke oder Abschriften von Schriftstücken, die er in seinem Besitz hat, und die nicht veröffentlicht werden sollen, unzulässigerweise zum Zwecke ihrer Veröffentlichung aushändigt, unterliegt der Sanktion der Besonderen Rechtsminderung von 6 Monaten und 1 Tag bis zu 3 Jahren und Geldstrafe von 100 bis zu 250 Tagesbußen.

B. Wenn durch die Preisgabe des Geheimnisses oder die Aushändigung von Papieren oder Abschriften ein schwerer Schaden für die Allgemeinheit entsteht, so ist auf freiheitsentziehende Sanktion von 6 Monaten und 1 Tag bis zu 3 Jahren und Besondere Rechtsminderung für die gleiche Zeitdauer zu erkennen.

Artikel 399

Ein öffentlicher Amtsträger, der infolge seiner Amtstätigkeit Kenntnis von Geheimnissen einer Privatperson hat, und diese enthüllt oder verbreitet, unterliegt der Sanktion des Zeitweiligen Entzugs von Rechten von 2 Monaten bis zu 1 Jahr und Geldstrafe von 60 bis zu 200 Tagesbußen.

Artikel 400

A. Ein Anwalt, bevollmächtigter Anwalt, amtlich Bevollmächtigter, Agent oder Vertreter, der unter böswilligem Mißbrauch seines Amtes, aus Fahrlässigkeit oder unentschuldbarer Unkenntnis Geheimnisse seines Auftraggebers, von denen er bei Ausübung seines Berufes, Ausführung eines Auftrags, einer Kommission oder einer Aufgabe Kenntnis erhalten hat, enthüllt, wird mit Geldstrafe von 100 bis zu 350 Tagesbußen bestraft, je nach der Höhe des Schadens und dem Grad des Vorsatzes, der Fahrlässigkeit oder der Unkenntnis.

B. Die Preisgabe eines Geheimnisses verliert ihre Strafbarkeit, wenn der Anwalt, bevollmächtigte Anwalt, gerichtlich Bevollmächtigte, Agent oder Vertreter durch die an der Aufrechterhaltung des Geheimnisses interessierte Person von seiner Schweigepflicht entbunden ist.

D. Die Preisgabe des Geheimnisses ist auch dann nicht strafbar, wenn seine Bewahrung der Gerechtigkeit oder dem sozialen Interesse gröblich zuwiderlaufen würde.

Artikel 401

A. Derjenige, welcher Erfindungen wissenschaftlicher Art oder industrielle Verwendungsweisen, von denen er infolge seiner Tätigkeit, seines Amtes, seines Berufes oder eines Auftrages vertraulich Kenntnis erhalten hat, offenbart, wird mit freiheitsentziehender Sanktion von 6 Monaten und 1 Tag bis zu 2 Jahren und Geldstrafe von 100 bis zu 200 Tagesbußen bestraft.

B. Wenn die Offenbarung gegenüber einem Ausländer, der seinen Wohnsitz nicht in der Republik hat, oder gegenüber dessen Agenten oder Vertreter erfolgt, so beträgt die Sanktion 4 bis 18 Monate Freiheitsentzug und Geldstrafe von 100 bis zu 180 Tagesbußen.

Artikel 402

A. Ein Postbeamter oder irgendein anderer im Postdienst Beschäftigter, der das Postgeheimnis in bezug auf Briefe oder sonst der Post anvertraute Gegenstände verletzt oder einem Dritten Postgeheimnisse mitteilt, wird mit freiheitsentziehender Sanktion von 6 Monaten und 1 Tag bis zu 2 Jahren und Zeitweiligem Entzug von Rechten für dieselbe Zeit bestraft.

B. Die gleiche Sanktion ist anzuwenden:

1. auf einen Beamten oder Angestellten des Telegraphen-, Telephon- oder Radiodienstes, der das Postgeheimnis in bezug auf telegraphische, telephonische oder radiotelegraphische Mitteilungen verletzt oder einem Dritten den Inhalt von Telegrammen, Kabelsprüchen, Fernsprüchen oder Radiogrammen, ferner telephonische oder radiophonische Unterhaltungen oder das irgendeinem anderen mechanischen Kommunikationsmittel vermittelte Geheimnis, von dem er dienstlich Kenntnis erhalten hat, mitteilt;
2. auf einen Beamten oder Angestellten des Post-, Telegraphen-, Telephon- oder Radiodienstes, der einem Dritten die Ausführung irgendeiner der zuvor bezeichneten Straftaten erlaubt;
3. auf Privatleute, die von Beamten oder Angestellten die Preisgabe solcher Geheimnisse arglistig erlangt haben.

C. Wenn durch die Preisgabe von Geheimnissen, auf die sich dieser Artikel bezieht, ein schwerer Nachteil für die Öffentlichkeit oder ein schwerer Schaden für einen Dritten entstanden ist, oder wenn die Preisgabe gegen Entgelt erfolgt ist, so beträgt die Sanktion 1 bis 3 Jahre Freiheitsentzug und Besondere Rechtsminderung für die gleiche Zeitdauer.

Artikel 403

Der Beamte des Post-, Telegraphen- oder Radiodienstes und jeder sonst bei diesen Diensten Beschäftigte, der eine postalische, telegraphische, telephonische oder radiotelegraphische Korrespondenz weitergibt; auch wenn hinsichtlich einer bestimmten Angelegenheit kraft gesetzmäßiger Anordnung die Zurückhaltung geboten oder die Weitergabe verboten war, wird mit Freiheitsentzug von 6 Monaten und 1 Tag bis zu 2 Jahren und Besonderer Rechtsminderung für die gleiche Zeitdauer bestraft.

Artikel 404

Ein Privatmann, der ohne die erforderliche Ermächtigung auf irgendeine Weise Staatsdokumente, die geheim zu halten sind, veröffentlicht, oder der den Akteninhalt von Gerichtsakten oder irgendwelchen anderen Vorgängen, die Geheimnisschutz genießen, verbreitet, wird mit Geldstrafe von 31 bis zu 100 Tagesbußen bestraft, wenn kein Nachteil für das Gemeinwohl und kein Schaden für einen Dritten entstanden ist; mit freiheitsentziehender Sanktion von 1 Monat und 1 Tag bis zu 6 Monaten oder Geldstrafe von 31 bis zu 800 Tagesbußen oder mit beiden Sanktionsarten, wenn ein solcher Schaden entstanden ist.

II. KAPITEL

Ungehorsam und Verweigerung von Hilfeleistung

Artikel 405

A. Justiz- oder Verwaltungsbeamte, welche sich offen und ohne gesetzlichen Entschuldigungsgrund weigern, Richtersprüche, Beschlüsse oder Anordnungen der vorgesetzten Behörde, die innerhalb der Grenzen der jeweiligen Zuständigkeit ergangen und bei denen die gesetzlichen Formalitäten beachtet sind, auszuführen, unterliegen der Sanktion der Besonderen Rechtsminderung von 2 bis 10 Jahren und Geldstrafe von 100 bis 400 Tagesbußen.

B. Ungeachtet der in dem vorangehenden Absatz enthaltenen Bestimmung sind öffentliche Amtsträger, die sich weigern, einer Verwaltungsanordnung nachzukommen, welche eine offensichtliche, klare und ausdrückliche Zuwiderhandlung gegen eine Verfassungsbestimmung darstellt, von strafrechtlicher Verantwortlichkeit frei.

C. Ebensowenig sind diejenigen mit obrigkeitlicher Gewalt ausgestatteten öffentlichen Amtsträger strafrechtlich verantwortlich, die eine entsprechende Anordnung, durch die offensichtlich, klar und ausdrücklich irgendein anderes Gesetz verletzt wird, nicht befolgen.

Artikel 406

A. Ein öffentlicher Amtsträger, der auf Ersuchen der zuständigen Behörde der Justiz oder einem andern öffentlichen Dienst nicht die schuldige Amtshilfe leistet oder der sich weigert, irgendeine Handlung vorzunehmen, zu der er auf Grund seiner Funktionen verpflichtet ist, unterliegt der Sanktion der Besonderen Rechtsminderung von 6 Monaten und 1 Tag bis zu 3 Jahren und Geldstrafe von 100 bis zu 250 Tagesbußen.

B. Wenn durch seine Unterlassung ein schwerer Nachteil für das öffentliche Wohl oder ein schwerer Schaden für einen Dritten entsteht, so lautet die Sanktion auf Rechtsminderung von 1 bis zu 5 Jahren und Geldstrafe von 100 bis zu 350 Tagesbußen.

C. Den gleichen Sanktionen unterliegt der öffentliche Amtsträger, der sich ohne beachtlichen und rechtfertigenden Grund weigert, eine Hilfe zu leisten, zu der er auf Grund seiner Stellung verpflichtet ist, wenn er durch eine Privatperson zwecks Verhinderung der Begehung eines Verbrechens darum ersucht wird.

Artikel 407

A. Ein nicht öffentlich angestellter oder beamteter Arzt, der auf die Bitte einer Privatperson, eine mit seinem Beruf zusammenhängende Hilfe zu leisten, in einem dringenden und mit erheblicher Gefahr für die Gesundheit oder das Leben eines Bürgers verbundenen Fall diese Hilfeleistung ohne beachtlichen und rechtfertigenden Grund verweigert, unterliegt der Sanktion des Zeitweiligen Entzuges von Rechten von 5 Tagen bis zu 6 Monaten.

B. Eine Privatperson, die gegenüber einer Behörde die Hilfeleistung verweigert, um die diese bei Begehung eines Verbrechens, anläßlich einer Feuersbrunst, eines Schiffbruches oder einer anderen Katastrophe nachsucht, wird, wenn sie die Hilfeleistung ohne Schaden und Gefahr für sich selbst erbringen konnte, mit einer freiheitsentziehenden Sanktion von 5 bis 60 Tagen oder Geldstrafe von 5 bis zu 60 Tagesbußen oder beiden Sanktionsarten bestraft.

C. Derselben Sanktion unterliegt derjenige, der, wenn er von einem anderen zur Verhinderung eines größeren Unglücks zu Hilfe gerufen wird, die Hilfeleistung verweigert, sofern im übrigen kein weiterer Schaden entsteht.

Artikel 408

A. Derjenige, welcher es ohne gesetzliche Entschuldigung ablehnt, ein aus allgemeinen Wahlen hervorgegangenes öffentliches Amt zu übernehmen, unterliegt einer Geldstrafe von 60 bis zu 200 Tagesbußen.

B. Der Sachverständige oder Zeuge, der es vorsätzlich unterläßt, vor einem Gericht zu erscheinen, seine Aussage zu machen oder eine Erklärung abzugeben, wird, wenn er entsprechend den gesetzlichen Vorschriften wirksam geladen war, und wenn die in den betreffenden Gesetzen vorgesehenen Verfahrensmaßnahmen zur Durchsetzung seines Erscheinens erschöpft sind, mit Geldstrafe von 5 bis zu 60 Tagesbußen bestraft; unbeschadet der strafrechtlichen Verantwortlichkeit, die sich ergeben kann, wenn das Verhalten oder der Widerstand des Sachverständigen oder Zeugen den Tatbestand einer schwereren Straftat bildet.

Artikel 409

Ein diplomatischer oder konsularischer Vertreter, mit Ausnahme der Honorarkonsuln, der ohne rechtfertigenden Grund und unter Zuwiderhandlung gegen die Vorschriften seines Amtes oder die Anweisungen der Regierung sich weigert, in dem fremden Land, in dem er seinen Dienst ausübt, einem Cubaner den gebührenden Schutz zu gewähren, wird mit Zeitweiligem Entzug von Rechten von 1 Monat und 1 Tag bis zu 2 Jahren oder Geldstrafe von 31 bis zu 200 Tagesbußen bestraft.

III. KAPITEL

Vorzeitige Übernahme, Verlängerung und Preisgabe von öffentlichen Funktionen

Artikel 410

A. Derjenige, welcher Amtsgeschäfte oder eine amtliche Tätigkeit beginnt, ohne zuvor in gehöriger Form den Eid, das Versprechen oder das Bekenntnis abzulegen, das die Gesetze verlangen, unterliegt einer Geldstrafe von 31 bis zu 50 Tagesbußen.

B. Wenn die enstprechenden Formvorschriften erfüllt werden, bevor ein entsprechendes Strafverfahren eingeleitet ist, beträgt die Geldstrafe 5 bis zu 60 Tagesbußen.

C. Der öffentliche Amtsträger, der es versäumt, den Schwur oder das Versprechen, das Treuebekenntnis und die übrigen gesetzlichen Förmlichkeiten, die von einem bestimmten Beamten vor rechtmäßiger Übernahme der Aufgaben und Verpflichtungen seines Amtes verlangt werden, entgegenzunehmen, unterliegt einer Geldstrafe von 31 bis zu 150 Tagesbußen.

D. Wenn die von den Gesetzen geforderten Förmlichkeiten erfüllt werden, bevor ein Strafverfahren eingeleitet wird, so beträgt die Geldstrafe 5 bis zu 60 Tagesbußen.

Artikel 411

Ein öffentlicher Amtsträger, der ein Amt, einen Auftrag oder eine Aufgabe weiter wahrnimmt, nachdem er die Ausübung nach Maßgabe der Gesetze, Verordnungen oder Spezialvorschriften des entsprechenden Amtsbereiches oder eines von der zuständigen Behörde ergangenen Entscheides beendet haben sollte, und derjenige, welcher bei zeitweiligem Entzug seiner Befugnisse diese weiter ausübt, wird mit Geldstrafe von 100 bis zu 350 Tagesbußen bestraft.

Artikel 412

Ein öffentlicher Amtsträger, der irgendeiner der in den vorangehenden Artikeln bezeichneten Straftaten schuldig ist, und im Zusammenhang damit Steuern, Vergütungen oder Gebühren für sein Amt, seine Tätigkeit oder seinen Auftrag empfangen hat, bevor er diese rechtmäßigerweise ausüben durfte, oder nachdem er die betreffende Tätigkeit zu beenden gehabt hätte, ist verpflichtet, das Empfangene zurück zu erstatten, und hat, falls er das nicht tut, eine weitere freiheitsentziehende Sanktion verwirkt, bei der 1 Tag jeweils 3 Pesos entspricht, ohne daß jedoch die persönliche Haft 6 Monate überschreiten darf.

Artikel 413

A. Ein öffentlicher Amtsträger, welcher seinen Posten im Stich läßt, wird, gleichgültig, ob er seinen Amtsverzicht vorher erklärt hat oder nicht, sofern dieser noch nicht angenommen und die Annahme ihm noch nicht mitgeteilt worden ist, mit Geldstrafe von 31 bis zu 150 Tagesbußen bestraft, wenn durch die Preisgabe des Postens ein Schaden für das öffentliche Wohl nicht entstanden ist.

B. Wenn die Preisgabe des Amtes einen Schaden für das öffentliche Wohl zur Folge gehabt hat, so beträgt die Sanktion 1 Monat und 1 Tag bis zu 2 Jahren, Zeitweiligen Entzug von Rechten und Geldstrafe von 31 bis zu 200 Tagesbußen.

C. Wenn die Preisgabe des Postens mittels einer kollektiven oder aufrührerischen Handlung erfolgte, oder deshalb, um eine der in den Titeln I—VI des Buches II dieses Gesetzes enthaltenen Straftaten nicht zu verhindern, nicht zu verfolgen oder nicht zu bestrafen, so ist dem Schuldigen eine freiheitsentziehende Sanktion von 6 Monaten und 1 Tag bis zu 3 Jahren und Besondere Rechtsminderung für die gleiche Zeitdauer aufzuerlegen.

D. Wenn die Preisgabe mit irgendeinem anderen Vorsatz erfolgte, so ist eine Sanktion von 1 Monat und 1 Tag bis zu 6 Monaten Freiheitsentzug und Zeitweiliger Entzug von Rechten für die gleiche Zeitdauer oder Geldstrafe von 31 bis zu 800 Tagesbußen oder beides aufzuerlegen.

E. Dieselbe Sanktion ist anzuwenden, wenn infolge einer kollektiven oder aufrührerischen Preisgabe im Sinne des früheren Absatzes die Bereitstellung irgendeines öffentlichen Dienstes unterbunden, erschwert oder gestört worden ist.

Artikel 414

A. Öffentliche Amtsträger, die nach vorheriger Verabredung ihren gemeinsamen Rücktritt von innegehaltenen Ämtern in der Absicht erklären, die Bereitstellung irgendeines öffentlichen Dienstes zu unterbinden, zu verhindern, zu stören oder zu erschweren, unterliegen einer freiheitsentziehenden Sanktion von 1 Monat und 1 Tag bis zu 6 Monaten oder Geldstrafe von 31 bis zu 180 Tagesbußen oder beiden Sanktionsarten und in jedem Falle Zeitweiligem Entzug von Rechten für die gleiche Zeitdauer, wenn das erstrebte Ziel verwirklicht worden ist.

B. Wenn trotz der gemeinsam verabredeten Rücktrittserklärungen öffentliche Dienste nicht im Stich gelassen werden, und wenn auch sonst kein schwerer Nachteil für das öffentliche Wohl entstanden ist, so lauten die verwirkten Sanktionen auf Zeitweiligen Entzug von Rechten von 1 Monat und 1 Tag bis zu 6 Monaten oder Geldstrafe von 31 bis zu 180 Tagesbußen.

Artikel 415

A. Gegenüber Anführern, Förderern oder Anstiftern zu den in den beiden vorangehenden Artikeln bezeichneten Straftaten ist auf eine um ein Viertel bis um die Hälfte höhere Sanktion zu erkennen, als sie den gewöhnlichen Tätern auferlegt wird. Wenn es an einer erkannten Sanktion, die als Vergleichsgrundlage dienen könnte, fehlt, so ist eine Sanktion aufzuerlegen, die die in dem betreffenden Fall vorgeschriebene um ein Viertel bis um ein Drittel übersteigt.

B. Gegenüber Personen, die, ohne selbst öffentliche Amtsträger zu sein, bei der Verübung von den in den beiden vorangehenden Artikeln bezeichneten Straftaten Hilfe leisten oder mitwirken, ist auf dieselben Sanktionen zu erkennen, abgesehen von der Rechtsminderung oder dem Zeitweiligen Entzug von Rechten, an deren Stelle in Fällen, in denen auf sie allein zu erkennen wäre, eine Geldstrafe von 31 bis zu 150 Tagesbußen tritt.

IV. KAPITEL

Anmaßung von gesetzwidrigen Befugnissen und Dienststellungen

Artikel 416

A. Ein Richter, der sich Befugnisse anmaßt, die nur den Verwaltungsbehörden zustehen, oder der diese an der gesetzlichen Ausübung ihrer Befugnisse hindert, wird mit Besonderer Rechtsminderung von 2 bis zu 6 Jahren bestraft.

B. Derselben Sanktion unterliegt der Verwaltungsbeamte, der sich richterliche Befugnisse anmaßt oder die Ausführung von in gesetzmäßiger Ausübung des Richteramtes getroffenen Beschlüssen oder Verfügungen hindert oder stört.

Artikel 417

Ein Justiz- oder Verwaltungsbeamter, der sich, abgesehen von den in den geltenden Gesetzen, Verordnungen oder Erlassen geregelten Fällen weiter mit einer Sache befaßt und darin Verfügungen trifft, nachdem er in gesetzmäßiger Form aufgefordert worden ist, sich einer Tätigkeit zu enthalten, bis die Frage der Zuständigkeit entschieden ist, wird mit der Sanktion der Besonderen Rechtsminderung von 6 Monaten und 1 Tag bis zu 2 Jahren bestraft.

Artikel 418

Ein öffentlicher Amtsträger jeglicher Art, der, ohne hierzu von Gesetzes wegen befugt zu sein, Anordnungen trifft oder Einschüchterungsmaßnahmen gegen eine richterliche Behörde in bezug auf ein Verfahren, eine Angelegenheit oder eine Vereinbarung anwendet, deren Entscheidung oder Beurteilung ausschließlich den Gerichten obliegt, unterliegt der Sanktion der Besonderen Rechtsminderung von 1 bis zu 4 Jahren und Geldstrafe von 100 bis zu 250 Tagesbußen.

Artikel 419

A. Ein öffentlicher Amtsträger, der wissentlich für ein öffentliches Amt eine Person vorschlägt oder benennt, bei der die gesetzlichen Voraussetzungen nicht gegeben sind, wird mit Besonderer Rechtsminderung von 6 Monaten bis zu 2 Jahren bestraft.

B. Derselben Sanktion unterliegt der öffentliche Amtsträger, der unzulässigerweise die Beförderung oder Versetzung eines Behördenangehörigen veranlaßt, dem ein solches Recht entsprechend den geltenden gesetzlichen Vorschriften über Beförderung oder Aufstiegsbedingungen, Rangfolge, Bevorzugung oder Versetzung nicht zusteht.

C. Ein öffentlicher Amtsträger, der selbst oder durch einen Mittelsmann eine Versetzung oder eine Beförderung unzulässigerweise beantragt, oder der sich auf irgendeine Weise mit einem solchen Vorschlag an Beamte wendet, die von Gesetzes wegen mit der Entscheidung dieser Frage betraut sind, unterliegt der Sanktion des Zeitweiligen Entzuges von Rechten von 2 bis zu 6 Monaten.

V. KAPITEL

Veruntreuung von öffentlichen Vermögenswerten

Artikel 420

A. Ein öffentlicher Amtsträger, der Vermögenswerte oder Wertpapiere der öffentlichen Hand in Verwahrung hat und diese entwendet oder darin einwilligt, daß andere sie entwenden, wird bestraft:

1. mit Freiheitsentziehung von 6 Monaten und 1 Tag bis zu 2 Jahren, wenn der Wert des entwendeten Gutes 100 Pesos nicht übersteigt,
2. mit Freiheitsentziehung von 2 Jahren und 1 Tag bis zu 5 Jahren, wenn er über 100 Pesos beträgt, aber 5000 Pesos nicht übersteigt,
3. mit Freiheitsentziehung von 5 Jahren und 1 Tag bis zu 10 Jahren, wenn er 5000 Pesos übersteigt.

B. Wenn der Tatbestand der Entziehung zwar feststeht, die Menge des entzogenen Gutes aber nicht ermittelt werden kann, so hat das Gericht eine Sanktion festzusetzen, die es innerhalb der in Abs. A, Ziff. 2 bezeichneten Grenzen unter Berücksichtigung sämtlicher Tatumstände abschätzt.

C. In allen Fällen ist dem Schuldigen ferner die Sanktion der Allgemeinen Rechtsminderung für eine der verwirkten Freiheitsentziehung entsprechende Zeitdauer aufzuerlegen.

Artikel 421

A. Ein öffentlicher Amtsträger, der infolge mangelnder Voraussicht, Unvorsichtigkeit, Fahrlässigkeit oder infolge eines unentschuldbaren Mangels an Sachkunde einem Dritten die Gelegenheit verschafft, Vermögenswerte oder Wertpapiere der Öffentlichen Hand, deren Obhut ihm übertragen war, zu entwenden, unterliegt der Sanktion der Besonderen Rechtsminderung von 6 Monaten und 1 Tag bis zu 3 Jahren und Geldstrafe von 100 bis zu 300 Tagesbußen.

Artikel 422

A. Ein öffentlicher Amtsträger, der unter Benachteiligung oder Beeinträchtigung des öffentlichen Dienstes auf irgendeine Weise Vermögensstücke, Wertsachen oder Wertpapiere, die ihm anvertraut waren, veruntreut, indem er mit ihnen Handel treibt, oder sie für eigenen oder fremden Gebrauch verwendet, wird mit Freiheitsentziehung von 6 Monaten und 1 Tag bis zu 2 Jahren, Besonderer Rechtsminderung für die gleiche Zeitdauer und Geldstrafe von 100 bis zu 250 Tagesbußen bestraft.

B. Wenn er die entwendeten Vermögensstücke, Wertsachen oder Wertpapiere zurückerstattet, lautet die Sanktion auf Zeitweiligen Entzug von Rechten von 3 Monaten bis zu 2 Jahren und Geldstrafe von 90 bis zu 250 Tagesbußen.

C. Wenn die Tat verübt wird, ohne daß ein Nachteil oder eine Beeinträchtigung für den öffentlichen Dienst entsteht, und wenn das Entwendete zurückerstattet wird, so lautet die Sanktion auf Geldstrafe von 60 bis zu 150 Tagesbußen.

Straftaten von öffentlichen Amtsträgern

Artikel 423

A. Ein öffentlicher Amtsträger, der im Zusammenwirken mit einem anderen, gleichgültig ob dieser selbst auch Amtsträger ist oder nicht, gestattet oder anordnet, daß Vergütungen ausgezahlt werden, die dem Empfänger nicht zustehen, weil dieser tatsächlich Leistungen nicht erbracht hat, unterliegt der Sanktion der Allgemeinen Rechtsminderung von 2 bis zu 6 Jahren und Geldstrafe von 100 bis zu 300 Tagesbußen.

B. Diejenigen, welche mit dem Amtsträger einverständlich zusammenwirken, werden unter Berücksichtigung der Summe der Beträge, die sie unberechtigt empfangen haben, wegen Betruges bestraft.

C. Wenn es zu der ungerechtfertigten Auszahlung nicht gekommen ist, so wird derjenige, der mit dem Amtsträger einverständlich zusammengewirkt hat, je nach Sachlage, als Mittäter oder Teilnehmer der von diesem verwirklichten Straftat bestraft, und zwar mit Geldstrafe von 100 bis 250 Tagesbußen.

Artikel 424

A. Ein öffentlicher Amtsträger, welcher Vermögenswerte, die er verwaltet oder beaufsichtigt oder mit deren Prüfung er beauftragt ist, einer öffentlichen Verwendung zuführt, die von der ursprünglich bestimmten abweicht, wird mit Besonderer Rechtsminderung von 1 bis zu 5 Jahren und Geldstrafe von 100 bis zu 300 Tagesbußen bestraft, wenn ein Schaden oder eine dienstliche Beeinträchtigung die Folge ist. Andernfalls wird er mit Besonderer Rechtsminderung von 6 Monaten und 1 Tag bis zu 3 Jahren und Geldstrafe von 100 bis zu 250 Tagesbußen bestraft.

B. Ein öffentlicher Amtsträger, der verpflichtet ist, Zahlungen als Verwalter staatlicher Fonds zu leisten und diese nicht leistet, unterliegt Besonderer Rechtsminderung von 6 Monaten und 1 Tag bis zu 2 Jahren und Geldstrafe von 100 bis zu 250 Tagesbußen.

C. Die gleiche Sanktion ist über einen öffentlichen Amtsträger zu verhängen, der von der zuständigen Behörde zur Herausgabe einer Sache, die seiner Obhut oder Verwaltung unterliegt, aufgefordert wird und ihre Herausgabe verweigert.

Artikel 425

Ein öffentlicher Amtsträger, der nach Aufforderung in gesetzlicher Form keine Auskunft gibt und keinen genügenden Beweis führt hinsichtlich der Kapitalanlage von Vermögenswerten oder Wertpapieren der öffentlichen Hand, die seiner Obhut unterliegen, oder mit deren Verwaltung oder Kapitalanlage er unter welchem Titel auch immer, zu tun hat, wird, gleichgültig welcher Art die genannten Vermögenswerte sind, mit freiheitsentziehender Sanktion von 1 bis zu 5 Jahren, Besonderer Rechtsminderung für die gleiche Zeitdauer und Geldstrafe von 100 bis zu 350 Tagesbußen bestraft.

Artikel 426

A. Eine Verurteilung zu den in diesem Kapitel bezeichneten Sanktionen setzt nicht voraus, daß der Umfang der Entwendung in einem Prozeß festgestellt worden ist; ebensowenig, daß vorher ein Urteil eines Verwaltungsgerichts in bezug auf eine Prüfung und Revision der Rechnungen, welche der Beschuldigte vorgelegt hat oder vorlegen sollte, ergangen ist.

B. Die Bestimmungen dieses Kapitels sind auszudehnen:
1. auf Personen, die aus irgendeinem Rechtsgrund mit der Verwaltung von Fonds, Kapitalien, Renten, Vermögenswerten oder Wertpapieren der Provinzen oder Gemeinden oder von Besitztümern von Unterrichts-, Erholungs- oder Wohltätigkeitsanstalten betraut sind;
2. außerdem auf Verwalter oder Verwahrer von gepfändeten, sequestrierten oder — obwohl Privateigentum — der Obhut einer öffentlichen Behörde oder eines zuständigen Beamten anvertrauten Werten;
3. auf Verwahrer, Angestellte oder Vertreter von Kreditinstituten, Gesellschaften oder Unternehmungen, die auf Grund ihrer Statuten oder auf Grund eines Vertrages mit dem Staat, einer Provinz oder einer Gemeinde die Erhebung von Steuern oder Abgaben oder die Tilgung von Schulden oder deren Zinsendienst übertragen erhalten haben.

VI. KAPITEL
Unterschleife und gesetzwidrige Gebührenerhebungen

Artikel 427

A. Ein öffentlicher Amtsträger, der kraft seines Amtes auftragsgemäß bei irgendwelchen Versteigerungen, Lieferungen, Vertragsschlüssen, Vergleichsverhandlungen oder Liquidationen in bezug auf öffentliche Gelder, Bauten oder Vermögenswerte mitwirkt und der sich mit den Interessenten, Bietern oder Vertragspartnern ins Benehmen setzt, oder sonst irgendeinen Kunstgriff anwendet, um den Fiskus zu betrügen, unterliegt einer freiheitsentziehenden Sanktion von 1 bis zu 5 Jahren und Besonderer Rechtsminderung für eine der freiheitsentziehenden Sanktion entsprechende Zeitdauer.

B. Ein öffentlicher Amtsträger, der zum Nachteil des Fiskus unzulässigerweise oder ungerechtfertigterweise eine Versteigerung abhält, oder der Käufe oder Leistungen tätigt, ohne in den Fällen, in denen das Gesetz sie vorschreibt, eine Versteigerung durchzuführen, unterliegt einer freiheitsentziehenden Sanktion von 6 Monaten und 1 Tag bis zu 3 Jahren und Besonderer Rechtsminderung für die gleiche Zeitdauer.

Artikel 428

A. Ein öffentlicher Amtsträger, welcher sich unmittelbar oder mittelbar an einem Vertragsabschluß, einer Versteigerung, einem Geschäftsvorgang oder einem Handelsgeschäft, bei dem er kraft seines Amtes mitwirken muß, eigennützig beteiligt, wird mit Besonderer Rechtsminderung von 6 Monaten und 1 Tag bis zu 3 Jahren und Geldstrafe von 100 bis zu 300 Tagesbußen bestraft.

B. Diese Bestimmung ist anwendbar auf Sachverständige, Schiedsrichter, Rechnungsführer hinsichtlich der Vermögenswerte oder Sachen, über die entweder Zivilprozesse oder andere Gerichtsverfahren, in denen sie in ihrer entsprechenden Eigenschaft mitwirken, anhängig sind, oder bei deren Schätzung, Aufteilung oder Zuschlag sie mitgewirkt haben, ferner auf Vormünder, gerichtliche Verwalter und Nachlaßpfleger in bezug auf Besitztümer ihres Mündels bzw. auf Vermögenswerte, die der Testamentsverwaltung unterliegen, auf Vermächtnisse oder Teilungsaufstellungen, bei denen sie mitgewirkt haben.

C. Ein öffentlicher Amtsträger, welcher zu seinem privaten Nutzen die Dienstleistungen der ihm unterstellten Beamten ausnützt oder gestattet, daß ein anderer dieses tut, sowie derjenige Beamte, welcher in derselben Absicht Materialien, Fahrzeuge, Ausrüstungsgegenstände oder Werkzeuge des öffentlichen Dienstes, die seiner Obhut unterliegen, benutzt oder aus ihnen Nutzen zieht, unterliegt der Sanktion des Zeitweiligen Entzuges von Rechten von 3 Monaten bis zu 1 Jahr und Geldstrafe von 90 bis zu 200 Tagesbußen.

Artikel 429

A. Ein öffentlicher Amtsträger, der unmittelbar oder mittelbar unzulässige oder höhere Gebühren, als das Gesetz sie vorschreibt, fordert, wird mit Besonderer Rechtsminderung von 6 Monaten und 1 Tag bis zu 2 Jahren und Geldstrafe von 100 bis zu 250 Tagesbußen bestraft.

B. Derselben Sanktion unterliegen die Steuereinnehmer, ihre Vertreter, Hilfskräfte oder Angestellte in bezug auf Abgaben oder Steuern des Staates, der Provinz oder einer Gemeinde, die unzulässige Beträge oder höhere als die gesetzlich vorgeschriebenen Quoten oder höhere als die ihnen zustehenden Anteile fordern.

C. Wenn der geforderte Betrag tatsächlich gezahlt worden ist, so unterliegen sie den für die Erpressung festgesetzten Sanktionen nach Maßgabe des Betrages, der der Überhebung entspricht.

VII. KAPITEL

Geschäfte, die öffentlichen Amtsträgern verboten sind

Artikel 430

A. Ein öffentlicher Amtsträger, der Gelder auszuzahlen hat und unter irgendeinem Vorwand oder zu irgendeinem Zweck Teilabzüge von den Bezügen, die den Beschäftigten kraft Gesetzes zustehen, macht, sowie derjenige, welcher unter Ausnutzung seiner Amtsstellung sich mit denselben Beschäftigten auf Darlehensgeschäfte gegen Zinsen einläßt, unterliegt der Sanktion der Besonderen Rechtsminderung von 2 bis zu 6 Jahren und Geldstrafe von 100 bis zu 300 Tagesbußen.

B. Richter, Beamte der Staatsanwaltschaft, ebenso wie Militärbefehlshaber oder Gouverneure einer Provinz, eines Distriktes oder Landstrichs, die sich bei Ausübung ihres Dienstes direkt oder indirekt auf Börsenspekulationen, Handelsgeschäfte oder Geschäfte mit Landwirtschaftsprodukten innerhalb ihres Zuständigkeits- oder Befehlsbereiches einlassen, oder über Gegenstände Verfügungen treffen, die nicht ihrem eigenen Vermögen entstammen, werden mit Besonderer Rechtsminderung von 1 bis zu 5 Jahren und Geldstrafe von 100 bis zu 300 Tagesbußen bestraft.

C. Diese Vorschrift ist nicht anwendbar auf Personen, die ihre Vermögenswerte in Aktien der Banken oder irgendeines anderen Unternehmens oder einer Gesellschaft anlegen, sofern sie in diesen Unternehmen keine Funktion bekleiden und auf die Geschäftsführung keinen Einfluß nehmen; ferner nicht auf diejenigen Personen, die sich nur der Entwicklung oder Förderung landwirtschaftlicher Arbeiten widmen.

IX. TITEL
Verbrechen gegen das Leben, die körperliche Unversehrtheit und die Gesundheit

I. KAPITEL
Tötung

1. Abschnitt
Mord

Artikel 431

A. Des Mordes ist derjenige schuldig, der einen anderen tötet, sofern einer der folgenden Umstände hinzukommt:

1. Begehung des Verbrechens gegen Entgelt, Zuwendung, Belohnung, Anerbieten oder Versprechen.
2. Begehung des Verbrechens auf Grund einer Willkür-Anordnung von seiten einer Behörde oder von deren Mittelsmännern.
3. Begehung mittels Heimtücke.
4. Begehung im Jähzorn.
5. Begehung mit ersichtlichem Vorbedacht.
6. Begehung der Tat mittels Explosivstoffen, schädlichen Gasen, Brandstiftung, Gift, Betäubungsmitteln oder irgendeinem ähnlichen Mittel, das geeignet ist, allgemeine Verheerungen hervorzurufen.
7. Begehung des Verbrechens, um ein anderes Delikt vorzubereiten, zu erleichtern, darin aufgehen zu lassen oder zu verbergen, oder um dessen Aufklärung zu verhindern.
8. Begehung auf Grund sadistischer oder roh entarteter Triebe.
9. Begehung der Tötung, nachdem dieser eine Entführung, eine Freiheitsberaubung oder eine Wegnahme gegen Lösegeld oder willkürliche oder ungesetzliche Inhaftierung des Opfers vorangegangen ist.

B. Der Mörder wird mit Freiheitsentzug von 20 Jahren *oder mit dem Tode**) bestraft.

2. Abschnitt
Tötung von Verwandten und Quasi-Verwandten

Artikel 432

Derjenige, welcher seine Mutter, seinen Vater, sein Kind oder irgendeinen legitimen oder illegitimen Ascendenten, Decendenten oder seinen Ehegatten tötet, wird mit Freiheitsentzug von 20 Jahren *oder mit dem Tode**) bestraft.

Artikel 433

Derjenige, welcher seine Schwester oder seinen Bruder, Verwandte in direkter Linie oder den Adoptivvater oder die Adoptivmutter oder den früheren Ehegatten, letzteren innerhalb von 180 Tagen nach Erlaß eines auf Separation, Scheidung oder Nichtigkeit der Ehe lautenden Urteils, oder wer eine derjenigen Personen, die er aufgezogen oder erzogen hat, oder wer ein adoptiertes Kind oder ein als solches aufgezogenes und erzogenes Kind tötet, wird mit Freiheitsentzug von 12 bis zu 20 Jahren bestraft.

---

*) Nach Art. 25 der cuban. Verfassung darf die Todesstrafe nur noch bei Spionage verhängt werden.

3. Abschnitt

Einfacher Totschlag, Beihilfe zum Selbstmord, Tötung aus ehrenwerten Gründen

Artikel 434

Wer einen anderen tötet, wird mit Freiheitsentzug von 6 bis 20 Jahren bestraft.

Artikel 435

A. Wenn mehrere Personen sich im Laufe eines mit Verwirrung und Tumult verbundenen Streites gegenseitig angreifen und wenn dabei ein Todesfall eintritt, ohne daß der Täter feststeht, so ist über diejenigen, die an der tätlichen Auseinandersetzung teilgenommen haben, eine freiheitsentziehende Sanktion von 6 Monaten und 1 Tag bis zu 6 Jahren zu verhängen.

B. Die Gerichte haben bei der Zumessung der verschiedenen aufzuerlegenden Sanktionen den Grad der erwiesenen Teilnahme jeder einzelnen in den Streit verwickelten Person an der Begehung der Straftat zu berücksichtigen.

Artikel 436

A. Als unvollendete Tötung wird die Abgabe eines Schusses aus einer Feuerwaffe gegen eine bestimmte Person bestraft.

B. Die hierfür verwirkte Sanktion ist auch dann anzuwenden, wenn Verletzungen durch die Tat hervorgerufen sind, und wenn diese infolge des Schusses hervorgerufenen Verletzungen mit einer weniger schweren Sanktion zu ahnden wären.

Artikel 437

A. Derjenige, welcher einem anderen bei seinem Selbstmord Hilfe leistet oder ihn dazu anstiftet, wird mit Freiheitsentzug von 3 bis zu 6 Jahren bestraft; wenn der Gehilfe oder Anstifter den Tod selbst herbeigeführt hat, so beträgt die freiheitsentziehende Sanktion 6 bis 12 Jahre.

B. In den Fällen des vorangehenden Absatzes haben die Gerichte die persönlichen Umstände des Schuldigen, etwaige für sein Verhalten maßgebliche Motive der Barmherzigkeit oder des Mitleides und sonstige Tatumstände zu berücksichtigen; sie können sodann nach sorgfältiger Prüfung eine geringere Sanktion als die von 6 Jahren, welche die genannte Vorschrift festlegt, auswerfen, jedoch in keinem Fall eine geringere als 1 Jahr.

Artikel 438

A. Eine Mutter, die, um ihre Schande zu verbergen, ihr noch nicht 8 Tage altes Kind tötet, wird mit Freiheitsentzug von 6 Monaten und 1 Tag bis zu 3 Jahren bestraft.

B. Die Großeltern mütterlicherseits, welche die Straftat, auf die sich der vorangehende Absatz bezieht, begehen, um die Schande ihrer Tochter zu verbergen, werden mit Freiheitsentzug von 2 bis zu 4 Jahren bestraft.

C. Wenn Umstände, wie sie in den vorangehenden Absätzen aufgeführt sind, nicht vorliegen, so wird die Straftat je nach Sachlage mit den Sanktionen bestraft, die gegenüber der Verwandtentötung oder dem Mord angedroht sind.

II. KAPITEL

Abtreibung

Artikel 439

Derjenige, welcher vorsätzlich eine Abtreibung vornimmt, oder auf irgendeine Weise den Embryo tötet, wird bestraft:

1. mit Freiheitsentzug von 6 bis zu 12 Jahren, wenn er, um sein Ziel zu erreichen, Gewalt gegenüber der Schwangeren anwendet;
2. mit Freiheitsentzug von 3 bis zu 6 Jahren, wenn er, obwohl er keine Gewalt anwendet, ohne die Zustimmung der Schwangeren handelt;
3. mit Freiheitsentzug von 1 bis zu 3 Jahren, wenn er keine Gewalt anwendet und wenn die Schwangere zustimmt.

Artikel 440

Derjenige, welcher durch Gewalttätigkeiten oder Körperverletzungen, die er der Schwangeren zufügt, eine Abtreibung oder die Tötung des Embryos herbeiführt, ohne daß er diesen Erfolg beabsichtigt, wird, wenn er sich über den Zustand der Schwangeren im klaren war, mit Freiheitsentzug von 6 Monaten und 1 Tag bis zu 3 Jahren bestraft, sofern wegen der beigebrachten Verletzungen nicht eine schwerere Strafe verwirkt ist.

Artikel 441

A. Die Frau, die bei sich selbst eine Abtreibung vornimmt oder den Embryo tötet oder darin einwilligt, daß ein anderer dies tut, wird mit Freiheitsentzug von 3 Monaten bis zu 1 Jahr bestraft.

B. Wenn sie die Tat begeht, um ihre Schande zu verbergen, oder wegen ihrer elenden Lage, so unterliegt sie einer freiheitsentziehenden Sanktion von 1 Monat und 1 Tag bis zu 8 Monaten.

Artikel 442

A. Ein Arzt, Apotheker, Geburtshelfer oder eine Hebamme, die unter Mißbrauch ihres Berufes eine Abtreibung vornehmen, zu ihr anleiten oder bei ihr oder bei der Tötung des Embryos mithelfen, unterliegen je nach Sachlage den in Art. 439 bezeichneten Sanktionen.

B. Ein Apotheker, der ohne die erforderliche ärztliche Verordnung ein Abtreibungsmittel oder ein zur Tötung des Embryos geeignetes Mittel verabfolgt oder vermittelt, wird mit Freiheitsentzug von 6 Monaten und 1 Tag bis zu 2 Jahren und Geldstrafe von 100 bis 200 Tagesbußen bestraft.

C. Denselben Sanktionen unterliegt derjenige, der ohne ärztliche Approbation Mittel der in dem vorangehenden Absatz genannten Art verabfolgt oder vermittelt.

Artikel 443

A. Nicht strafbar ist:
Eine notwendige Schwangerschaftsunterbrechung, um das Leben der Mutter zu retten, oder um einen schweren Schaden für ihre Gesundheit abzuwenden;

B. derjenige, welcher die Abtreibung hervorruft oder durchführt mit Zustimmung der Schwangeren, sofern die Schwangerschaft durch ein an der Schwangeren begangenes Verbrechen der Vergewaltigung, der nicht von einer Heirat gefolgten Entführung oder der Schändung veranlaßt worden ist;

C. derjenige, welcher die Abtreibung mit Zustimmung der Eltern und in der Absicht hervorruft oder durchführt, die Übertragung einer erblichen oder ansteckenden Krankheit schweren Charakters auf den Embryo zu vermeiden.

III. KAPITEL

Körperverletzung

Artikel 444

A. Wer einen anderen absichtlich ohne ärztliche Anordnung kastriert oder sterilisiert, wird mit Freiheitsentzug von 6 bis zu 15 Jahren bestraft.

B. Jegliche andere gleichermaßen absichtliche Verstümmelung wird mit Freiheitsentzug von 4 bis zu 12 Jahren bestraft.

Artikel 445

A. Wer einen anderen verwundet, schlägt, oder tätlich mißhandelt, wird wegen schwerer Körperverletzung bestraft:

1. mit Freiheitsentzug von 6 bis zu 12 Jahren, wenn der Verletzte infolge der Körperverletzung geisteskrank, schwachsinnig, zeugungsunfähig oder blind wird;
2. mit Freiheitsentzug von 3 bis zu 6 Jahren, wenn der Angegriffene infolge der Verletzungen ein Auge oder die Gebrauchsfähigkeit eines anderen Sinnesorgans oder ein wesentliches Glied verloren hat, oder wenn er dauernd daran behindert bleibt, oder wenn er offensichtlich entstellt ist, oder dauernd untauglich geworden ist, seine gewöhnliche Tätigkeit auszuüben;
3. mit Freiheitsentzug von 6 Monaten und 1 Tag bis zu 3 Jahren, wenn der Angegriffene infolge der Verletzungen entstellt bleibt oder ein nicht wesentliches Glied verliert, oder wenn dieses gebrauchsunfähig wird, oder wenn er für einen Zeitraum von über 60 Tagen untauglich zu seiner gewöhnlichen Arbeit wird oder erkrankt;
4. mit Freiheitsentzug von 3 bis zu 18 Monaten, wenn die Verletzungen bei dem Angegriffenen eine Erkrankung oder Arbeitsuntauglichkeit für eine Zeitdauer von 30 bis zu 60 Tagen hervorgerufen haben.

B. In den Fällen des Absatzes A Ziff. 1 und 2 hat das Gericht bei der Festlegung der zivilen Verantwortlichkeit des Angreifers in diese die Verpflichtung zur Zahlung einer lebenslänglichen Rente an den Verletzten einzubeziehen; diese Rente darf keinesfalls geringer sein als der doppelte Betrag des Tagelohnes eines am Orte tätigen Handarbeiters; sie kann von Zeit zu Zeit auf Antrag des Verletzten vom Gericht abgeändert werden, wenn die bewilligte Rente infolge Wechsels der allgemeinen wirtschaftlichen Verhältnisse als unzureichend erscheint oder dem durch diese Vorschrift zugrunde gelegten Wertverhältnis nicht mehr entspricht.

Artikel 446

A. Derjenige, welcher einen anderen verwundet, schlägt oder tätlich mißhandelt und dadurch Verletzungen hervorruft, die in dem vorangehenden Artikel nicht behandelt sind, jedoch bei dem Verletzten zu einer Arbeitsunfähigkeit oder ärztlichen Behandlungsbedürftigkeit für mehr als 10 Tage und weniger als 30 Tage führt, wird wegen weniger schwerer Körperverletzung mit Freiheitsentzug von 2 Monaten und 1 Tag bis zu 6 Monaten oder Geldstrafe von 61 bis zu 180 Tagesbußen oder beiden Sanktionsarten bestraft.

B. Wenn die Verletzung bei dem Verletzten Arbeitsuntauglichkeit mit notwendiger ärztlicher Betreuung bis zu 10 Tagen hervorruft, so gilt die Verletzung als leicht, und derjenige, der sie verursacht hat, unterliegt einer freiheitsentziehenden Sanktion von 5 bis zu 60 Tagen oder Geldstrafe von 5 bis zu 60 Tagesbußen oder beiden Sanktionsarten.

C. Derjenige, welcher einen anderen tätlich mißhandelt, unterliegt, wenn die verursachten Verletzungen weder Arbeitsunfähigkeit noch ärztliche Betreuung erforderlich machen, einer freiheitsentziehenden Sanktion von 5 bis zu 30 Tagen oder Geldstrafe von 5 bis zu 30 Tagesbußen oder beiden Sanktionsarten.

Artikel 447

A. Wenn bei der in Art. 435 definierten tumultuarischen Auseinandersetzung schwere oder minderschwere Körperverletzungen eingetreten sind, und wenn nicht feststeht, wer sie verursacht hat, so ist die obere Grenze des Strafrahmens der in Art. 445 und Art. 446 Abs. A festgesetzten freiheitsentziehenden Sanktionen um ein Drittel zu ermäßigen.

B. In allen Fällen des vorangehenden Absatzes hat das Gericht bei der Zumessung der verschiedenen aufzuerlegenden Sanktionen den Grad der erwiesenen Teilnahme jeder einzelnen in die tätliche Auseinandersetzung verwickelten Person an der Begehung der Straftat zu berücksichtigen.

C. Die Sanktionen der vorangehenden Artikel sind in den entsprechenden Fällen auf denjenigen anwendbar, der ohne Tötungsabsicht einem anderen irgendeine der erwähnten Körperverletzungen zufügt, indem er wissentlich schädliche Stoffe oder Getränke oder Narkotika verabreicht.

D. Einer Sanktion von 5 bis zu 60 Tagen Freiheitsentzug oder Geldstrafe von 5 bis zu 60 Tagen oder beiden Sanktionsarten unterliegt derjenige, welcher unter Mißbrauch seiner eigenen Überlegenheit oder der mangelnden Geisteskräfte oder Unerfahrenheit eines anderen diesen die genannten schädlichen Stoffe oder Getränke oder Narkotika einnehmen läßt, auch wenn durch deren Einnahme Körperverletzungen nicht hervorgerufen werden.

IV. KAPITEL

Duell

Artikel 448

A. Die Herausforderung zu einem Duell oder deren Annahme wird mit Freiheitsentzug von 1 Monat und 1 Tag bis zu 6 Monaten oder Geldstrafe von 31 bis zu 180 Tagesbußen oder beiden Sanktionsarten bestraft.

B. Diese Sanktion ist auch auf diejenigen anzuwenden, welche als Sekundanten oder Zeugen bei der Vereinbarung der Bedingungen des Duells mitwirken.

C. Wenn das Duell durchgeführt wird, so beträgt die Sanktion für alle, die dabei mitwirken, Freiheitsentzug von 6 Monaten und 1 Tag bis zu 1 Jahr.

D. Straftaten, die anläßlich eines Duells begangen werden, werden entsprechend den verwirklichten Tatumständen als gewöhnliche Straftaten bestraft; jedoch darf in keinem Fallle eine geringere Sanktion als die in dem vorangehenden Absatz „C“ festgelegte verhängt werden.

E. Wenn infolge des Duells ein Todesfall oder Körperverletzungen eintreten, so werden alle, die das Duell vereinbart haben, und zwar sowohl die Vertreter des Herausforderers wie die desjenigen, der die Herausforderung angenommen hat, als Mittäter angesehen.

F. Als Teilnehmer werden diejenigen Personen angesehen und in jedem Fall für die jeweiligen Folgen des Duells strafrechtlich verantwortlich gemacht, die Waffen, Örtlichkeiten oder Gelände in Kenntnis des Bestimmungszwecks für das Duell zur Verfügung stellen.

V. KAPITEL

Sportvergehen

Artikel 449

A. Derjenige, welcher unter Ausnutzung seiner Teilnahme an einer amtlich zugelassenen Sportart einem anderen absichtlich und unter Zuwiderhandlung gegen die anerkannten Spielregeln einen Schaden zufügt, ist für den entstandenen Schaden verantwortlich und unterliegt den Sanktionen, die je nach Sachlage in den vorangehenden Artikeln angedroht sind.

B. Wenn der Schaden nicht absichtlich zugefügt, aber auf eine Verletzung der Sportregeln infolge der Erregung und Spielbegeisterung zurückzuführen ist, so ist der Verantwortliche wegen Fahrlässigkeit unter Anwendung der Regeln des Art. 72 zu bestrafen.

C. Wenn das schadenstiftende Ereignis unabsichtlich herbeigeführt ist, ohne daß der Schädiger die sportlichen Regeln verletzt hat, so unterliegt dieser keinerlei strafrechtlicher Verantwortlichkeit.

D. Wenn das schadenstiftende Ereignis darauf zurückzuführen ist, daß der Schiedsrichter, der Kampfrichter, der Platzwart oder der Linienrichter in die Zuwiderhandlung gegen die Spielregeln eingewilligt hat, so wird dieser im Falle des Absatzes A als Teilnehmer und im Falle des Absatzes B als Mittäter bestraft.

VI. KAPITEL

Entziehung, Aussetzung und Mißhandlung von Minderjährigen, Hilflosen und Gebrechlichen

Artikel 450

A. Die Entziehung eines Minderjährigen unter 12 Jahren wird mit Freiheitsentzug von 8 bis zu 12 Jahren bestraft.

B. Derselben Sanktion unterliegt derjenige, der, nachdem er mit der Aufsicht über eine minderjährige Person betraut worden war, diese ihren Eltern oder Sorgeberechtigten nicht vorzeigt und auch keine befriedigende Erklärung über ihren Verbleib abgibt; ferner derjenige, der, nachdem er den Minderjährigen entzogen hat, keine Auskunft über seinen Aufenthalt gibt, oder nicht glaubhaft macht, daß er ihn unter vernünftigen Sicherheitsvorkehrungen freigelassen hat.

C. Die Aussetzung eines unter 12 Jahren alten Minderjährigen oder einer wegen ihrer Krankheit, ihres Alters oder ihres Zustandes hilflosen oder gebrechlichen Person durch denjenigen, der im Besitz ausreichender Mittel und verpflichtet ist, für den Unterhalt der betreffenden Person zu sorgen, sie zu unterstützen, zu beköstigen oder in Obhut zu nehmen, wird mit Freiheitsentzug von 6 Monaten und 1 Tag bis zu 2 Jahren bestraft.

D. Wenn infolge der Aussetzung der Tod des Ausgesetzten eingetreten oder dieser in schwere Lebensgefahr gekommen ist, oder eine schwere Verletzung oder schwere Erkrankung davongetragen hat, beträgt die Sanktion Freiheitsentzug von 2 bis 6 Jahren, falls die Tat nicht den Tatbestand eines schwereren Deliktes erfüllt.

E. Einer Sanktion von 1 Monat und 1 Tag bis zu 6 Monaten Freiheitsentzug oder einer Geldstrafe von 31 bis zu 180 Tagesbußen oder beiden Sanktionsarten unterliegt:

1. derjenige, welcher einen ausgesetzten Minderjährigen unter 12 Jahren in schwerer Gefahr antrifft, ohne ihn der Behörde oder seiner Familie zu übergeben;
2. derjenige, welcher bei der Aussetzung von Kindern gegen die an dem betreffenden Ort geltenden Regeln oder Gewohnheiten verstößt, und derjenige, welcher es unterläßt, ein ausgesetztes Kind, das er auffindet, in das Heim für Ausgesetzte oder an einen sicheren Ort zu verbringen;
3. derjenige, welcher einer Person, die er in unbewohnter Gegend verletzt oder in schwerer Gefahr antrifft, nicht zu Hilfe eilt oder ihr keine Unterstützung anbietet, obwohl er das ohne eigene Gefährdung oder Nachteile tun könnte;
4. derjenige, welcher einen Minderjährigen unter 16 Jahren veranlaßt, das Haus seiner Eltern, Vormünder oder Sorgeberechtigten oder das Heim, Kollegium oder Unterrichtsinstitut, in dem er sich befindet, zu verlassen;
5. derjenige, der, nachdem ihm die Wartung oder Erziehung eines unter 16 Jahre alten Minderjährigen übertragen worden ist, diesen einer öffentlichen Anstalt oder einer anderen Person ohne die Zustimmung desjenigen, der ihm den Minderjährigen anvertraut hat, oder, falls dieser ihm nicht von einem Dritten anvertraut war, ohne die Anordnung oder Genehmigung der Behörde übergibt.

F. Derselben Sanktion unterliegt der Autofahrer, Kraftfahrer oder Führer irgendeines Fahrzeuges, der eine verletzte Person im Zustand der Hilflosigkeit, ohne ihr Beistand zu leisten bzw. ohne Beistand in die Wege zu leiten oder, ohne sie einer anderen Stelle zur Hilfeleistung zuzuführen, zurückläßt; unbeschadet der Verantwortlichkeit, die den Täter wegen Tötung oder von ihm verursachter Körperverletzung trifft, sofern er für diese wegen Unvorsichtigkeit, mangelnder Voraussicht oder mangelnder Sachkunde einzustehen hat.

Verbrechen gegen das Leben und die Gesundheit

Artikel 451

Einer freiheitsentziehenden Sanktion von 1 Monat und 1 Tag bis zu 6 Monaten oder Geldstrafe von 31 bis zu 180 Tagesbußen oder beiden Sanktionsarten unterliegt:

A. derjenige, welcher bei öffentlichen oder privaten Schaustellungen Minderjährige unter 16 Jahren irgendwelche gefährlichen Gleichgewichts-, Kraft- oder Verrenkungsübungen ausführen läßt;

B. derjenige, welcher, nachdem er aus irgendeinem Grunde mit der Aufsicht über einen Minderjährigen betraut worden ist, diesen einem anderen zur Veranstaltung von Übungen der bezeichneten Art überläßt.

VII. KAPITEL

Ergänzende Bestimmungen

Artikel 452

Die Gerichte haben bei Straftaten gegen die Person nicht nur die Folgen der verursachten Verletzung, sondern auch deren Bedeutung, die für ihre Herbeiführung verwendeten Mittel, die Führung des Schuldigen vor und nach der Tat, die persönlichen Umstände des Angreifers und des Angegriffenen, die Sorge und Behandlung, die der Angreifer dem Angegriffenen zuteil werden ließ, sowie alle sonstigen Umstände zu berücksichtigen, die nach Ansicht des Gerichts geeignet sind, den Grad der Gefährlichkeit des Angreifers und das Wesen der begangenen Straftat zu bestimmen.

VIII. KAPITEL

Straftaten gegen die Gesundheit

1. Abschnitt

Strafbare Verbreitung von Epidemien und von Geschlechtskrankheiten

Artikel 453

Derjenige, welcher gegen sanitäre Verordnungen über die Isolierung oder Beaufsichtigung von Kranken oder gegen die zur Vermeidung des Einschleppens, der Entwicklung oder der Verbreitung einer Krankheit oder Epidemie ansteckender Art erlassenen Vorschriften wissentlich verstößt, wird mit Freiheitsentzug von 1 Monat und 1 Tag bis zu 6 Monaten oder Geldstrafe von 31 bis zu 180 Tagesbußen oder beiden Sanktionsarten bestraft.

Artikel 454

A. Derjenige, welcher in Kenntnis der Tatsache, daß er an einer Geschlechtskrankheit in deren ansteckendem Stadium leidet, eine andere Person ohne deren Wissen durch geschlechtlichen Umgang oder auf andere Weise ansteckt, wird mit Freiheitsentzug von 1 Monat und 1 Tag bis zu 6 Monaten oder Geldstrafe von 31 bis zu 180 Tagesbußen oder beiden Sanktionsarten bestraft.

B. Wenn die Ansteckung unter Ehegatten erfolgt ist, kann sie nur auf Antrag des verletzten Teiles verfolgt werden.

Artikel 455

A. Eine Amme, die in Kenntnis der Tatsache, daß sie an einer Geschlechtskrankheit oder ansteckenden Krankheit leidet, ein Kind nährt und dadurch dessen Ansteckung herbeiführt, wird mit Freiheitsentzug von 3 Monaten bis zu 1 Jahr oder Geldstrafe von 90 bis zu 200 Tagesbußen bestraft.

B. Derselben Sanktion unterliegt derjenige, der in Kenntnis der Tatsache, daß ein zu stillendes Kind an einer syphilitischen oder ansteckenden Krankheit leidet, dieses zur Pflege weggibt, oder zu diesem Zweck eine Amme nimmt und auf diese Weise deren Ansteckung herbeiführt.

Artikel 456

Derjenige, welcher eine gefährliche und auf andere Personen übertragbare Krankheit böswillig verbreitet, wird mit Freiheitsentzug von 6 Monaten und 1 Tag bis zu 3 Jahren und Geldstrafe von 100 bis zu 300 Tagesbußen bestraft.

Artikel 457

A. Derjenige, welcher in Gewässer, aus denen Trinkwasser entnommen wird, irgendeinen Gegenstand oder eine Substanz, die sie gesundheitsschädlich macht, hineinwirft, wird mit Freiheitsentzug von 6 Monaten und 1 Tag bis zu 2 Jahren und Geldstrafe von 100 bis zu 200 Tagesbußen bestraft, unbeschadet der Verantwortlichkeit, der er wegen des angerichteten Schadens außerdem unterliegt.

B. Derselben Sanktion unterliegt derjenige, welcher Gegenstände, die dazu bestimmt sind, desinfiziert oder unbrauchbar gemacht zu werden, versteckt oder wegnimmt mit dem Ziel, sie zu verkaufen oder mit ihnen Handel zu treiben.

2. Abschnitt

Grab- und Leichenschändung, gesetzwidrige Begräbnisse und Exhumierungen

Artikel 458

A. Derjenige, welcher mit einem unbeerdigten Leichnam seinen Spott treibt oder seine Geringschätzung bekundet oder Obszönitäten oder Gewaltakte daran begeht, wird mit Freiheitsentzug von 1 bis zu 6 Jahren bestraft.

B. Einer freiheitsentziehenden Sanktion von 2 bis zu 6 Jahren unterliegt derjenige, welcher, um eine der in dem vorangehenden Absatz bezeichneten Taten zu begehen, oder aus einem anderen gesetzwidrigen Grund eine Leiche ausgräbt, oder sie ganz oder teilweise wegnimmt oder verstümmelt.

C. Gewaltsame Beschädigung von Gräbern oder Begräbnisstätten aus aus irgendeinem anderen Grund oder ohne ersichtlichen Grund wird mit Freiheitsentzug von 1 Monat und 1 Tag bis zu 6 Monaten oder Geldstrafe von 31 bis zu 180 Tagesbußen oder beiden Sanktionsarten bestraft.

D. Derjenige, welcher in anderen als in den vorangehenden Absätzen geregelten Fällen einen Akt der Verspottung oder der Geringschätzung in irgendeiner Form gegenüber Leichen oder Begräbnisstätten oder auf Friedhöfen oder Begräbnisplätzen oder in Sektionssälen begeht, wird mit Freiheitsentzug von 5 bis zu 60 Tagen oder Geldstrafe von 5 bis zu 60 Tagesbußen oder beiden Sanktionsarten bestraft.

E. Wenn derjenige, welcher einer der Straftaten, auf die sich die vorangehenden Absätze beziehen, schuldig ist, eine Tätigkeit im Dienst eines

Friedhofs, einer Toten- oder Bestattungsstätte oder irgendeiner anderen für Begräbnisse bestimmten Örtlichkeit ausübt, oder wenn er mit der Aufbewahrung oder der Sektion von Leichen betraut worden ist, so lautet die Sanktion:

1. auf 3 bis 9 Jahre Freiheitsentzug und Besondere Rechtsminderung für die gleiche Zeitdauer, wenn Akte der Verspottung, der Geringschätzung, Obszönitäten oder Gewalthandlungen begangen sind, oder wenn mit der Verächtlichmachung der Leiche oder der Grabstätte ein gewinnsüchtiges Ziel verfolgt wurde;
2. auf 2 bis 6 Jahre Freiheitsentzug und Besondere Rechtsminderung für die gleiche Zeitdauer, wenn die Entweihung ohne Akte der Verspottung und Geringschätzung, ohne Obszönitäten oder Gewaltanwendung und auch nicht in gewinnsüchtiger Absicht erfolgte.

Artikel 459

A. Derjenige, welcher eine Beerdigung durchführt oder durchführen läßt, die in bezug auf Zeit, Ort und sonstige Förmlichkeiten den in den Gesetzen oder Verordnungen aufgestellten Bestimmungen zuwiderläuft, unterliegt einer freiheitsentziehenden Sanktion von 1 Monat und 1 Tag bis zu 6 Monaten oder Geldstrafe von 31 bis zu 180 Tagesbußen oder beiden Sanktionsarten.

B. Wenn die gesetzwidrige Beerdigung in der Absicht erfolgte, eine Straftat zu verheimlichen, so ist auf freiheitsentziehende Sanktion von 2 bis zu 6 Jahren zu erkennen.

C. Derjenige, welcher in anderen als den in Art. 458, Abs. B geregelten Fällen und ohne die erforderliche Ermächtigung oder unter Zuwiderhandlung gegen sanitäre Verordnungen menschliche Gebeine ausgräbt oder überführt, unterliegt einer freiheitsentziehenden Sanktion von 1 Monat und 1 Tag bis zu 6 Monaten oder Geldstrafe von 31 bis zu 180 Tagesbußen oder beiden Sanktionsarten.

D. Gegen einen öffentlichen Amtsträger, dem eine der vorerwähnten Straftaten zur Last fällt, ist, abgesehen von den in den betreffenden Artikeln angedrohten Sanktionen der Freiheitsentziehung oder Geldstrafe, auf Zeitweiligen Entzug von Rechten oder Besondere Rechtsminderung für eine den auferlegten freiheitsentziehenden Sanktionen entsprechende Zeitdauer zu erkennen.

3. Abschnitt

Fälschung von Lebensmitteln und Medikamenten. Handel mit Drogen und Gebrauch derselben

Artikel 460

A. Derjenige, welcher Lebensmittel oder für den allgemeinen Gebrauch bestimmte Getränke mit für die Gesundheit schädlichen Beimischungen verfälscht, oder wer Nahrungsmittel im Zustand der Zersetzung verkauft, oder gesundheitsschädliche Dinge ohne die erforderliche Erlaubnis herstellt oder verkauft, wird mit Freiheitsentzug von 3 Monaten bis zu 2 Jahren und Geldstrafe von 90 bis zu 200 Tagesbußen bestraft, falls die verübte Handlung nicht ein schwereres Verbrechen darstellt.

B. Derselben Sanktion unterliegt derjenige, der gegen die Artikel 25, 26, 27, 28 der Präsidialverordnung Nr. 1440 vom 6. Oktober 1922 über

Gebrauch und Zusammensetzung von Kohlensäure, Essenzen, Alkaloiden usw. bei der Herstellung von Mineralwässern und Erfrischungen, die für den allgemeinen Gebrauch bestimmt sind, verstößt.

Artikel 461

A. Ein Apotheker, welcher verdorbene Medikamente oder solche von schlechter Qualität veräußert, oder der ein Medikament durch ein anderes ersetzt, ohne die entsprechende ärztliche Verordnung oder im Widerspruch zu dieser, oder der bei der Zubereitung oder der Veräußerung der Medikamente nicht die vorgeschriebenen Förmlichkeiten der einschlägigen Verordnungen und Anordnungen beachtet, wird mit Freiheitsentzug von 1 Monat und 1 Tag bis zu 1 Jahr, Zeitweiligem Entzug von Rechten für die gleiche Zeit und Geldstrafe von 31 bis zu 200 Tagesbußen bestraft.

B. Wenn infolge der Veräußerung des Medikaments der Tod einer Person eingetreten ist oder eine schwerwiegende krankhafte Veränderung hervorgerufen wurde, ist dem Verantwortlichen eine freiheitsentziehende Sanktion von 6 Monaten und 1 Tag bis zu 6 Jahren, Besondere Rechtsminderung für die gleiche Zeit und Geldstrafe von 100 bis zu 300 Tagesbußen aufzuerlegen.

C. Derjenige, welcher, ohne sich die entsprechende Lizenz oder Ermächtigung beschafft zu haben, gesundheitsschädliche Substanzen zubereitet, oder wer sie, ohne die gesetzlichen Förmlichkeiten einzuhalten, verkauft, veräußert oder damit Handel treibt, wird mit Freiheitsentzug von 6 Monaten und 1 Tag bis zu 2 Jahren und Geldstrafe von 100 bis zu 200 Tagesbußen bestraft.

D. Wenn es sich um giftige Drogen oder Rauschgifte handelt, beträgt die freiheitsentziehende Sanktion 1 bis 4 Jahre und die Geldstrafe 100 bis 300 Tagesbußen.

E. Der einfache Besitz von giftigen Drogen oder Rauschgiften ohne gesetzliche Ermächtigung oder ärztliche Verschreibung wird bei Personen, die nicht rauschgiftsüchtig sind, mit Freiheitsentzug von 6 Monaten und 1 Tag bis zu 2 Jahren und Geldstrafe von 100 bis zu 200 Tagesbußen bestraft.

Artikel 462

A. Wer von berufswegen berechtigt ist, giftige Drogen oder Rauschgifte zu verschreiben oder zu verschaffen, und sie zu anderen als therapeutischen Zwecken verschreibt oder verschafft, wird mit Zeitweiligem Entzug von Rechten von 6 Monaten und 1 Tag bis zu 2 Jahren und Geldstrafe von 60 bis 200 Tagesbußen und bei Rückfall mit Besonderer Rechtsminderung von 2 bis zu 6 Jahren und Geldstrafe von 100 bis 250 Tagesbußen bestraft.

B. Ein Beamter oder Angestellter der Zollverwaltung, der die Einfuhr der genannten Erzeugnisse gestattet, ohne die in Gesetzen, Verordnungen oder Anordnungen vorgeschriebenen Förmlichkeiten zu beachten, wird, abgesehen von den Sanktionen, die in diesen Vorschriften angedroht sind, mit freiheitsentziehender Sanktion von 2 Monaten und 1 Tag bis zu 2 Jahren, Geldstrafe von 61 bis 200 Tagesbußen und Zeitweiligem Entzug von Rechten für eine dem Freiheitsentzug entsprechende Zeitdauer bestraft.

C. Den gleichen Sanktionen unterliegen Personen, die den übrigen Vorschriften des Gesetzes vom 25. Juli 1919 über die Herstellung und Einfuhr narkotischer Erzeugnisse in die Republik zuwiderhandeln.

Artikel 463

Mit Freiheitsentzug von 1 Monat und 1 Tag bis zu 6 Monaten und Geldstrafe von 31 bis 180 Tagesbußen wird derjenige bestraft, der den Art. 7, 16 Abs. I, II, VI; 17, 20, 23, 32 Abs. IV; 43 Abs. I und II; 73 Abs. I; 114, 115, 116, 121 Abs. I; 133, 141 Abs. I; 142, 160 Abs. III; 173 Abs. 13, 175, 223 Abs. I; 224 Abs. II und III; 238, 239, 246, 264 Abs. I; 270 Abs. III und 305 Abs. III der sanitären Anordnungen, enthalten in dem Dekret Nr. 674 vom 6. Juli 1914, zuwiderhandelt.

Artikel 464

Einer juristischen Person, die für eine der in diesem Abschnitt enthaltenen Straftaten verantwortlich ist, wird die Sanktion der Zeitweiligen Schließung von 3 bis zu 31 Tagen auferlegt.

X. TITEL

Straftaten gegen die allgemeine Sicherheit

I. KAPITEL

Brandstiftung und andere Verheerungen

1. Abschnitt

Brandstiftung

Artikel 465

A. Derjenige, welcher ein öffentliches oder privates Gebäude oder ein zu Versammlungen bestimmtes Gebäude, eine Fabrik, Werkstatt, Lager, die entzündbare oder explosive Stoffe enthalten, Militärzüge, Personen- oder Güterzüge, Straßenbahnen, Automobile oder irgendein anderes Landfahrzeug, Schiff oder Luftfahrzeug in Brand setzt, wird mit Freiheitsentzug von 10 bis zu 25 Jahren bestraft, wenn sich im Zeitpunkt der Brandstiftung eine Person innerhalb der Örtlichkeit oder des in Brand gesetzten Fahrzeuges befand.

B. Wer innerhalb einer Siedlung oder mit der Gefahr der Brandausbreitung eines der Gebäude, Örtlichkeiten oder Fahrzeuge, auf die sich der vorangehende Artikel bezieht, zu einer Zeit anzündet, zu der sich im Innern niemand befindet, wird mit Freiheitsentzug von 8 bis zu 12 Jahren bestraft.

C. Wenn die Brandstiftung in unbewohntem Gelände oder ohne Gefahr für Personen und ohne Aussicht auf Ausbreitung auf andere Baulichkeiten verübt wird, beträgt die Sanktion 2 bis 6 Jahre Freiheitsentzug.

D. Personen, die ohne entsprechende Ermächtigung und abgesehen von dem Fall des Art. 578 Nr. 7 dieses Gesetzes Zuckerrohrfelder, Wälder, Wiesen und Erntegut irgendwelcher Art, gleichgültig, ob auf dem Halm oder eingebracht, anzünden, unterliegen einer freiheitsentziehenden Sanktion von 6 Monaten und 1 Tag bis zu 2 Jahren.

Artikel 466

Abgesehen von den in dem vorangehenden Artikel geregelten Fällen wird Brandstiftung bestraft:

1. mit Freiheitsentzug von 1 Monat und 1 Tag bis zu 1 Jahr und Geldstrafe von 31 bis zu 200 Tagesbußen, wenn sich der verursachte Schaden auf weniger als 100 Pesos beläuft;
2. mit 6 Monaten und 1 Tag bis zu 3 Jahren und Geldstrafe von 100 bis zu 250 Tagesbußen, wenn der verursachte Schaden einen höheren Betrag erreicht oder nicht näher zu bestimmen ist.

Artikel 467

A. Wenn die angezündeten Gegenstände ausschließlich dem Schuldigen gehörten, beträgt die freiheitsentziehende Sanktion 1 Monat und 1 Tag bis zu 8 Monaten oder Geldstrafe von 31 bis zu 180 Tagesbußen.

B. Wenn die Brandstiftung in der Absicht verübt wurde, eine Versicherungssumme zu erlangen oder einen Dritten zu schädigen oder in seinen Rechten zu beeinträchtigen, so ist nach Maßgabe der vorangehenden Vorschriften, und in beiden Fällen unter Anwendung der in Artikel 23, A 2 enthaltenen Bestimmung, auf die für die Straftat der Brandstiftung festgesetzte Sanktion zu erkennen, vorausgesetzt, daß die Straftat nicht mit einer schwereren Sanktion bedroht ist.

C. Wenn der Vorsatz des Schuldigen dahin ging, nur auf Grund einer Laune und ohne persönlichen oder öffentlichen Nutzen eine Sache zu zerstören, die für die Gemeinschaft offensichtlich von Wert ist, so beträgt die freiheitsentziehende Sanktion 1 Monat und 1 Tag bis zu 8 Monaten oder Geldstrafe von 31 bis zu 180 Tagesbußen, auch wenn die Gefahr einer Ausbreitung des Feuers oder die Schädigung eines Dritten dabei nicht eingetreten ist.

2. Abschnitt

Andere Verheerungen und verwandte Straftaten

Artikel 468

Wer von explosiblen Stoffen oder Apparaturen oder von anderen Mitteln, die geeignet sind, große Verheerungen hervorzurufen, Gebrauch macht, um auf diese Weise Personen anzugreifen oder Sachschäden hervorzurufen, wird bestraft:

1. mit Freiheitsentzug von 20 Jahren *oder mit dem Tode,* wenn infolge der Explosion der Tod oder die Verwundung einer Person eingetreten ist, oder wenn sich die Explosion in einem öffentlichen Gebäude oder an einem bewohnten oder bevölkerten Ort, an dem Menschen gefährdet worden sind, ereignet hat;
2. mit Freiheitsentzug von 10 bis zu 20 Jahren, wenn die Explosion einen Sachschaden hervorgerufen hat, ohne daß eine Gefahr für Menschen eingetreten ist;
3. mit Freiheitsentzug von 3 bis zu 10 Jahren, wenn das Attentat an einem öffentlichen Ort oder innerhalb eines privaten Besitzes stattgefunden hat, ohne daß es zu einer Explosion gekommen ist.
4. Wenn sich aus der Apparatur und den verwandten Stoffen eindeutig ergibt, daß die Explosion einzig und allein dazu dienen sollte, einen Alarm hervorzurufen, ohne daß irgendein Schaden für Per-

sonen oder Sachen entstehen sollte, so ist gemäß Artikel 243 Abs. B und C zu verfahren.

Artikel 469

A. Wer ohne entsprechende gesetzliche Befugnis brennbare oder explosible Stoffe, Raketen, Bomben, Instrumente, Apparate oder Substanzen irgendwelcher Art verbotswidrig in Besitz hat, die geeignet sind, Feuersbrünste, Explosionen oder andere Verheerungen hervorzurufen, wird mit Freiheitsentzug von 6 Monaten und 1 Tag bis zu 6 Jahren bestraft.

B. Der gleichen Sanktion unterliegt derjenige, der ohne eine entsprechende Befugnis Substanzen oder Apparate herstellt, verschafft oder verkauft oder transportiert, die geeignet sind, Feuersbrünste, Explosionen oder andere Verheerungen hervorzurufen.

Artikel 470

A. Derjenige, welcher, ohne andere direkt zur Begehung einer der in den vorangehenden Artikeln genannten Straftaten anzustiften, die Verübung der genannten Straftaten durch Wort oder Schrift oder durch irgendein anderes Mittel verbotener Verbreitung oder Propaganda hervorruft, unterliegt der für Teilnehmer angedrohten Sanktion, wenn das Verbrechen tatsächlich begangen wird.

B. Wenn das Verbrechen nicht begangen wird, so ist auf Freiheitsentzug von 6 Monaten und 1 Tag bis zu 6 Jahren zu erkennen.

Artikel 471

Derjenige, welcher Dämme oder Kanalisationsanlagen oder sonstige Anlagen, die dazu bestimmt sind, Überschwemmungen zu verhüten oder ihre Wirkungen zu vermindern oder Gewässer einzudämmen, zerstört, indem er den Lauf von Gewässern behindert oder ändert oder durch irgendein anderes Mittel eine Überschwemmung herbeiführt, wird mit Freiheitsentzug von 8 bis 15 Jahren bestraft, wenn die Überschwemmung eine menschliche Siedlung erreicht, und von 1 bis 8 Jahren in allen übrigen Fällen.

Artikel 472

A. Derjenige, welcher auf irgendeine Weise, jedoch nicht mittels Feuersbrunst oder Explosion, oder wer zu irgendeinem Zweck, ausgenommen den in Artikel 168, Abs. E genannten, einen Schiffbruch, eine Strandung oder die Zerstörung eines Schiffes, auf dem sich ein Mensch befindet, verursacht, wird mit Freiheitsentzug von 10 bis 20 Jahren bestraft.

B. Wenn die verursachte Katastrophe den Tod eines Menschen zur Folge hat, ist auf Freiheitsentzug von 20 Jahren *oder auf Todesstrafe* zu erkennen.

Artikel 473

A. Wer, um das Löschen einer Feuersbrunst zu verhindern, oder um Abwehrmaßnahmen gegen eine Überschwemmung oder sonstige Katastrophe zunichte zu machen, Materialien, Geräte oder andere Werkzeuge, die für die genannte Abwehr bestimmt sind, versteckt oder unbrauchbar macht, wird mit Freiheitsentzug von 2 bis zu 4 Jahren bestraft.

B. Derjenige, welcher, abgesehen von dem Fall des Artikel 248 unter Gefährdung der allgemeinen Sicherheit elektrische, Gas- oder hydraulische Installationen, Brunnen oder bisher nicht erwähnte zum Schutz gegen Naturkräfte bestimmte Anlagen zerstört oder beseitigt, wird mit Freiheitsentzug von 2 bis 6 Jahren bestraft.

C. Derselben Sanktion unterliegt:

1. derjenige, welcher unter Zuwiderhandlung gegen behördliche Anordnungen eine Explosion oder einen Einsturz in Bergwerken, unterirdischen Werken oder ähnlichen Anlagen verursacht, unbeschadet einer wegen der Folgen der Zuwiderhandlung etwa schwereren strafrechtlichen Verantwortlichkeit;
2. derjenige, welcher Sicherheitseinrichtungen, die dazu benutzt werden, das Leben oder die Gesundheit von Arbeitern in Bergwerken, unterirdischen Anlagen oder in irgendwelchen gefährlichen Industrien zu schützen, zerstört oder beschädigt.

Artikel 474

Derjenige, welcher unter Zuwiderhandlung gegen bestehende Vorschriften die Errichtung eines Bauwerkes oder einer ähnlichen Anlage oder einen Abbruch leitet oder durchführt in einer Weise, daß dadurch das Leben oder die Gesundheit von Personen gefährdet wird, wird mit Freiheitsentzug von 1 Monat und 1 Tag bis zu 6 Monaten oder Geldstrafe von 31 bis zu 180 Tagesbußen oder beiden Sanktionsarten bestraft.

II. KAPITEL

Straftaten gegen Transportmittel und Nachrichtenverbindungen

Artikel 475

A. Wer eine Brücke, ein Viadukt, eine Bahnhofsanlage, einen Tunnel, einen schienengleichen Übergang oder irgendeine ähnliche Anlage einer Eisenbahn, die für deren Betrieb erforderlich oder üblich ist, zerstört oder unbrauchbar macht und dadurch den Zugverkehr behindert, erschwert oder gefährdet, wird mit Freiheitsentzug von 6 bis zu 12 Jahren bestraft.

B. Wer den freien Zugverkehr behindert oder erschwert, indem er Züge anhält oder angreift, indem er Hindernisse auf die Schienen legt oder sonstige Anschläge vornimmt, oder indem er die für die Sicherheit oder Kennzeichnung der Strecke angebrachten Signale vertauscht oder unbrauchbar macht, oder die telegrafischen oder telefonischen Leitungen des Eisenbahndienstes unterbricht, oder indem er auf irgendeine andere Weise am festen oder rollenden Material einen Schaden verursacht, der ausreicht, um eine Entgleisung oder irgendeinen anderen Eisenbahnunfall herbeizuführen, wird mit Freiheitsentzug von 6 Monaten und 1 Tag bis zu 6 Jahren bestraft.

C. Wenn sich infolge des Anschlages eine Entgleisung oder ein schwerer Unfall ereignet, beträgt die freiheitsentziehende Sanktion 6 bis 12 Jahre, unbeschadet einer wegen im Zusammenhang mit dem Anschlag begangener Straftaten verwirkten Strafe.

D. Die gleichen Sanktionen sind gegenüber denjenigen anzuwenden, die eine der vorerwähnten Handlungen in der Absicht begehen, Eisenbahnbeamte, Fracht oder Passagiere zu berauben oder ersteren oder letzteren einen Schaden zuzufügen.

E. Wenn der Diebstahl, der Raub oder die Sachbeschädigung tatsächlich verübt werden, ist die wegen dieser Straftaten angedrohte Strafe zu verhängen, jedoch ist sie, wenn sie 12 Jahre überschreiten würde, um $^1/_3$ zu erhöhen; würde sie weniger als 12 Jahre betragen, so ist die in Abs. C dieses Artikels bezeichnete Sanktion verwirkt.

Artikel 476

A. Ein Maschinist, Zugführer, Bremswärter, Bahnhofsvorsteher, Telegraphist, ein beim Überwachungsdienst der Strecke beschäftigter Angestellter oder Beamter, der seinen Posten während der Ausübung seiner Funktionen verläßt, wird mit Freiheitsentzug von 1 bis 6 Jahren bestraft, wenn infolgedessen an Personen oder Sachen ein Schaden entsteht, vorausgesetzt, daß wegen des verursachten Schadens nicht eine höhere Sanktion verwirkt ist.

B. Wenn keinerlei Nachteil oder Schaden entsteht, lautet die Sanktion auf Freiheitsentzug von 6 Monaten und 1 Tag bis zu 2 Jahren.

Artikel 477

Wer außer in dem in Artikel 248 vorgesehenen Fall eine Straße, einen Ankergrund, eine Mole, ein Flugfeld oder irgendeine andere für den öffentlichen Land-, See-, Fluß- oder Luftverkehr bestimmte Anlage unbrauchbar macht oder beseitigt, und derjenige, welcher die Schiffahrt auf Flüssen oder Kanälen hindert oder erschwert, wird mit Freiheitsentzug von 1 bis 4 Jahren bestraft, wenn er eine Gefahr für den Verkehr oder einen schweren Schaden hervorruft; mit freiheitsentziehender Sanktion von 6 Monaten und 1 Tag bis zu 2 Jahren in allen übrigen Fällen.

Artikel 478

A. Wer gegenüber einem in Fahrt befindlichen Zug, Luftfahrzeug, einer Straßenbahn, einem Kraftfahrzeug oder Wagen eine Feuerwaffe zur Entladung bringt, wird mit Freiheitsentzug von 1 bis zu 4 Jahren bestraft, wenn nicht auf Grund anderer Vorschriften dieses Gesetzbuches oder mit Rücksicht auf die eingetretenen Folgen eine höhere Strafe verwirkt ist.

B. Wer Steine oder ähnliche Gegenstände losreißt, um einen Schaden zu verursachen oder irgendeinen Anschlag zu verüben, unterliegt einer freiheitsentziehenden Sanktion von 3 Monaten bis zu 1 Jahr; es gilt jedoch der in dem vorangehenden Absatz bezeichnete Vorbehalt einer etwa verwirkten höheren Strafe.

C. Ein Fahrzeug gilt von dem Augenblick an als in Fahrt befindlich, in dem es von dem ersten Fahrgast oder Angehörigen des Fahrpersonals bestiegen worden ist, bis zu dem Augenblick, an dem alle es am Ankunftsort verlassen haben.

Artikel 479

A. Wer außer in dem in Artikel 248 vorgesehenen Fall telegrafische, telefonische, küstentelegrafische oder radiofonische öffentliche Verbindungen unterbricht oder stört, indem er Anlagen oder Gegenstände, die zu deren Betrieb bestimmt sind, vernichtet oder unbrauchbar macht, oder indem er die Stromzufuhr unterbricht oder irgendein anderes ähnliches Mittel anwendet, wird mit Freiheitsentzug von 3 Monaten bis zu 3 Jahren bestraft.

B. Personen, die ohne entsprechende Erlaubnis radiotelegrafische Sendestationen oder Telegrafen- oder Telefonlinien oder Sendebereiche aufbauen, einrichten oder betätigen, werden mit Freiheitsentzug von 1 Monat und 1 Tag bis zu 6 Monaten oder Geldstrafe von 31 bis zu 180 Tagesbußen oder beiden Sanktionsarten bestraft, falls die verübte Tat nicht mit einer schwereren Sanktion bedroht ist.

Artikel 480

Wer Signale, Laternen, Fahnen, Stricke oder irgendwelche anderen Kennzeichen zerstört, unbrauchbar macht oder beseitigt, die zu dem Zwecke angebracht sind, das Vorhandensein einer schweren Gefahr für Personen oder ein sonstiges erhebliches Risiko anzuzeigen, wird mit Freiheitsentzug von 1 Monat und 1 Tag bis zu 6 Monaten oder Geldstrafe von 31 bis zu 180 Tagesbußen oder beiden Sanktionsarten bestraft.

Artikel 481

A. Die vorangehenden Vorschriften sind auch auf Straftaten anzuwenden, die gegen Autobusse oder Kraftfahrzeuge der Gesellschaften für Personen- und Warenbeförderung oder gegen Luftfahrzeuge der Luftverkehrsgesellschaften oder sonstige über dem Territorium der Republik verkehrende Luftfahrzeuge gerichtet sind.

B. Gegen einen Angestellten oder Beamten, der für irgendeine der in diesem Kapitel erörterten Straftaten verantwortlich ist, ist außer auf die entsprechende freiheitsentziehende Sanktion auf Besondere Rechtsminderung für eine gleich lange Zeitdauer zu erkennen.

XI. TITEL
Straftaten gegen die guten Sitten und die Familienordnung

I. KAPITEL
Straftaten gegen die guten Sitten

1. Abschnitt
Schändung und unzüchtige Handlungen

Artikel 482

A. Die Schändung einer Frau wird mit Freiheitsentzug von 2 bis zu 10 Jahren bestraft.

B. Eine Schändung begeht, wer den Beischlaf mit einer Frau ausübt:

1. indem er Gewalt oder Einschüchterung in einem Maße, das für die Verwirklichung seiner Absicht ausreicht, anwendet;
2. indem er aus dem Umstand Nutzen zieht — gleichgültig, ob er von ihm hervorgerufen worden ist oder nicht —, daß die Frau ihrer Vernunft oder Sinne beraubt oder unfähig ist, Widerstand zu leisten;
3. in allen Fällen, wenn die Frau jünger als 12 Jahre ist, auch wenn keine der in den beiden vorangehenden Ziffern erwähnten Umstände vorliegen.

C. Die Sanktion beträgt Freiheitsentzug von 4 bis zu 12 Jahren:
1. wenn die Schändung unter Mitwirkung von 2 oder mehr Personen begangen wird;
2. wenn die Frau zur Verübung der Tat aus ihrer Wohnung entführt wird.

Artikel 483

A. Wer ohne die Absicht, geschlechtlich zu verkehren, eine Frau zu unzüchtigen Handlungen mißbraucht, wird, wenn einer der in dem vorangehenden Artikel bezeichneten Umstände gegeben ist, mit Freiheitsentzug von 6 Monaten und 1 Tag bis zu 3 Jahren bestraft.
B. Wenn die unzüchtigen Handlungen mit einer Person des gleichen Geschlechtes vorgenommen werden, und wenn einer der zuvor erwähnten Umstände gegeben ist, lautet die Sanktion auf Freiheitsentzug von 1 bis zu 4 Jahren.
C. Wenn bei Vornahme der unzüchtigen Handlung keiner der in Art. 482 erwähnten Umstände vorliegt, lautet die Sanktion auf 1 Monat und 1 Tag bis zu 6 Monaten Freiheitsentzug oder auf Geldstrafe von 31 bis 180 Tagesbußen oder auf beide Sanktionsarten, gleichgültig, welches Geschlecht der Schuldige und das Opfer haben.

Artikel 484

A. Eine Amtsperson, unter deren Verfügungsgewalt sich eine festgenommene, inhaftierte oder zu einer Sanktion verurteilte Frau befindet, unterliegt, wenn sie sich dieser unsittlich nähert, einer freiheitsentziehenden Sanktion von 3 bis zu 6 Jahren und Besonderer Rechtsminderung für die gleiche Zeitdauer.
B. Ein Direktor, Bediensteter, Beamter oder Angestellter eines Zuchthauses oder Gefängnisses, der sich einer seiner Obhut unterworfenen Frau oder der Ehefrau, Tochter, Mutter, Schwester oder Verwandten gleichen Grades einer festgenommenen, inhaftierten oder zu einer Sanktion verurteilten Person unsittlich nähert, wird mit freiheitsentziehender Sanktion von 2 bis zu 4 Jahren und Besonderer Rechtsminderung für die gleiche Zeitdauer bestraft.

Artikel 485

Eine Amtsperson oder ein Behördenangestellter, welcher sich einer Frau unsittlich nähert, die einen Zivilprozeß führt oder an einem sonstigen Prozeß oder Gerichtsverfahren oder einer Rechtssache beteiligt ist, die noch rechtshängig und noch nicht rechtskräftig durch Beschluß oder Urteil entschieden ist, wird mit Freiheitsentzug von 6 Monaten und 1 Tag bis zu 2 Jahren und Besonderer Rechtsminderung für die gleiche Zeitdauer bestraft.

2. Abschnitt

Verführung und sittliche Verderbnis von Minderjährigen

Artikel 486

Die Verführung eines Mädchens, das älter als 12 Jahre aber jünger als 16 Jahre ist, wird bestraft:
1. wenn die Tat von einer Amtsperson, einem Geistlichen, einem Dienstboten, Hausdiener, Vormund, Lehrer oder von jemandem, der

aus irgendeinem anderen Grund mit der Erziehung oder Fürsorge für die Verführte betraut war, begangen wird, mit Freiheitsentzug von 1 bis zu 3 Jahren.

2. wenn die Tat von irgendeiner anderen Person unter Anwendung von Betrug, Arglist oder mittels eines Heiratsversprechens begangen wird, mit Freiheitsentzug von 3 Monaten bis zu 1 Jahr oder Geldstrafe von 90 bis zu 200 Tagesbußen.

Artikel 487

Mit Freiheitsentzug von 2 bis zu 6 Jahren und Besonderer Rechtsminderung für die gleiche Zeitdauer wird bestraft:

1. derjenige, welcher unter Mißbrauch seines Verwandtschaftsgrades oder der ihm entgegengebrachten Zuneigung einen Minderjährigen veranlaßt, unzüchtige Handlungen vorzunehmen;
2. derjenige, welcher Minderjährige veranlaßt oder verpflichtet, unmoralische oder obszöne Entblößungen vorzunehmen;
3. derjenige, welcher gewohnheitsmäßig oder unter Mißbrauch seiner Autorität oder Vertrauensstellung in irgendeiner Form die Prostitution oder sittliche Verderbnis eines Minderjährigen veranlaßt oder erleichtert.

Artikel 488

Mit Freiheitsentzug von 1 Monat und 1 Tag bis zu 6 Monaten oder Geldstrafe von 31 bis zu 180 Tagesbußen oder beiden Sanktionsarten wird bestraft:

1. wer Handlungen der Prostitution oder sittlichen Verdorbenheit, die ein seiner elterlichen Gewalt oder Aufsicht unterworfener Minderjähriger begeht, nachdem er davon Kenntnis erhalten hat, weder unterbindet, noch der Behörde zur Kenntnis bringt;
2. derjenige, welcher obszöne oder schamlose sexuelle Handlungen in Gegenwart von Minderjährigen ausführt;
3. derjenige, welcher einem Minderjährigen Bücher, Veröffentlichungen, Drucke, Photographien oder andere Gegenstände obszönen Charakters oder von einer der moralischen Ordnung zuwiderlaufenden Art oder solche, deren Vertrieb oder Besitz verboten worden ist, anbietet, verkauft, liefert oder verschafft.

3. Abschnitt

Zuhälterei und Mädchenhandel

Artikel 489

A. Mit Freiheitsentzug von 6 Monaten und 1 Tag bis zu 3 Jahren und Geldstrafe von 100 bis zu 300 Tagesbußen wird bestraft:

1. derjenige, welcher in irgendeiner Form die Prostitution innerhalb oder außerhalb Cubas unterstützt, ihr Vorschub leistet oder sie in irgendeiner Form ausbeutet, indem er an ihren Gewinnen Teil hat, oder daraus eine Existenzgrundlage macht;
2. derjenige, welcher offensichtlich von den Erlösen der Prostitution lebt;
3. derjenige, welcher eine Person gegen deren Willen zur Prostitution anhält;

4. derjenige, welcher innerhalb oder außerhalb Cubas Cubanerinnen oder Ausländerinnen mit deren Einverständnis oder unter Anwendung von Drohungen, Versprechungen, Arglist oder irgendeines ähnlichen Kunstgriffes zur Ausübung der Prostitution aufgreift, oder wer Frauen, die bekanntermaßen die Prostitution ausüben, nach Cuba verbringt;
5. wer sich gewohnheitsmäßig mit dem Betrieb von Bordellen oder Freudenhäusern befaßt.

B. Wenn der Schuldige eine Amtsperson ist, so ist gegen ihn außerdem auf Besondere Rechtsminderung für eine der verwirkten Freiheitsentziehung entsprechende Zeit zu erkennen.

4. Abschnitt
Öffentliches Ärgernis

Artikel 490

Mit Freiheitsentzug von 1 Monat und 1 Tag bis zu 6 Monaten oder Geldstrafe von 31 bis zu 180 Tagesbußen oder beiden Sanktionsarten wird bestraft:

1. derjenige, welcher unter Erregung eines erheblichen öffentlichen Ärgernisses gewohnheitsmäßig aktiv oder passiv der Homosexualität frönt oder dieses Laster öffentlich zur Schau stellt oder mit derartigen Ansinnen einen anderen belästigt oder dazu zu veranlassen sucht;
2. derjenige, welcher durch schamlose Entblößung oder irgendeine andere ein öffentliches Ärgernis erregende Handlung das Schamgefühl oder die guten Sitten verletzt;
3. derjenige, welcher Publikationen, Zeichnungen, Filmstreifen, Photographien oder andere Gegenstände obszöner Art herstellt;
4. der Inhaber oder Leiter eines Theaters, einer Ballettschule oder einer ähnlichen Einrichtung, der die Darbietung von Schaustellungen zuläßt, die offensichtlich das Schamgefühl oder die guten Sitten verletzen.

Artikel 491

Eine für die in den Nr. 3 und 4 des vorangehenden Artikels bezeichneten Straftaten verantwortliche juristische Person wird mit einer Schließung von 10 bis zu 30 Tagen bestraft.

II. KAPITEL
Straftaten gegen die Ordnung der Familie

1. Abschnitt
Blutschande

Artikel 492

A. Als Blutschande gilt der Geschlechtsverkehr zwischen Aszendenten und Deszendenten oder zwischen blutsverwandten voll- oder halbbürtigen Geschwistern.

B. Blutschande wird bestraft:

1. wenn sie von einem Aszendenten mit seinem Deszendenten begangen wird, mit freiheitsentziehender Sanktion von 6 Monaten und 1 Tag bis zu 3 Jahren gegenüber dem Aszendenten;

2. wenn sie unter blutsverwandten voll- oder halbbürtigen Geschwistern begangen wird, mit Freiheitsentzug von 2 Monaten und 1 Tag bis zu 8 Monaten gegenüber beiden Partnern;
3. wenn die Tat unter Erregung eines öffentlichen Ärgernisses begangen wurde, kann das Gericht die obere Strafgrenze der Sanktion um ein Drittel erhöhen.

2. Abschnitt

Entführung

Artikel 493

A. Entführung ist die Entziehung und Inbesitznahme einer Frau in unzüchtiger Absicht oder zwecks Heirat, sofern die Tat gegen ihren Willen oder unter betrügerischen Vorspiegelungen erfolgt.

B. Die Entführung einer über 12 Jahre alten Frau in unzüchtiger Absicht oder zwecks Heirat wird mit Freiheitsentzug von 2 bis zu 6 Jahren bestraft, wenn der Täter Gewalt angewandt hat, oder wenn die Entführte ihres Willens, ihres Verstandes oder ihrer Sinne beraubt oder sonst außer Stande war, Widerstand zu leisten.

C. Die Entführung eines unbescholtenen Mädchens zwischen 12 und 16 Jahren in unzüchtiger Absicht ohne Gewaltanwendung aber unter betrügerischen Vorspiegelungen oder Erteilung eines Heiratsversprechens wird mit Freiheitsentzug von 6 Monaten und 1 Tag bis zu 1 Jahr bestraft.

Artikel 494

A. Personen, die der Straftat der Entführung beschuldigt werden und keine Auskunft über den Aufenthalt der Entführten oder eine befriedigende Erklärung über ihren Tod oder ihr Verschwinden geben, werden mit Freiheitsentzug von 6 bis zu 12 Jahren bestraft.

B. Wenn derjenige, der einer der in dem vorangehenden Artikel Abs. C bezeichneten Straftaten schuldig ist, die Entführte, ohne eine schamverletzende Handlung an dieser begangen zu haben, aus freien Stücken freiläßt, bevor die Entführung angezeigt worden ist, indem er sie an ihren Wohnsitz verbringt oder dem Wohnsitz eines Elternteils zuführt oder an einem sicheren Ort der Familie zur Verfügung stellt, so ist auf Geldstrafe von 31 bis zu 100 Tagesbußen zu erkennen.

3. Abschnitt

Bigamie und gesetzwidrige Eheschließung

Artikel 495

Wer eine zweite oder weitere Ehe eingeht, ohne daß seine frühere gesetzmäßig gelöst ist, wird mit Freiheitsentzug von 2 bis zu 6 Jahren bestraft.

Artikel 496

A. Derjenige, welcher trotz eines absoluten Ehehindernisses eine Ehe eingeht, wird mit Freiheitsentzug von 1 bis zu 3 Jahren bestraft.

B. Wer trotz eines nur relativen, dispensfähigen Ehehindernisses, aber ohne den hierfür vorgesehenen Dispens erhalten zu haben, eine Ehe eingeht, wird mit Geldstrafe von 60 bis zu 150 Tagesbußen bestraft.

Artikel 497

Einer Geldstrafe von 31 bis 100 Tagesbußen unterliegt der Minderjährige, der eine Ehe ohne die Erlaubnis oder die Zustimmung derjenigen Personen, denen sie nach dem Gesetz zusteht, eingeht.

Artikel 498

A. Eine Witwe oder geschiedene Frau, die vor Ablauf von 301 Tagen nach dem Tode ihres Ehegatten oder, falls sie schwanger gewesen ist, vor ihrer Niederkunft eine Ehe eingeht, unterliegt einer freiheitsentziehenden Sanktion von 1 Monat und 1 Tag bis zu 6 Monaten oder Geldstrafe von 31 bis zu 180 Tagesbußen oder beiden Sanktionsarten.

B. Derselben Sanktion unterliegt diejenige Frau, deren Ehe für nichtig erklärt worden ist, wenn sie sich vor ihrer Niederkunft oder vor Ablauf von 301 Tagen nach der gesetzlichen Trennung verheiratet.

C. In den in den vorangehenden Absätzen geregelten Fällen gilt der neue Ehegatte als Mittäter, wenn er von den Tatbestandsmerkmalen der Straftat Kenntnis hatte.

D. Eine Adoptivperson, die, ohne vorher Dispens erhalten zu haben, mit dem Adoptierten eine Ehe eingeht, wird mit Freiheitsentzug von 1 Monat und 1 Tag bis zu 6 Monaten oder Geldstrafe von 31 bis zu 180 Tagesbußen oder beiden Sanktionsarten bestraft.

E. Ein Vormund, der vor Beendigung der Vormundschaft oder der amtlichen Bestätigung der Schlußabrechnung über die Vormundschaft mit dem Mündel eine Ehe eingeht, oder einer Eheschließung seiner Kinder oder Enkel mit der Person, deren Personensorge er innehat oder innehatte, zustimmt oder ihr zurät, wird, falls nicht der Vater oder die Mutter des Mündels die Heirat in rechtserheblicher und zulässiger Weise gebilligt hatte, mit Freiheitsentzug von 1 Monat und 1 Tag bis zu 6 Monaten oder Geldstrafe von 31 bis zu 180 Tagesbußen oder beiden Sanktionsarten bestraft.

Artikel 499

A. Ein für das Standesamtsregister zuständiger Beamter oder ein öffentlicher Notar, der bei einer vom Gesetz mit Nichtigkeit bedachten Eheschließung wissentlich mitwirkt, ist mit Geldstrafe von 100 bis zu 250 Tagesbußen und Besonderer Rechtsminderung von 1 bis zu 3 Jahren zu bestrafen.

B. Wenn die Nichtbeachtung der durch das Gesetz vorgeschriebenen Förmlichkeiten heilbar ist, oder wenn von dem Ehehindernis Dispens bewilligt werden kann, beträgt die Sanktion 31 bis 100 Tagesbußen und Zeitweiliger Entzug von Rechten von 1 bis zu 6 Monaten.

4. Abschnitt

Vortäuschung einer Geburt und Anmaßung eines Personenstandes

Artikel 500

A. Die Vortäuschung einer Geburt und die Vertauschung von Kindern wird mit Freiheitsentzug von 2 bis zu 8 Wochen bestraft.

B. Auf dieselbe Sanktion ist gegenüber demjenigen zu erkennen, der ein ehelich geborenes Kind verheimlicht oder seinen Personenstand fälscht in der Absicht, es um seine Rechte oder seine bürgerliche

Rechtsstellung zu bringen oder ihm die Rechtsstellung eines anderen zu unterschieben.

C. Ein Arzt oder öffentlicher Amtsträger, der unter Mißbrauch seines Berufes oder seines Amtes bei der Ausübung einer der zuvor erwähnten Straftaten mitwirkt, unterliegt den für diese Straftaten angedrohten Sanktionen und außerdem Besonderer Rechtsminderung für eine der verwirkten Freiheitsentziehung entsprechende Zeitdauer.

Artikel 501

A. Derjenige, welcher sich den Nachnamen, Vornamen oder Personenstand eines anderen in der Absicht anmaßt, diesen aus seiner persönlichen Rechtsstellung zu verdrängen, wird mit Freiheitsentzug von 6 Monaten und 1 Tag bis zu 3 Jahren und Geldstrafe von 100 bis 300 Tagesbußen bestraft.

B. Derjenige, welcher in der Absicht, irgendein Recht auszuüben oder irgendeinen Vorteil zu erlangen, einen Personenstand vortäuscht, der sich von demjenigen, der ihm von Geestzeswegen zusteht, unterscheidet, unterliegt einer Geldstrafe von 31 bis zu 150 Tagesbußen.

5. Abschnitt
Ergänzende Bestimmungen

Artikel 502

A. Ein Verfahren wegen Schändung kann nur auf Antrag der Verletzten oder ihrer Eltern, ihrer Großeltern, ihres Vormundes oder der mit der Personensorge beauftragten Person durchgeführt werden.

B. Bei den Straftaten der Schändung und der in unzüchtiger Absicht durchgeführten Entführung kann ein Verfahren schon auf bloße Anzeige der Verletzten, gleichgültig, wie alt diese ist, oder ihres Ehegatten, ihrer Eltern, Aszendenten, Geschwister, des gesetzlichen Vertreters oder derjenigen Person, der die Obhut oder Personensorge oblag, durchgeführt werden, sofern die Anzeige gegenüber einer Gerichtsperson oder einem Beamten der Staatsanwaltschaft erstattet wird.

C. Wenn die Verletzte außerstande ist, die Anzeige zu formulieren, ist der Bürgermeister ihrer Gemeinde oder jeder Beamte der Gerichte oder der Staatsanwaltschaft, sowie jeder Polizeibeamte, zu dessen Kenntnis die Verübung der Straftat gelangt ist, zur Anzeige verpflichtet; falls keiner eine Anzeige erstattet, so hat der zuständige Richter, sobald er von der Tat Kenntnis erlangt, von Amts wegen ein Verfahren einzuleiten.

D. Bei der Straftat der Blutschande unter Erregung öffentlichen Ärgernisses hat der Richter von Amts wegen oder auf Veranlassung der Staatsanwaltschaft ein Verfahren durchzuführen.

E. Bei der Straftat des nicht öffentlich und ohne Erregung eines Ägernisses verübten Mißbrauches zur Unzucht bedarf es der Anzeige durch die Verletzte; war die Tat öffentlich oder unter Erregung eines Ärgernisses verübt worden, so genügt die Anzeige jeder beliebigen Person.

Artikel 503

A. Im Fall des Artikels 493 Abs. C hat eine vermutete Verzeihung die Wirkung, daß das Strafverfahren oder die dem Täter auferlegte Sanktion entfällt. Eine Verzeihung wird nur bei Heirat der Verletzten mit dem Täter vermutet.

B. Wenn die in dem Verfahren Beschuldigten Aszendenten, Geschwister, gesetzliche Aufsichtspersonen oder aus irgendeinem Grunde mit der Personensorge für die Verletzte betraute Personen waren, oder wenn der Beschuldigte Lehrherr war oder die Straftat unter Mißbrauch seiner Autorität, seines Amtes oder einer Vertrauensstellung verübt hat, so hat die Verzeihung nur dann Rechtswirkungen, wenn sie von dem mit der Sache befaßten oder zur Aburteilung berufenen Gericht gebilligt wird.

Artikel 504

Aszendenten, Vormünder, Lehrherrn oder sonstige Personen, die unter Mißbrauch ihrer Autorität, ihres Amtes oder ihrer Vertrauensstellung bei der Verübung der in diesem Titel genannten Straftaten mitgewirkt haben, werden als Täter bestraft, wenn die Verletzte Deszendent, Schüler oder sonst von der Autorität der genannten Personen abhängig war.

Artikel 505

A. Lehrherren oder Personen, die in irgendeiner Weise mit der Erziehung oder Leitung der Jugend betraut sind, werden, wenn sie als Täter irgendeiner der in diesem Kapitel genannten Straftaten gegen ihre Schüler oder Erziehungsbefohlenen gelten, außerdem mit Besonderer Rechtsminderung für eine der in Frage kommenden Freiheitsentziehung entsprechende Zeitdauer bestraft.

B. Aszendenten, welche die Straftaten der Schändung, der Blutschande, der Unzucht, der Verführung, der Entführung oder der sittlichen Verderbnis Minderjähriger begehen, oder die als Teilnehmer bei der Verübung mitwirken, werden, wenn die Straftat gegen ihre Deszendenten gerichtet war, außerdem der elterlichen Gewalt und des Rechts, einem Familienrat anzugehören, für verlustig erklärt. Ihnen ist außerdem die Fähigkeit abzusprechen, die Aufgaben eines Vormundes oder Mitvormundes nach Maßgabe der Vorschriften des bürgerlichen Gesetzbuches auszuüben; diese Aberkennungen sind als Bestandteil der Besonderen Rechtsminderung vom Gericht in jedem einzelnen Fall ausdrücklich auszusprechen.

C. Vormündern und Gegenvormündern, die für eine der in diesem Titel bezeichneten Straftaten in bezug auf Personen, die ihrer Obhut oder Personensorge unterstellt sind, verantwortlich sind, sind ihre Ämter und die Berechtigung, an einem Familienrat mitzuwirken, auch im Falle der Verzeihung abzuerkennen. Diese Aberkennung ist vom Gericht in derselben Weise, wie sie im vorangehenden Absatz erläutert worden ist, vorzunehmen.

D. In den Fällen der Schändung, Unzucht, Verführung, Entführung oder Bigamie ist der Schuldige außerdem, wenn die Verletzte es wünscht, und wenn die Abstammungsmerkmale nicht entgegenstehen, zur Anerkennung der aus der Tat entstandenen Nachkommenschaft sowie zur Versorgung der Verletzten in einer vom Gericht zu bestimmenden Höhe zu verurteilen.

E. In jedem Fall ist er ferner zu Unterhaltsleistungen für das Kind zu verurteilen.

XII. TITEL
Straftaten gegen die Ehre
I. KAPITEL
Falsche Anschuldigung
Artikel 506

A. Falsche Anschuldigung (calumnia) ist die unrichtige Beschuldigung, jemand habe eine von denjenigen Straftaten begangen, die von Amts wegen zu verfolgen sind.

B. Die Verbreitung einer solchen Beschuldigung in der Öffentlichkeit wird mit Freiheitsentzug von 6 Monaten und 1 Tag bis zu 2 Jahren und Geldstrafe von 100 bis 300 Tagesbußen bestraft.

C. Die nichtöffentliche Verbreitung wird mit Freiheitsentzug von 3 Monaten bis zu 1 Jahr und Geldstrafe von 90 bis 200 Tagesbußen bestraft.

D. Derjenige, dem eine falsche Anschuldigung zur Last gelegt wird, ist von strafrechtlicher Verantwortlichkeit frei, wenn er nachweist, daß der von ihm Angeschuldigte die Straftat tatsächlich begangen hat.

II. KAPITEL
Beleidigung
Artikel 507

A. Als Beleidigung (injuria) ist jede Äußerung oder Handlung anzusehen, die eine Person als unehrenhaft, vertrauensunwürdig oder verächtlich hinstellt.

B. Schwere Beleidigungen sind:
1. die Beschuldigung, jemand habe eine derjenigen Straftaten begangen, die nicht von Amts wegen zu verfolgen sind;
2. die Beschuldigung, jemand sei lasterhaft oder unmoralisch, wenn dadurch der Ruf oder das soziale oder wirtschaftliche Ansehen des Verletzten in erheblichem Maße geschädigt werden kann;
3. Äußerungen oder Handlungen, die durch ihr Wesen, ihren Anlaß oder sonstige Umstände in der öffentlichen Meinung als besonders beschimpfend angesehen werden.
4. Alle übrigen Äußerungen oder Handlungen, die bei verständiger Betrachtungsweise und bei Berücksichtigung des Standes, des Ansehens und der sonstigen Umstände des Beleidigten und des Beleidigers, die Bezeichnung „schwere Beleidigung" verdienen.

C. Als leichte Beleidigung gelten alle übrigen in den vorangehenden Absätzen nicht genannten Äußerungen oder Handlungen, die ausgesprochen oder verübt werden, um einen anderen als unehrenhaft, vertrauensunwürdig oder verächtlich hinzustellen.

Artikel 508

A. Schwere in der Öffentlichkeit begangene Beleidigungen werden mit Freiheitsentzug von 1 Monat und 1 Tag bis zu 6 Monaten oder mit Ortsverweisung von 1 Monat und 1 Tag bis zu 6 Monaten und Geldstrafe von 31 bis zu 180 Tagesbußen bestraft.

B. Wenn die schweren Beleidigungen nicht in der Öffentlichkeit begangen wurden, ist auf Ortsverweisung von 1 Monat und 1 Tag bis zu 6 Monaten oder auf Geldstrafe von 31 bis zu 180 Tagesbußen oder auf beide Sanktionsarten zu erkennen.

Straftaten gegen die Ehre

Artikel 509

A. Leichte in der Öffentlichkeit begangene Beleidigungen sind mit Geldstrafe von 31 bis zu 180 Tagesbußen zu bestrafen.

B. Leichte nicht öffentlich begangene Beleidigungen und Belästigungen werden mit Geldstrafe von 5 bis zu 60 Tagesbußen bestraft.

Artikel 510

A. Bei einer Beleidigung ist der Wahrheitsbeweis oder der Beweis der Offensichtlichkeit für den Beleidiger nicht zuzulassen.

B. Dies gilt nicht:

1. bei Beleidigungen, die sich gegen einen öffentlichen Amtsträger richten, vorausgesetzt, daß sich die ihm vorgeworfene Handlung auf die Ausübung seines Dienstes bezieht;
2. wenn derjenige, der im Falle des Artikel 507 Abs. B, Ziff. 1 jemanden einer Straftat beschuldigt, eine Anzeige erstattet oder die strafrechtliche Verfolgung veranlaßt hat, oder wenn wegen der in beleidigender Form unterstellten Handlung ein Strafverfahren gegen den Beleidigten eingeleitet oder durchgeführt wird;
3. wenn der Beleidigte förmlich verlangt, daß das Urteil auch zu der Frage, ob das ihm unterstellte Verhalten der Wahrheit entspreche oder ob die Unterstellung unrichtig sei, Stellung nehme.

C. In all diesen Fällen ist der Beschuldigte freizusprechen, wenn sich die Wahrheit seiner Anschuldigungen ergibt.

III. KAPITEL

Gemeinsame Vorschriften in bezug auf die vorangehenden Kapitel

Artikel 511

A. Straftaten gegen die Ehre gelten dann als öffentlich begangen, wenn die Beleidigungen verbreitet oder ausgestreut werden durch Erzeugnisse der Druckerpresse, Lithographien, Stiche oder durch irgendein anderes mechanisches Reproduktionsverfahren oder Sendeverfahren, durch Anschläge oder an öffentlichen Orten angebrachte Schmähschriften, durch an verschiedene Personen gerichtete Schreiben oder, wenn die Tat vor einer Personenversammlung begangen wird, durch Ansprachen oder durch bei öffentlichen Zusammenkünften — unter Umständen, die die Verbreitung erleichtern, — ausgestoßene Zwischenrufe oder durch die Presse oder das Radio.

B. Die in den beiden vorangehenden Kapiteln enthaltenen Vorschriften sind nicht nur dann anwendbar, wenn die Beleidigung und Verleumdung Individualpersonen gilt, sondern auch dann, wenn sie sich gegen irgendeine Gemeinschaft oder juristische Person richtet.

Artikel 512

Juristische Personen, die für eine der in den vorangehenden Artikeln bezeichneten Straftaten verantwortlich sind, unterliegen der Sanktion der Schließung von 10 bis zu 60 Tagen.

Artikel 513

A. Wenn die falsche Anschuldigung oder Beleidigung in einer Zeitung verlautbart worden ist, so sind die Eigentümer, Redakteure oder Herausgeber derselben verpflichtet, innerhalb einer vom Gericht festzusetzenden Zeitspanne und an dem gleichen Ort und in demselben Drucktypensatz, in dem die falsche Anschuldigung oder Verleumdung erschienen war, die vom Gericht angeordnete Berichtigung einzusetzen.

B. Wenn die Veröffentlichung nicht unter den vom Gericht festgesetzten Bedingungen erfolgt, sind die Eigentümer, Redakteure oder Herausgeber wegen der Straftat des Ungehorsams zu bestrafen; außerdem kann das Gericht die Schließung des Zeitungsunternehmens für die Dauer von 10 bis zu 30 Tagen anordnen.

C. Wenn die Beleidigung oder falsche Anschuldigung durch Presse oder Rundfunk begangen worden ist, und wenn die Urheber nicht bekannt oder wegen parlamentarischer Immunität oder Exterritorialität oder aus irgendeinem anderen Grund von der Strafverfolgung ausgeschlossen sind, gelten der Direktor der Zeitung, hilfsweise der Chefredakteur bzw. der Eigentümer oder die Sendeleiter der Radiostation als strafrechtlich verantwortlich.

D. Wenn der Direktor der Zeitung und der Chefredakteur oder aber der Eigentümer der Rundfunkstation durch parlamentarische Immunität, Exterritorialität oder aus irgendeinem anderen Grunde der Strafverfolgung entzogen sind, kann das Gericht die Schließung des Zeitungsunternehmens oder der Sendestation für eine Zeitspanne von mindestens 30 Tagen und höchstens 1 Jahr anordnen.

E. Falls auf diese Sanktion erkannt wird, haben die Gerichte die Erscheinungsweise der Veröffentlichung zu berücksichtigen, dergestalt, daß im Sinne der Anwendung dieses Artikels als Tage, für die die Schließung angeordnet wird, ausschließlich die Tage des Erscheinens der Publikation anzusehen sind.

Artikel 514

In allen Fällen, in denen das Gericht wegen einer Beleidigung oder wegen einer falschen Anschuldigung auf eine Sanktion erkennt, ist der Verurteilte zu verpflichten, eine Kaution dafür zu hinterlegen, daß er die falsche Anschuldigung oder Beleidigung, die Gegenstand des gerichtlichen Urteilsspruchs war, nicht noch einmal äußert.

Artikel 515

A. Eine Strafverfolgung wegen Beleidigung oder falscher Anschuldigung findet nur auf Antrag des Verletzten statt.

B. Wenn der Verletzte vor Ablauf der für die strafbare Handlung maßgeblichen Verjährungsfrist stirbt, oder wenn die Straftat sich gegen das Andenken eines Verstorbenen richtete, kann der Strafantrag von dem Ehegatten, einem beliebigen Aszendenten, Deszendenten, von Geschwistern oder Erben des Verstorbenen gestellt werden.

C. Wenn die falsche Anschuldigung oder Beleidigung gegen eine Korporation, eine Gesellschaft, ein Unternehmen oder eine juristische Person gerichtet war, so können nur diejenigen den Strafantrag stellen, denen die gesetzliche Vertretung der betreffenden verletzten Gemeinschaft obliegt.

D. Wird die Beleidigung während eines Strafverfahrens ausgesprochen, so darf ihretwegen erst dann eingeschritten werden, wenn in diesem Verfahren ein rechtskräftiges Urteil oder ein endgültiger Beschluß über Aussetzung der Entscheidung oder über vorläufige Aussetzung oder über Absehen von der Verfolgung ergangen ist.

E. Straftaten der Beleidigung oder falschen Anschuldigung können auch in der Weise begangen werden, daß der Verbreitungserfolg im Ausland eintritt, sofern die Taten sich gegen Personen oder Gemeinschaften richten, die ihren Sitz in Cuba haben oder dort ihren Geschäften nachgehen.

F. Die wegen Beleidigung oder falscher Anschuldigung gegen einen Schuldigen erkannten Sanktionen können jederzeit aufgehoben werden, wenn der Verletzte ausdrücklich seine Verzeihung erklärt.

XIII. TITEL
Straftaten gegen das Eigentum

I. KAPITEL
Raub

Artikel 516

Als Räuber sind diejenigen zu bestrafen, die sich fremder beweglicher Sachen in gewinnsüchtiger Absicht mit Gewalt oder unter Einschüchterung von Personen, oder indem sie gewaltsam auf Sachen einwirken, bemächtigen.

1. Abschnitt
Raub unter Einschüchterung oder Gewaltanwendung gegenüber Personen

Artikel 517

Derjenige, welcher gegenüber Personen Gewalt anwendet oder sie einschüchtert, wird wie folgt bestraft:

1. mit Freiheitsentzug von 20 Jahren *oder mit dem Tode,* wenn infolge oder anläßlich des Raubes ein Mord begangen wird;
2. mit Freiheitsentzug von 12 bis zu 20 Jahren, wenn infolge oder anläßlich des Raubes eine Schändung oder Verstümmelung, eine Abtreibung oder eine der in Art. 445 Abs. A, Ziff. 1, 2, 3 bezeichneten Körperverletzungen verübt worden sind;
3. mit Freiheitsentzug von 6 bis zu 12 Jahren, wenn infolge oder anläßlich des Raubes Körperverletzungen im Sinn des Artikel 445 Abs. A, Ziff. 4 verübt worden sind;
4. mit Freiheitsentzug von 2 bis zu 6 Jahren in allen übrigen Fällen.

Artikel 518

A. Das Höchstmaß der Sanktion erhöht sich um ein Drittel, wenn der Raub in einer der in dem vorangehenden Artikel bezeichneten Begehungsweisen in menschenleerer Gegend oder bandenweise oder durch Enterung eines Schiffes, eines Luftschiffes oder eines in Fahrt befindlichen, der Personenbeförderung dienenden Fahrzeuges oder dadurch begangen wird, daß die Täter in ein Reiseabteil oder in einen Raum, in dem sich Bedienstete der Regierung befinden, oder in einen Betrieb eindringen oder darin überrascht werden,

B. Personen, die bei der bandenmäßigen Begehung eines Raubes mitwirken, sind als Täter all jener Straftaten zu bestrafen, die von der Bande begangen worden sind, wenn sie damit einverstanden waren, daß solche Straftaten zur Ausführung des Raubes begangen werden sollten, oder wenn sie davon Kenntnis hatten, sich aber nicht bemüht haben, die Straftaten zu verhindern.

C. Die gegen den Anführer der Bande erkannte Sanktion muß in jedem Fall die gegen die übrigen Täter erkannte Sanktion mindestens um ein Viertel übersteigen.

Artikel 519

Bei Raubüberfällen auf Handelshäuser, Geschäftslokale oder Banken oder auf Händler, Unternehmer oder sonstige Personen, denen Geld oder Wertsachen anvertraut sind, ist die versuchte Tat wie eine vollendete zu bestrafen und unterliegen Teilnehmer derselben Sanktion wie Haupttäter.

Artikel 520

Derjenige, welcher in der Absicht, sich einen Vorteil zu verschaffen, einen anderen mit Gewalt, Einschüchterung oder Drohungen zwingt, irgendein Schriftstück oder Dokument zu firmieren, zu unterschreiben, auszufertigen oder auszuhändigen oder irgendeine Verpflichtung einzugehen, irgendeine Schuld zu erlassen oder auf irgendein Recht zu verzichten, wird mit Freiheitsentzug von 2 bis zu 6 Jahren und außerdem, falls der Schuldige Anwalt, Notar, anerkannter Handelsmakler oder öffentlicher Amtsträger war und die Tat anläßlich oder in Ausübung seiner Obliegenheiten begangen hat, mit Allgemeiner Rechtsminderung für die gleiche Zeitdauer bestraft.

2. Abschnitt

Raub unter Gewaltanwendung gegen Sachen

Artikel 521

Des Raubes mit Gewalt gegen Sachen sind diejenigen schuldig, welche die Tat unter einem der folgenden Umstände ausführen:

1. mittels Einsteigens;
2. mittels Einbruchs durch eine Mauer, ein Dach oder einen Fußboden; durch Erbrechen eines Kellers oder durch Aufbrechen von Türen oder Fenstern — gleichgültig, ob diese sich im Innern oder Äußeren befinden — oder ihrer Schlösser, Schließvorrichtungen oder Rollläden;
3. durch Erbrechen von Schränken, Truhen oder anderen Behältnissen, Möbeln, versiegelten oder verschlossenen Gegenständen oder von deren Verschlußvorrichtungen; sowie bei Entwendung derselben, falls sie an einem anderen Ort zertrümmert oder gewaltsam geöffnet werden sollen, auch wenn es zu der Zertrümmerung oder Gewaltanwendung nicht kommt;
4. durch Gebrauch falscher Schlüssel oder ähnlicher Gegenstände.

Straftaten gegen das Eigentum

Artikel 522

Derjenige, welcher eines Raubes im Sinne des vorangehenden Artikels schuldig ist, wird bestraft:

1. mit Freiheitsentzug von 4 bis zu 8 Jahren, wenn sich der Wert der Beute auf 1000 Pesos oder mehr beläuft;
2. mit Freiheitsentzug von 2 bis zu 6 Jahren, wenn er zwischen 100 und 1000 Pesos beträgt;
3. mit Freiheitsentzug von 1 bis zu 4 Jahren in allen übrigen Fällen.

Artikel 523

Das Höchstmaß der in den vorangehenden Artikeln bezeichneten Sanktionen ist um ein Drittel zu erhöhen:

1. wenn der Raub in einem öffentlichen Gebäude oder Büro, in einer Bank, einem Handelshaus oder Privatkontor oder in einem bewohnten Anwesen oder auf dessen Nebenstelle begangen wird;
2. wenn der Raub innerhalb eines Haushaltes oder unter schwerem Vertrauensmißbrauch begangen wird;
3. wenn einer oder mehrere Täter dabei Waffen tragen;
4. wenn er in unbewohnter Gegend oder bandenmäßig begangen wird;
5. wenn er des nachts oder anläßlich einer Feuersbrunst oder einer anderen Katastrophe oder eines öffentlichen oder nur den Angegriffenen betreffenden Unglücksfalles begangen wird;
6. wenn die geraubten Gegenstände für Wohltätigkeitszwecke, Sozialfürsorge, Erziehungszwecke oder die öffentliche Gesundheitspflege oder Wohlfahrt bestimmt waren;
7. wenn die Tat in Verkleidung oder unter einem angenommenen Namen oder unter Mißbrauch des Namens oder Abzeichens einer Behörde oder ihrer Angestellten oder eines öffentlichen Amtsträgers oder Angestellten oder unter Vorweisung einer falschen behördlichen Anordnung oder Anweisung begangen wird;
8. wenn der Schuldige Angehöriger einer Behörde ist und die Tat anläßlich der Erfüllung seiner Obliegenheiten oder unter Vorspiegelung solcher Obliegenheiten begangen wird;
9. wenn infolge des Raubes dem Verletzten die für seinen Unterhalt notwendigen Mittel oder sein Handwerkszeug oder sein Arbeitsgerät entzogen worden sind.

Artikel 524

A. Als bewohntes Anwesen gilt jede Herberge, die dem Aufenthalt einer oder mehrerer Personen dient, auch wenn diese im Zeitpunkt des Raubes zufällig abwesend sind.

B. Als Nebenstelle eines bewohnten Ortes oder öffentlichen Gebäudes gelten deren Innenhöfe, Wirtschaftshöfe, Gasträume, Ställe, Wagenremisen, Garagen und sonstige Abteilungen, Örtlichkeiten, Gebäude oder Grundstücke, die unmittelbar an das Hauptgebäude anschließen und zu diesem eine innere Verbindung haben.

Artikel 525

A. Wer Dietriche oder andere ähnliche Werkzeuge für die Verübung eines Raubes in seinem Besitz hat und keinen befriedigenden Aufschluß über den Grund des Besitzes gibt, wird mit Freiheitsentzug von 3 Monaten bis zu 1 Jahr bestraft.

B. Derselben Sanktion unterliegt derjenige, der die genannten Gegenstände herstellt oder zum Verkauf feilhält oder in irgendeiner Weise mit ihnen Handel treibt.

Artikel 526

Unter falschen Schlüsseln versteht man

1. diejenigen Werkzeuge, auf die sich der vorangehende Artikel bezieht;
2. die dem Eigentümer entwendeten echten Schlüssel;
3. irgendwelche anderen Gegenstände, die vom Eigentümer nicht zum Öffnen des vom Schuldigen gewaltsam erbrochenen Schlosses bestimmt waren.

Artikel 527

A. Ein Raub unter Gewaltanwendung gegen Sachen, Urkunden oder Schriftstücke wird, wenn deren Wert abzuschätzen ist, mit den in Artikel 522 bezeichneten Sanktionen bestraft.

B. Ist er nicht schätzbar, so ist auf die in Artikel 522, Ziff. 2 bezeichnete Sanktion zu erkennen.

Artikel 528

A. Wenn sich der Raub auf die Besitzergreifung von Federvieh, Nahrungsmitteln, Sämereien, Früchte oder Brennholz, deren Wert 20 Pesos nicht überschreitet, beschränkte und die Tat nur durch Übersteigen von äußeren Mauern, Hecken, Gräben oder Umzäunungen begangen worden ist, ohne daß eine der in Artikel 523 erwähnten Umstände hinzukommt, so lautet die Sanktion auf Freiheitsentzug von 1 Monat und 1 Tag bis zu 6 Monaten oder Geldstrafe von 31 bis 180 Tagesbußen oder auf beide Sanktionsarten.

B. Derselben Sanktion unterliegt:

1. derjenige, welcher mittels Gewaltanwendung oder Einschüchterung gegenüber Personen oder Gewaltanwendung gegen Sachen ein umfriedetes Grundstück oder Gehege deshalb betritt, um dort zu jagen oder zu fischen;
2. derjenige, welcher ohne Erlaubnis des Eigentümers unter Verwendung von mittels Rechtsverordnung verbotenen Mitteln an irgendeinem Ort fischt oder jagt.

C. Derselben Sanktion unterliegt derjenige, der an einem unbewohnten Ort oder in einem in den vorangehenden Artikeln nicht erwähnten Gebäude Gegenstände raubt, deren Wert 20 Pesos nicht übersteigt.

II. KAPITEL

Diebstahl

Artikel 529

Des Diebstahls schuldig sind diejenigen, welche in gewinnsüchtiger Absicht und ohne Gewalt oder Einschüchterung gegenüber Personen oder Gewaltanwendung gegen Sachen:

1. fremde bewegliche Sachen gegen den Willen ihres Eigentümers wegnehmen;
2. verbotenerweise elektrische Energie, Wasser, Gas oder eine andere Kraft aus einer fremden Anlage entnehmen;

3. sich eine verlorene Sache, die sie finden und deren Eigentümer sie kennen, aneignen oder, wenn sie den Eigentümer nicht kennen, nicht hinterlegen;
4. von ihnen beschädigte Gegenstände oder die Ergebnisse des Schadens entwenden oder in Gebrauch nehmen.

Artikel 530

Wer einen Diebstahl begeht, wird wie folgt bestraft:
1. mit Freiheitsentzug von 2 bis zu 6 Jahren, wenn der Wert der Beute 1000 Pesos oder mehr beträgt;
2. mit Freiheitsentzug von 6 Monaten bis zu 2 Jahren, wenn er zwischen 100 und 1000 Pesos beträgt;
3. mit Freiheitsentzug von 1 Monat und 1 Tag bis zu 6 Monaten oder Geldstrafe von 31 bis zu 180 Tagesbußen oder beiden Sanktionsarten in allen übrigen Fällen.

Artikel 531

A. Der obere Strafrahmen der Sanktion ist in den Fällen Ziff. 1 und 2 des vorangehenden Artikels um ein Drittel zu erhöhen, wenn einer der folgenden Umstände gegeben ist:
   1. wenn die gestohlenen Gegenstände einer armen Familie oder einem Arbeiter, Handwerker oder Tagelöhner gehören, oder wenn die Wegnahme den Ruin des Geschädigten hervorruft oder ihn der für den Lebensunterhalt unter Berücksichtigung seines Lebensstandards notwendigen Dinge beraubt, oder wenn es sich um Handwerkszeug oder die Berufs- oder Arbeitsausrüstung des Verletzten handelt;
   2. wenn der Diebstahl künstlerische oder geschichtlich bedeutsame Sachen zum Gegenstand hatte oder solche Sachen, die für die Allgemeinheit von Interesse sind, oder die sich in Museen oder öffentlichen Gebäuden oder in dem Publikum anvertrauten Örtlichkeiten befinden;
   3. wenn das Diebesgut aus Geld, Schmuckstücken oder solchen Gegenständen besteht, die Land-, Fluß-, See- oder Luftreisenden gehören oder einen Teil ihres Gepäckes bilden;
   4. wenn der Diebstahl an Orten begangen wird, an denen sich Gerichtshöfe oder Gerichte, staatliche Behörden, öffentliche Wohlfahrtseinrichtungen, Anstalten für Sozialunterstützung oder Unterricht oder deren Nebenanlagen befinden, oder wenn er in Gefängnissen, Zuchthäusern, Erziehungsanstalten oder Strafanstalten oder auf Friedhöfen oder in dem religiösen Kult gewidmeten Örtlichkeiten, oder in einem Eisenbahnzug, auf einem Schiff, in einem Luftfahrzeug, Autobus oder irgendeinem anderen Fortbewegungs- oder Transportmittel oder auf von den entsprechenden Unternehmungen für diese Dienste eingerichteten Halteplätzen begangen wird;
   5. wenn der Diebstahl unter Mißbrauch einer dem Täter erwiesenen Gastfreundschaft oder in irgendeiner Herberge begangen wird;
   6. wenn er unter grobem, in einem anderen Absatz dieses Artikels nicht genannten Vertrauensmißbrauch oder anläßlich einer öffentlichen oder durch den Verletzten vergüteten Dienstleistung begangen wird;

7. wenn er in der Absicht begangen wird, eine Feuersbrunst, Explosion oder eine andere Katastrophe oder einen öffentlichen Unglücksfall herbeizuführen, auch wenn diese Ereignisse ausschließlich den Verletzten betreffen.

B. Bei einem Diebstahl von Papieren oder Dokumenten sind die in Artikel 530 bezeichneten Sanktionen dann anzuwenden, wenn der Wert der Papiere oder Dokumente geschätzt werden kann; ist das nicht der Fall, so wird ein solcher Diebstahl mit Freiheitsentzug von 3 Monaten bis zu 1 Jahr bestraft.

Artikel 532

Mit Freiheitsentzug von 5 bis zu 60 Tagen oder Geldstrafe von 5 bis zu 60 Tagesbußen oder beiden Sanktionsarten wird bestraft:

1. derjenige, welcher ein fremdes Anwesen oder Feld betritt, um Früchte in der Absicht zu ernten, sie sogleich zu verzehren;
2. derjenige, welcher in der gleichen Weise Früchte oder irgendein anderes Pflanzenprodukt erntet, um es sogleich Pferden oder Vieh zum Fraß zu überlassen;
3. derjenige, welcher ein fremdes Anwesen oder Feld ohne Erlaubnis des Eigentümers und vor Beendigung der Ernte in der Absicht betritt, sich Ernterückstände anzueignen.

III. KAPITEL

Widerrechtliche Besitzergreifung

Artikel 533

A. Wer mit Gewalt oder Einschüchterung gegen Personen eine unbewegliche Sache oder ein dingliches Recht eines anderen widerrechtlich in Besitz nimmt, wird außer den ihn wegen der begangenen Gewalttätigkeiten treffenden Strafen mit einer Geldstrafe von 100 bis 500 Tagesbußen bestraft.

B. Wenn er weder Gewalt noch Einschüchterung gegen Personen anwendet, beläuft sich die Sanktion auf 60 bis 250 Tagesbußen.

C. Derselben Sanktion unterliegt derjenige, der die Eintragung oder Vormerkung eines falschen oder nichtigen Anspruchs oder einer Urkunde in Kenntnis der Unrichtigkeit oder Nichtigkeit in das Grundbuch zu seinen Gunsten beantragt oder erlangt, oder der sich für den Antrag oder die Eintragung eines Dritten bedient.

D. Die Gerichte haben in jedem Fall die Geldstrafe nach Möglichkeit auf den Nutzen abzustimmen, den der Täter erlangt oder erstrebt hat.

Artikel 534

A. Derjenige, welcher ohne Gewaltanwendung oder Einschüchterung gegenüber Personen eine dem Staat, einer Provinz oder Gemeinde gehörende unbewegliche Sache ohne Eigentumstitel in der Absicht oder unter dem Vorwand in Besitz nimmt, dort öffentliche oder private Arbeiten auszuführen, unterliegt, wenn er damit gegen die Bestimmungen der Militärverordnung Nr. 50 vom 22. Februar 1902 verstößt, einer Geldstrafe von 100 bis zu 350 Tagesbußen.

B. Wer Grenzen oder Grenzsteine von Ortschaften, Feldern oder Anwesen oder irgendwelche Zeichen, die dazu bestimmt sind, die Besitzrechte oder die Besitzgrenzen oder Markierungen festzulegen, versetzt oder wer den Lauf von öffentlichen oder privaten Gewässern ablenkt, wird mit Geldstrafe von 100 bis zu 200 Tagesbußen bestraft.

C. Saatgut, Pflanzungen oder Bauwerke, ebenso wie Früchte, Erzeugnisse, oder der erlangte Nutzen, sowie die auf den widerrechtlich angeeigneten Besitztümern vorgenommenen Verbesserungen gelten als ausschließlicher Besitz des rechtmäßigen Eigentümers.

IV. KAPITEL

Strafbares Beiseiteschaffen, Bankrott, Konkurs, strafbare Zahlungseinstellung und Zahlungsunfähigkeit

Artikel 535

Wer sein Vermögen zum Nachteil seiner Gläubiger beiseite schafft, wird, wenn er Kaufmann ist, mit Freiheitsentzug von 2 bis zu 8 Jahren bestraft; ist er nicht Kaufmann, so lautet die Sanktion auf Freiheitsentzug von 1 bis zu 6 Jahren.

Artikel 536

A. Der Bankrotteur, der nach Maßgabe des Handelsgesetzbuches als betrügerisch zahlungsunfähig erklärt worden ist, wird mit Freiheitsentzug von 1 bis zu 6 Jahren bestraft.

B. Ist er als schuldhaft zahlungsunfähig erklärt worden, so beträgt die Sanktion 6 Monate und 1 Tag bis zu 2 Jahren.

C. Das Gericht kann in den in den vorangehenden Absätzen geregelten Fällen die Sanktion um ein Drittel ermäßigen, wenn der den Gläubigern zugefügte Verlust 10 % ihrer entsprechenden Forderungen nicht erreicht.

D. Wenn der Verlust 50 % der Forderungen überschreitet, kann das Gericht gleichermaßen die Sanktion um ein Drittel erhöhen.

E. Die in den vorangehenden Absätzen bezeichneten Sanktionen sind auf Handelsgesellschaften auch dann anwendbar, wenn diese nicht eingetragen sind.

Artikel 537

Der Bankrotteur, der die Rechnungsbücher nicht in der Form und mit den Angaben, die das Handelsgesetzbuch vorschreibt, führt, wird, wenn durch eine solche Unvollständigkeit oder Unterlassung einem Dritten ein Schaden entsteht, ebenso wie derjenige, der den Konkurs nicht innerhalb der vom Gesetz vorgesehenen Fristen und Formvorschriften anmeldet, mit Freiheitsentzug von 2 bis zu 8 Monaten oder Geldstrafe von 60 bis zu 200 Tagesbußen bestraft.

Artikel 538

A. Der gleichen Sanktion unterliegt der Kaufmann, der, um zu erreichen, daß seine Zahlungseinstellung erklärt wird, oder daß die Gläubiger einem Vergleich zustimmen, wissentlich eine unrichtige Aufstellung seiner Aktiva und Passiva vorlegt.

B. Wenn der Kaufmann infolge der in der genannten Aufstellung enthaltenen Unrichtigkeiten erreicht, daß seine Zahlungseinstellung erklärt wird, beträgt die Sanktion Freiheitsentzug von 4 Monaten bis zu 1 Jahr und Geldstrafe von 120 bis 200 Tagesbußen.

Artikel 539

A. Ein Kaufmann, der in der Absicht, die Billigung eines im Anschluß an die Erklärung der Zahlungseinstellung zustande gekommenen Vergleiches zu erlangen, Sondervereinbarungen mit einem Gläubiger oder einer Gläubigergruppe zum Schaden der übrigen Gläubiger trifft, wird unbeschadet der Sanktion, die ihm auferlegt werden kann, wenn seine Zahlungsunfähigkeit für betrügerisch erklärt wird, mit Freiheitsentzug von 2 Monaten bis zu 1 Jahr oder Geldstrafe von 60 bis zu 200 Tagesbußen bestraft.

B. Ein Gläubiger, der sich zu einer Übereinkunft mit einem Schuldner, der seine Zahlungen eingestellt hat, bereit findet, um eine Vorzugsstellung zu erlangen, unterliegt einer Geldstrafe von 100 bis zu 300 Tagesbußen.

Artikel 540

A. Diejenigen, welche zu ihren eigenen Gunsten oder zu Gunsten des Bankrotteurs durch irgendeine der in Artikel 893 des Handelsgesetzbuches erwähnten Handlungen bei der Verübung der Straftaten des Beiseiteschaffens von Gütern oder des betrügerischen oder schuldhaften Bankrotts mitwirken, werden als Gehilfen (Complices) bestraft, falls sie nicht wegen der Eigenart ihrer Mitwirkung als Mittäter (coautores) anzusehen sind.

B. In keinem Fall, weder auf Antrag einer Partei noch von Amts wegen, darf ein Strafverfahren wegen Konkursvergehens eher durchgeführt werden, als das Zivilgericht den Konkurs eröffnet und erklärt hat, daß Vermögenswerte für die Durchführung des Verfahrens vorhanden sind.

Artikel 541

Einer freiheitsentziehenden Sanktion von 1 bis zu 4 Jahren unterliegt der Konkursschuldner, der nicht Kaufmann ist, wenn seine Zahlungsunfähigkeit ganz oder teilweise aus einer der nachfolgenden Handlungen herrührt:

1. Einstellung von fingierten Ausgaben, Verlusten oder Schulden oder Verheimlichung von Vermögenswerten, Forderungen oder Ansprüchen im Schuldenverzeichnis, Vermögensverzeichnis oder in Aufzeichnungen, die er der richterlichen Behörde vorgelegt hat;
2. Unterschlagung oder Aneignung fremder Güter, die ihm zur Verwahrung, Kommission oder Verwaltung anvertraut waren;
3. Vortäuschung der Veräußerung oder irgendeiner Belastung von Vermögenswerten, Vortäuschung von Schulden oder Verpflichtungen;
4. Einstellung von mit eigenen Geldmitteln erworbenen Vermögenswerten unter dem Namen einer anderen Person;
5. Vorauszahlung von Schulden, die erst nach Konkurseröffnung fällig waren, zum Nachteil seiner Gläubiger;
6. Unterschlagung von zur Masse gehörenden Vermögenswerten nach Konkurseröffnung.

Artikel 542

Einer freiheitsentziehenden Sanktion von 2 Monaten bis zu 1 Jahr oder Geldstrafe von 60 bis 200 Tagesbußen unterliegt der Konkursschuldner, der nicht Kaufmann ist, wenn seine Zahlungsunfähigkeit ganz oder teilweise aus einer der nachfolgenden Handlungen herrührt:

1. übermäßige oder im Hinblick auf sein Vermögen unter Berücksichtigung der Umstände seines Ranges und seiner Familie unverhältnismäßige häusliche oder persönliche Ausgaben.
2. Erlittene Verluste in irgendeiner Art von Spiel, die das Maß dessen übersteigen, was ein sorgsamer Familienvater bei Unterhaltungen dieser Art zum Vergnügen aufs Spiel setzen darf.
3. Erlittene Verluste in hohen Wetten, geschäftlichen Einkäufen oder Verkäufen oder sonstigen Differenzgeschäften, deren Ausgang ausschließlich vom Zufall abhängt.
4. Veräußerung von Vermögensgegenständen, deren Bezahlung er noch schuldet, zu Schleuderpreisen.
5. Verzögerung in der Anmeldung des Konkurses, wenn seine Passiva dreimal so groß waren wie die Aktiva.

Artikel 543

Auf die beiden vorangehenden Artikel sind die in Artikel 536 Abs. C und D enthaltenen Vorschriften anwendbar.

Artikel 544

Als Gehilfen (complices) der Straftat betrügerischer Zahlungsunfähigkeit eines Nichtkaufmanns werden diejenigen bestraft, die eine der folgenden Handlungen ausführen:

1. Verabredung mit dem Konkursschuldner zwecks Vortäuschung vermeintlicher gegen diesen gerichteter Forderungen oder zwecks Änderung von Art und Datum von Forderungen in der Absicht, einen günstigeren Rang zum Nachteil eines anderen oder der übrigen Gläubiger zu erlangen.
2. Hilfeleistung gegenüber dem Konkursschuldner beim Verstecken oder Beiseiteschaffen seines Vermögens.
3. Verheimlichen von in ihrem Bezirk befindlichen Vermögenswerten, die zur Konkursmasse gehören, gegenüber den Konkursverwaltern oder Aushändigung dieser Werte an den Konkursschuldner anstatt an die Konkursverwalter.
4. Der Abschluß von privaten Vereinbarungen mit dem Konkursschuldner zum Nachteil der übrigen Gläubiger.

Artikel 545

Wenn der Bankrotteur oder Konkursschuldner das ihm anvertraute depositum miserabile aut necessarium nicht zurückerstattet, so kann die freiheitsentziehende Sanktion über ihre Höchstgrenze hinaus um ein Drittel erhöht werden.

Artikel 546

Die Durchführung eines Strafverfahrens wegen Konkursvergehens setzt die Konkurseröffnung im Zivilrechtswege und die in dem Zivilverfahren getroffene Feststellung voraus, daß Vermögenswerte für die Durchführung des Verfahrens vorhanden sind.

Artikel 547

A. Ein zahlungsunfähiger Schuldner, der sich nicht mit Handelsgeschäften befaßt und böswillig sein Vermögen ganz oder teilweise verheimlicht oder veräußert, oder der eine dieser Handlungen vornimmt, wenn er von einer Zwangsvollstreckung oder einer vorläufigen Beschlagnahme oder Schuldhaft in Vollstreckung eines gegen ihn ergangenen Urteils bedroht ist, wird mit Freiheitsentzug von 2 Monaten bis zu 1 Jahr oder Geldstrafe von 60 bis zu 200 Tagesbußen bestraft.

B. Diese Straftat ist nur auf Antrag des Verletzten verfolgbar.

Artikel 548

A. Wenn der Bankrott, der Konkurs oder die Zahlungsunfähigkeit, auf die sich die vorangehenden Artikel beziehen, bei einer Handelsgesellschaft, oder bei einer Gesellschaft oder Körperschaft, die einen solchen Charakter nicht hat, eintritt, so sind den Direktoren, Verwaltern, Ratgebern, Betriebsleitern oder jeder anderen mit der Wahrnehmung der gemeinsamen Interessen beauftragten Person die in den entsprechenden Fällen angedrohten Sanktionen aufzuerlegen, sofern die genannten Personen in bezug auf ihre ihnen übertragenen Pflichten bei der Geschäftsführung gegen die Statuten oder den Gesellschaftsvertrag der Handelsgesellschaft, Gesellschaft oder Körperschaft oder gegen die Bestimmungen des Handelsgesetzbuches oder des bürgerlichen Rechts verstoßen haben.

B. Im Sinne der in diesem Gesetzbuch enthaltenen Vorschriften gilt ein Bankrott einer Handelsgesellschaft immer dann als betrügerisch, wenn diese ohne Einhaltung der gesetzlichen Bestimmungen errichtet worden ist; auf diejenigen, die sie errichtet haben, sind dann nach Maßgabe der in dem vorangegangenen Absatz enthaltenen Bestimmungen die für den jeweiligen Fall angedrohten Sanktionen anzuwenden.

V. KAPITEL

Betrug, Erpressung und andere Schwindeleien

Artikel 549

Wer einen anderen hinsichtlich der Substanz, Menge oder Beschaffenheit von Sachen, die er auf Grund einer Verpflichtung zu übergeben hat, betrügt, wird bestraft:

1. mit Freiheitsentzug von 1 Monat und 1 Tag bis zu 6 Monaten oder Geldstrafe von 31 bis 180 Tagesbußen oder beiden Sanktionsarten, wenn der durch den Betrug hervorgerufene Schaden 50 Pesos nicht übersteigt;
2. mit Freiheitsentzug von 6 Monaten und 1 Tag bis zu 2 Jahren und Geldstrafe von 100 bis 250 Tagesbußen, wenn der Schaden zwischen 50 und 1000 Pesos beträgt;
3. mit Freiheitsentzug von 2 bis zu 6 Jahren und Geldstrafe von 200 bis 500 Tagesbußen, wenn der durch den Betrug hervorgerufene Schaden 1000 Pesos oder mehr beträgt.

Straftaten gegen das Eigentum

Artikel 550

Den in dem vorangehenden Artikel angedrohten Sanktionen unterliegt

1. wer einen anderen betrügt unter Gebrauch eines falschen Namens, Anmaßung eines Amtscharakters, Vorspiegelung angeblichen Einflusses, besonderer Beziehungen oder sonstiger Eigenschaften, fälschlicher Vorgabe von Vermögen, einer Kommission, eines Unternehmens oder erdichteter Geschäftsbeziehungen, oder wer sich eines anderen ähnlichen Schwindels bedient;
2. der Silberschmied oder Juwelier, der mit Gegenständen aus Gold, Silber oder einem anderen Edelmetall Handel treibt, von denen er weiß, daß sie in ihrer Qualität, ihrem Feingehalt oder Gewicht verändert sind;
3. wer einen anderen betrügt, indem er angebliche Zuwendungen an Behörden oder Behördenangehörige oder öffentliche Beamte oder angebliche Belohnungen für deren Vermittlung bei Erlangung einer günstigen Entscheidung in einer Angelegenheit, die von ihnen abhängt, vortäuscht, unbeschadet der jenen zustehenden Verleumdungsklage;
4. wer sich zum Schaden eines anderen Geld, Effekten oder irgendeinen beweglichen Gegenstand, den er in Verwahrung, Kommission oder Verwaltung genommen, oder den er aus irgendeinem anderen Grund, der ihn zur Aushändigung oder Rückgabe verpflichtet, erhalten hat, aneignet oder beiseite schafft, oder der bestreitet, die Gegenstände empfangen zu haben;
5. wer unmittelbar oder durch Vermittlung eines Dritten einer anderen Person, gleichgültig ob diese auf dem Territorium der Republik ansässig ist oder nicht, unter dem Anschein gesetzmäßiger Handelsgeschäfte die Teilhaberschaft an fingierten Schätzen oder Lagern gegen finanzielle Beteiligung, Belohnung oder gegen Wertpapiere anbietet;
6. wer irgendeinen anderen Betrug unter Mißbrauch der Blankounterschrift eines anderen begeht, oder wer mit einer solchen Blankounterschrift eine Urkunde zum Schaden des Unterschriftgebers oder eines Dritten ausstellt;
7. derjenige, welcher einen anderen betrügt, indem er ihn durch betrügerische Mittel veranlaßt, irgendeine Urkunde zu unterschreiben;
8. wer sich betrügerischer Mittel bedient, um den Ausgang von Glücksspielen zu beeinflussen;
9. wer dadurch Betrug begeht, daß er Prozeßakten, Ausfertigungen, Schriftstücke oder andere Papiere ganz oder teilweise wegnimmt, verheimlicht oder unbrauchbar macht;
10. wer eine unbewegliche Sache unter der Vorspiegelung, er sei ihr Eigentümer, veräußert, belastet oder verpfändet;
11. wer über eine Sache, von der er weiß, daß sie belastet oder einem Zurückbehaltungsrecht oder einem anderen, das Eigentum oder die Verfügungsfähigkeit der Sache beschränkenden Recht eines Dritten unterworfen war, verfügt, als sei sie frei von Rechten, und derjenige, der durch ihre Veräußerung oder Belastung in Übervorteilungsabsicht die Ausübung solcher Rechte verhindert;

12. derjenige, welcher eine unbewegliche Sache oder ein dingliches Recht neuerdings an einen anderen verkauft oder veräußert, nachdem er die Sache oder das Recht zuvor durch Rechtsgeschäft unter Lebenden bereits verkauft oder auf andere Weise veräußert und den Veräußerungserlös ganz oder teilweise erhalten hat, sofern einer der folgenden Umstände hinzukommt:
    a) daß infolge der Eintragung des zweiten Verkaufes bzw. der zweiten Veräußerung die Eintragung der ersten aus Rechtsgründen unmöglich geworden ist;
    b) daß die Eintragung des zweiten Verkaufes aus Rechtsgründen nicht möglich ist, weil der erste eingetragen worden ist, sofern der zweite Käufer den Preis für die unbewegliche Sache oder das dingliche Recht ganz oder teilweise gezahlt hat;
13. wer unter der Vorspiegelung, Eigentümer eines Landgutes (finca) zu sein, dieses auf Grund eines mündlich oder schriftlich abgeschlossenen Vertrages verpachtet;
14. wer zum Nachteil eines anderen einen Scheinvertrag abschließt;
15. der Eigentümer einer beweglichen Sache, der sie dem rechtmäßigen unmittelbaren Besitzer zu dessen Nachteil oder zum Nachteil eines Dritten wegnimmt;
16. wer durch Rechtsgeschäft unter Lebenden bewegliche Sachen von jemandem erwirbt oder zum Pfande nimmt, der, wie er weiß, weder deren Eigentümer noch befugt ist, diese zu veräußern oder zu verpfänden;
17. wer mit Waren oder Gegenständen Handel treibt, von denen er weiß, daß an ihnen ein Betrug in bezug auf das literarische oder industrielle Urheberrecht begangen worden ist;
18. wer zum Nachteil eines anderen irgendein Recht ausübt, das ihm, wie er weiß, durch vollstreckbares Urteil abgesprochen worden ist;
19. wer ihm gehörende Sachen, an denen einem Dritten ein Recht zusteht, zerstört oder beschädigt, in der Absicht, diesen Dritten zu betrügen;
20. wer eine Sache auf Abzahlung kauft und sie dann für einen geringeren Preis veräußert oder über sie in irgendeiner Form verfügt, ohne seinerseits den gesamten Kaufpreis zu zahlen und ohne die Mittel zu besitzen, um die restlichen Raten aufzubringen;
21. wer in betrügerischer Absicht einen Scheck oder Kreditbrief ausstellt, ohne vorher für Deckung zu sorgen, oder obgleich er zuvor den Deckungsbetrag abgehoben hatte, oder der ihn abhebt, bevor der Scheck oder der Kreditbrief nach den gesetzlichen Bestimmungen zur Einlösung vorgelegt werden kann oder bevor er die Ausstellung in einer der vom Recht vorgeschriebenen Formen rückgängig gemacht hat;
22. wer einen anderen betrügt oder schädigt, um ungerechtfertigterweise einen Vorteil oder Nutzen zu erlangen, und sich dabei betrügerischer Mittel oder Kunstgriffe bedient, die den zuvor erörterten ähnlich sind, falls die betrügerische Absicht und die Möglichkeit, sie zu verwirklichen bei vernünftiger Betrachtungsweise und bei Berücksichtigung aller Tatumstände und der persönlichen Verhältnisse des Geschädigten offensichtlich ist.

Artikel 551

Das Gericht kann die Sanktion um ein Drittel erhöhen, wenn einer der folgenden Umstände hinzukommt:

1. wenn der Schuldige zur Verwirklichung oder versuchten Verwirklichung der für die Straftat charakteristischen Betrugshandlungen falsche Urkunden oder scheinbar echte, aber nachgemachte Urkunden gebraucht, die von einer Staats-, Provinzial- oder Kommunalbehörde ausgefertigt zu sein scheinen; unbeschadet einer für diese Tat etwa anderweitig angedrohten schwereren Sanktion;
2. wenn der Täter in der Absicht, sich, einem anderen oder einer Körperschaft, der er angehört, oder in deren Dienst er steht, einen Vorteil zu verschaffen, von Geldbeträgen, Werten oder Gegenständen Gebrauch macht, an deren Obhut, Verwahrung oder Beaufsichtigung er teil hat;
3. wenn der Täter einer Geheimgesellschaft oder gesetzwidrigen Gruppe oder Organisation angehört, deren Zweck die Verübung solcher Straftaten ist, wie sie hier mit Strafe bedroht sind.

Artikel 552

Mit Freiheitsentzug von 2 Monaten und 1 Tag bis zu 1 Jahr und Geldstrafe von 60 bis zu 200 Tagesbußen wird bestraft:

1. derjenige, welcher in der Absicht, sich einen Vorteil oder anderen Nutzen zu verschaffen, mit Hilfe der unmittelbaren oder verdeckten Drohung, irgendein Geheimnis, das die Ehre, den Ruf oder das Vermögen des Bedrohten oder seiner Ehefrau, eines Aszendenten, Deszendenten oder Geschwisters oder irgendeiner Gemeinschaft, an deren Leitung der Bedrohte beteiligt ist oder an der er interessiert ist, zu offenbaren oder zur Kenntnis zu bringen, unmittelbar oder mittelbar die Aushändigung eines Geldbetrages, einer Belohnung oder von Wertgegenständen verlangt; ferner derjenige, welcher versucht, den Bedrohten oder die zuvor erwähnten Personen oder Gemeinschaften gegen ihren Willen zu zwingen, irgendeine Verpflichtung einzugehen oder irgendeine bestimmte Handlung vorzunehmen oder zu unterlassen;
2. derjenige, welcher in der Absicht, sich einen Vorteil oder anderen Nutzen zu verschaffen, mittels unmittelbarer oder verdeckter Bedrohung mit einer Diffamierungskampagne oder nach Einleitung derselben — auch wenn sie sich nicht auf ein Geheimnis des Betroffenen oder von dessen Ehegatten, Aszendenten, Deszendenten, seiner Geschwister oder einer Gemeinschaft, an der er führend beteiligt ist oder an der er sonst Anteil nimmt, bezieht, — die Herausgabe von Geldbeträgen, einer Belohnung oder von Wertsachen fordert, oder wenn er versucht, den Verletzten oder die zuvor erwähnten Personen oder Gemeinschaften gegen ihren Willen zu zwingen, irgendeine Verpflichtung, etwas zu tun oder zu unterlassen, einzugehen.

Artikel 553

Die freiheitsentziehende Sanktion beträgt 6 Monate und 1 Tag bis zu 6 Jahren und Geldstrafe von 100 bis zu 350 Tagesbußen, wenn in den in dem vorangehenden Artikel erörterten Fällen einer der nachfolgenden Umstände hinzutritt:

1. wenn das Geheimnis, mit dessen Verbreitung gedroht wird, der Wahrheit nicht entspricht;
2. wenn die Diffamierung durch die Presse oder irgendein anderes mechanisches Publikations- oder Verbreitungsmittel verübt wird;
3. wenn der dem Verletzten zugefügte Schaden irreparabel ist;
4. wenn der Täter irgendeiner Gemeinschaft, Gruppe oder Organisation, gleich welcher Art, angehört, die gewohnheitsmäßig Straftaten, wie sie hier mit Strafe bedroht sind, verübt, oder die zu diesem Zwecke gegründet worden ist.

Artikel 554

A. Wer wissentlich und in der Absicht, sie zu verkaufen oder geschäftlich damit zu spekulieren, Kunstwerke oder irgendwelche Fabrikate mit Herstellernamen oder Fabrikationszeichen, Warenzeichen oder Unterscheidungsmerkmalen, die gefälscht, verändert oder in einer Weise nachgeahmt sind, daß der Käufer über Ursprung, Herkunft oder Qualität des Werkes oder Fabrikates getäuscht wird, in die Republik einführt oder vertreibt, wird mit Freiheitsentzug von 2 Monaten bis zu 1 Jahr oder Geldstrafe von 60 bis zu 200 Tagesbußen bestraft.

B. Derselben Sanktion unterliegt derjenige, der mit den in dem vorangehenden Absatz bezeichneten Kunstwerken oder Fabrikaten in betrügerischer Absicht Handel treibt oder sie verkauft.

C. In diesen Fällen hat das Gericht außerdem die Veröffentlichung des verurteilenden Erkenntnisses anzuordnen.

Artikel 555

Die Buchprüfer, der Direktor, Chef oder Liquidator eines Handelsunternehmens, der in seinen Aufzeichnungen oder Mitteilungen an die Öffentlichkeit oder in seinen Gutachten oder Vorschlägen an Parlamentsausschüsse oder bei der Aufstellung des Inventars oder der Bilanzen in betrügerischer Absicht Tatsachen feststellt, die der Wahrheit nicht entsprechen, wird mit Freiheitsentzug von 2 Monaten bis zu 1 Jahr oder Geldstrafe von 60 bis zu 200 Tagesbußen bestraft.

VI. KAPITEL

Straftaten gegen die Volkswirtschaft

Artikel 556

A. Wer durch Verbreitung falscher Gerüchte, Ausstreuung falscher Nachrichten oder durch andere Kunstgriffe oder durch irgendeine Handlung erreicht, daß die Beziehungen von Angebot und Nachfrage in ein Mißverhältnis geraten oder verfälscht werden, oder daß die allgemeinen Marktbedingungen erschüttert werden, indem eine ungerechtfertigte Erhöhung oder Herabsetzung des Wertes der gesetzlichen Zahlungsmittel hinsichtlich des gewöhnlichen Preises der Waren, öffentlicher oder privater Renten, im Umlauf befindlicher Werte, von Löhnen oder von irgendetwas anderem, das Gegenstand von Vertragsschlüssen sein kann, herbeigeführt wird, wird mit Freiheitsentzug von 3 Monaten bis zu 2 Jahren und Geldstrafe von 90 bis zu 300 Tagesbußen bestraft.

B. Wenn die Straftat durch einen Vermittlungsagenten, einen Börsen- oder Wechselstubenmakler oder -agenten begangen wird, beläuft sich die Sanktion auf 6 Monate und 1 Tag bis zu 3 Jahren, Geldstrafe von 100 bis 350 Tagesbußen und Besondere Rechtsminderung für eine der verwirkten Freiheitsentziehung entsprechende Zeitdauer.

C. Derselben Sanktion unterliegen Geschäftsführer, Verwalter, Direktoren oder Aufsichtsratsmitglieder von Gesellschaften, Korporationen oder juristischen Gemeinschaften, die sich solche Machenschaften haben zuschulden kommen lassen, um ihre eigenen Vermögenswerte oder den Wert ihres Eigentums zu erhöhen oder herabzusetzen.

Artikel 557

A. Wer irgendein betrügerisches Mittel anwendet in der Absicht, die Verteuerung oder Preiserhöhung von Nahrungsmitteln, Artikeln des Grundbedarfs oder des laufenden Bedarfs oder von Waren, die amtlicher Kontrolle unterliegen, herbeizuführen, unterliegt einer freiheitsentziehenden Sanktion von 1 bis zu 4 Jahren und Geldstrafe von 200 bis zu 1000 Tagesbußen.

B. Wer es unterläßt, gegebenenfalls über das Vorhandensein von Nahrungsmitteln, Artikeln des Grundbedarfs oder des laufenden Bedarfs, oder von Waren, die amtlicher Kontrolle unterworfen sind, Aufschluß zu geben; wer sie verheimlicht, auf unerlaubte Weise transportiert oder zu Preisen verkauft, die sich von den durch die zuständige Behörde festgesetzten Preisen unterscheiden, oder wer auf irgendeine andere Weise die Vorschriften verletzt, die unter Beachtung der gesetzlichen Formalitäten von der Regierung oder von den mit der Preiskontrolle und der Verproviantierung betrauten Behörden festgesetzt sind, unterliegt einer freiheitsentziehenden Sanktion von 6 Monaten und 1 Tag bis zu 2 Jahren oder Geldstrafe von 100 bis 500 Tagesbußen oder beiden Sanktionsarten, wenn es sich um einen Großhändler handelt; handelt es sich nicht um einen solchen, so beträgt die Sanktion 1 Monat und 1 Tag bis zu 6 Monaten oder Geldstrafe von 31 bis 180 Tagesbußen oder beides.

C. Juristische Personen, denen eine der in den vorangehenden Abschnitten erwähnten Straftaten zur Last fällt, unterliegen der Sanktion der Schließung von 1 Tag bis zu 1 Jahr oder Geldstrafe von 100 bis zu 20 000 Pesos oder beiden Sanktionsarten.

D. Wenn die Taten, auf die sich die vorangehenden Absätze beziehen, zu Zeiten begangen werden, in denen sich die Republik in Kriegszustand mit einer anderen Nation befindet, oder während des auf die Beendigung des Kriegszustandes folgenden Jahres, oder wenn sie in der Absicht begangen werden, eine Katastrophe, eine Epidemie, eine schwere Störung des Wirtschaftslebens oder etwas ähnliches herbeizuführen, so kann die obere Grenze der zuvorgenannten Sanktionen in jedem Fall bis auf das Doppelte erhöht werden; wenn es sich um eine juristische Person handelt, ist die aufzuerlegende Sanktion im Falle des Rückfalls immer Geldstrafe und Schließung; bei einer natürlichen Person immer Freiheitsentzug.

E. Wer durch die Verbreitung falscher Gerüchte oder die Ausstreuung falscher Nachrichten den Kredit einer Handelsgesellschaft, eines Bank-

oder Industrieunternehmens schwer schädigt und dadurch deren Geschäften einen Schaden zufügt, unterliegt einer freiheitsentziehenden Sanktion von 6 Monaten und 1 Tag bis zu 3 Jahren und Geldstrafe von 200 bis 400 Tagesbußen. Ist der Schaden nicht schwer, so lautet die Sanktion auf Freiheitsentzug von 1 Monat und 1 Tag bis zu 6 Monaten und Geldstrafe von 31 bis 180 Tagesbußen.

F. Wenn derjenige, dem eine der zuvor erörterten Straftaten zur Last fällt, öffentlicher Amtsträger ist, so ist ihm außerdem die Sanktion der Besonderen Rechtsminderung für eine der verwirkten Freiheitsentziehung entsprechende Zeitdauer aufzuerlegen.

VII. KAPITEL

Wucher und Darlehensverträge gegen Pfandhingabe

Artikel 558

A. Mit Freiheitsentzug von 2 Monaten bis zu 1 Jahr oder Geldstrafe von 60 bis zu 350 Tagesbußen werden bestraft:

1. derjenige, welcher in der Absicht, sich einen Vorteil zu verschaffen, und unter Mißbrauch der Not, der Leidenschaften, des Leichtsinns oder der Unerfahrenheit eines Minderjährigen oder des Krankheitszustandes oder der Geistesschwäche irgendeiner Person diese veranlaßt, eine Handlung vorzunehmen, die schädliche Rechtswirkungen für sie oder einen anderen mit sich bringt;
2. wer, abgesehen von den in der vorangehenden Ziffer erwähnten Fällen, aus der Notlage irgendeiner Person Nutzen zieht, indem er sich in irgendeiner Form für sich oder andere für ein Darlehen in Geld oder beweglichen Sachen eine offensichtlich im Verhältnis zu dem Darlehen unangemessene Gegenleistung zuwenden oder versprechen läßt, mag diese auch in einer Zinsabsprache oder in irgendeiner anderen verschleiernden Absprache bestehen;
3. wer einen Kredit der in einer der vorangehenden Ziffern erwähnten Art wissentlich aufnimmt, und derjenige, welcher gerichtlich oder außergerichtlich die aus der Vereinbarung erwachsenden Ansprüche in Kenntnis der Unzulässigkeit des Rechtsgeschäfts durchsetzt;
4. die Eigentümer oder Unterverpächter, die in Verträgen oder auf Quittungen einen höheren, niederen oder andersartigen Pachtzins oder Unterpachtzins bestätigen, als sie tatsächlich den Pächtern oder Unterpächtern abverlangen, und
5. die natürlichen oder juristischen Personen, die Geschenke in Geld oder sonstige geldwerte Vorteile für die Abtretung des Anrechts auf den Kaufpreis oder die gesetzmäßige Stundung des Pachtzinses für städtische Grundstücke entgegennehmen.

B. Die Sanktion wird um ein Drittel erhöht:

1. wenn der Geschädigte ein Minderjähriger unter 18 Jahren oder wenn er entmündigt ist, vorausgesetzt, daß der Vertrag ohne Mitwirkung der vom Gesetz zur Vertretung berufenen Personen oder ohne deren Zustimmung zustandegekommen ist;
2. wenn die Tatumstände der Gewohnheitsmäßigkeit oder des Rückfalls vorliegen;

3. wenn irgendein Kunstgriff oder Betrug verübt wurde, um die Zustimmung von Seiten des Verletzten zu erhalten.

C. Bei den Straftaten des Wuchers gilt ein Vermittler als Gehilfe (cómplice).

D. In allen zuvorerörterten Fällen hat das Gericht zu erwägen und zu erklären, ob ein gerechtes Verhältnis zwischen der Leistung und dem Vorteil oder Gewinn, den der Leistende als Gegenleistung erlangen wollte, besteht oder nicht.

Artikel 559

Eine Sanktion von 60 bis zu 350 Tagesbußen ist aufzuerlegen

1. demjenigen, der, obwohl er sich beruflich mit der Vergebung von Darlehen gegen Verpfändungen, gegen Lohn- oder Gehaltsabtretungen oder auf Grund ähnlicher Vereinbarungen befaßt, nicht die vom Handelsgesetzbuch oder den Ausführungsverordnungen vorgeschriebenen Bücher führt, oder der sie zwar führt, aber nicht im Einklang mit den gesetzlichen Erfordernissen;
2. dem Darlehensgeber oder Inhaber von Tauschzentralen (Casas de compraventas) für Waren oder ähnliche Gegenstände, der die ihm überlassenen Pfänder oder Sicherheiten nicht ordnungsgemäß verwahrt, oder demjenigen, der es versäumt, diejenigen Fälle in die Register einzutragen, in denen ein Pfand verändert oder umgewechselt wurde.

Artikel 560

Einer für eine der in diesem Kapitel genannten Straftaten verantwortlichen juristischen Person ist die Sanktion der Schließung von 5 bis zu 30 Tagen aufzuerlegen.

VIII. KAPITEL

Verbotene Spiele und Verlosungen

Artikel 561

A. Bankhalter und Inhaber von Spielsälen, in denen Glücksspiele, Pokern oder Zufallsspiele veranstaltet werden, sind mit Freiheitsentzug von 1 Monat und 1 Tag bis zu 6 Monaten oder Geldstrafe von 31 bis zu 180 Tagesbußen oder beiden Sanktionsarten zu bestrafen.

B. Die Spieler, die sich an solchen Orten versammeln, werden mit Freiheitsentzug von 1 Monat und 1 Tag bis zu 3 Monaten oder Geldstrafe von 31 bis zu 90 Tagesbußen oder beiden Sanktionsarten bestraft.

C. Im Sinne dieses Gesetzes gelten als Glücksspiele, Pokern oder Zufallsspiele all jene gewinnbringenden Spiele, bei denen Gewinn oder Verlust vollständig oder nahezu vollständig vom Zufall abhängen, ohne daß es dabei auf die erlaubte Geschicklichkeit des Spielers ankommt.

D. Gleicherweise gelten als Spielsäle im Sinne dieses Gesetzes nicht nur diejenigen Örtlichkeiten, die aus gewinnsüchtiger Absicht ausschließlich der Durchführung verbotener Spiele dienen, sondern auch jene anderen, in denen solche Spiele gewöhnlich stattfinden, obwohl die Örtlichkeiten dem Anschein nach gesetzlichen Zwecken gewidmet sind.

Artikel 562

Wer beim Spiel oder einer Auslosung betrügerische Mittel anwendet, um sich den Gewinn zu sichern, wird als Täter eines Betrugsverbrechens mit der dieser Straftat entsprechenden Sanktion bestraft.

Artikel 563

A. Die gewerbsmäßigen Hersteller und Auslieferer von Lotterielosen, Berechtigungsscheinen für Spiele oder nicht zugelassene Auslosungen werden mit Freiheitsentzug von 1 Monat und 1 Tag bis zu 6 Monaten oder Geldstrafe von 31 bis zu 180 Tagesbußen oder beiden Sanktionsarten bestraft.

B. Derselben Sanktion unterliegen:

1. die Inhaber, Direktoren, Unternehmer, Veranstalter oder Organisatoren von Basaren, Tombolas, nicht zugelassenen Privatauslosungen oder Lotterien;
2. diejenigen, die Gutscheine oder deren Amortisationsabschnitte, Schuldverschreibungen, Coupons oder gleiche bzw. ähnliche Titel, die einen Anspruch auf den Erwerb von Gütern oder Werten aller Art von Geldleistungen verleihen, ausspielen oder verlosen, sofern diese Ausspielungen oder Verlosungen nicht aus irgendeinem Grunde intern und privat unter natürlichen oder juristischen Personen und deren Aktionären, Inhabern von Schuldverschreibungen, Inhabern oder Eigentümern von Coupons oder ähnlichen Titeln, Gläubigern, Gesellschaftern oder Teilhabern stattfinden;
3. diejenigen, welche Lose von ausländischen Lotterien oder Auslosungen, Sweep Stakes, Berechtigungsscheine oder Anteilsscheine von Amortisationen, Glücksspielen oder Auslosungen, wie sie in dem vorangehenden Absatz bezeichnet sind, einführen, verkaufen oder anbieten, sofern diese im Ausland durchgeführt werden und ihre Auslosung oder Bezahlung in irgendeiner Form vom Zufall abhängt;
4. die Eigentümer, Direktoren oder bevollmächtigten gesetzlichen Vertreter von Zeitungs-, Industrie-, Handels oder sonstigen Unternehmungen, die ihre Zeitungen, Schriften, Quittungen oder Zahlungsbestätigungen, Anzeigen, Vignetten oder Waren, die sie herstellen, verkaufen oder verteilen mit Pfandscheinen, Eintrittskarten oder numerierten bzw. mit Buchstaben gekennzeichneten Coupons oder irgendwelchen Zeichen, die den Inhabern direkte oder indirekte Ansprüche auf Prämien in bar, Wertgegenstände oder Güter anderer Art vermitteln, versehen, gleichgültig, welche Form verwandt wird, um die Handlungsweise zu vertuschen; es sei denn, die Prämien bestehen in Losen der Nationalen Lotterie, oder die Ausspielung oder Verlosung war auf Grund der Vorschriften des Gesetzesdekretes Nr. 845 vom 29. Januar 1935 ausdrücklich gestattet worden.

Artikel 564

Das Geld, die Wertgegenstände, die Werkzeuge oder das Zubehör, die für das Spiel oder die Auslosung bestimmt sind, unterliegen der Beschlagnahme.

IX. KAPITEL

Sachbeschädigung

Artikel 565

Personen, die an fremdem Eigentum einen nicht unter Titel X dieses Gesetzes genannten Schaden verursachen, werden bestraft:

1. mit Freiheitsentzug von 6 Monaten und 1 Tag bis zu 2 Jahren, wenn der Schadensbetrag 1000 Pesos übersteigt, und wenn einer der folgenden Umstände hinzutritt:
   a) wenn der Schaden in der Absicht, die freie Ausübung der Amtsgewalt zu verhindern, oder wenn er aus Rache oder als Repressalie gegen obrigkeitliche Anordnungen zugefügt wurde;
   b) wenn sich die Sachbeschädigung gegen Personen des öffentlichen Dienstes richtet oder einen Racheakt oder eine Repressalie für Handlungen darstellt, die von einem Beamten in Erfüllung seiner Pflichten oder in Ausübung der ihm amtlich übertragenen Funktionen vorgenommen wurden;
   c) wenn sich die Sachbeschädigung als Racheakt oder Repressalie gegen eine Privatperson richtet, weil diese durch Bekundungen als Zeuge oder Sachverständiger oder auf irgendeine andere Weise zur Ausführung oder Anwendung der Gesetze beigetragen hat;
   d) wenn die Sachbeschädigung mittels Brandstiftung, Überschwemmung oder Herbeiführung irgendeiner ähnlichen Gemeingefahr oder unter Verwendung von giftigen oder explosiblen Stoffen verübt worden ist;
   e) wenn sie durch eine Infektion oder Verbreitung ansteckender Krankheiten bei Viehherden verübt worden ist;
   f) wenn sie bandenmäßig oder in einsamer Gegend verübt worden ist;
   g) wenn sie an einem Archiv oder öffentlichen Register oder in einem Museum, einer Bibliothek, einem Krankenhaus oder einem Unterrichts-, Wohlfahrts- oder Sozialinstitut oder an einem Gebäude oder einer Örtlichkeit, die zum Nationaldenkmal erklärt worden ist oder an irgendeinem Gegenstand, der von erheblichem Interesse für Kunst, Geschichte oder Kultur ist, verübt worden ist;
   h) wenn sie an Brücken, Wegen, Parkanlagen, Spazierwegen oder anderen Gegenständen des öffentlichen oder kommunalen Gebrauchs verübt worden ist;
   i) wenn der Verletzte infolge der Sachbeschädigung zugrundegerichtet oder wenn eine erhebliche Erschütterung seiner Vermögensverhältnisse eingetreten ist;
2. mit Freiheitsentzug von 2 Monaten bis zu 1 Jahr oder Geldstrafe von 60 bis 200 Tagesbußen oder beiden Sanktionsarten, wenn der Schadensbetrag zwischen 25 und 1000 Pesos liegt, sofern einer der in den vorangehenden Ziffern genannten Umstände hinzutritt;
3. derselben Sanktion unterliegt derjenige, der Gegenstände, deren Wert nicht schätzbar ist, oder der in ihrem Wert ebensowenig schätzbare Papiere oder Dokumente zerstört; es sei denn, die verübten Handlungen erfüllen den Tatbestand einer schwereren Straftat.

Artikel 566

A. In den vorangehenden Artikeln nicht behandelte Sachbeschädigungen, bei denen der Schadensbetrag sich auf 25 Pesos oder mehr beläuft, werden mit Freiheitsentzug von 1 Monat und 1 Tag bis zu 6 Monaten oder Geldstrafe von 31 bis zu 180 Tagesbußen oder beiden Sanktionsarten bestraft.

B. Wenn der Schadensbetrag 25 Pesos nicht übersteigt, so beträgt die Sanktion, gleichgültig, auf welche Weise der Schaden zugefügt worden ist, Freiheitsentzug von 5 bis zu 60 Tagen oder Geldstrafe von 5 bis zu 60 Tagesbußen oder beides.

C. Die obere Grenze der in den vorangehenden Artikeln festgesetzten Sanktionen erhöht sich um ein Drittel, wenn der Schaden an Maschinen, Arbeitswerkzeugen oder anderen bei der industriellen Produktion, im Handel oder einem öffentlichen oder privaten Dienst verwendeten Gegenständen angerichtet wurde.

X. KAPITEL
Allgemeine Vorschriften

Artikel 567

Bei den Straftaten des Raubes ohne Gewaltanwendung gegen Personen, des Diebstahls, des Betruges oder der Sachbeschädigung können die Gerichte, wenn der Gegenstand des Verbrechens von geringem Wert ist und dem Verletzten in Anbetracht seiner wirtschaftlichen Verhältnisse kein irgendwie nennenswerter Schaden zugefügt worden ist, diese Umstände als Milderungsgrund in der Weise berücksichtigen, daß sie die auferlegte Sanktion um die Hälfte ermäßigen; es sei denn, in der Person des Täters tritt einer der in den Artikeln 39 und 40 dieses Gesetzbuches erwähnten Umstände ein.

Artikel 568

Der Wert des Eigentums ist so zu bestimmen, daß nicht der Nutzen, den der Schuldige daraus ziehen kann, sondern der Schaden, der an dem Vermögen des Verletzten entsteht, in Betracht zu ziehen ist.

Artikel 569

Wenn der Täter, sofern er nicht rückfällig ist, vor Durchführung des gegen ihn gerichteten Strafverfahrens das geraubte, gestohlene, entwendete oder angeeignete Gut zurückgibt, oder wenn er, falls die Rückgabe nicht möglich ist, den Verletzten vollständig entschädigt, ist die aufzuerlegende Sanktion um ein Drittel zu mildern.

Artikel 570

A. Von strafrechtlicher Verantwortlichkeit im Sinne dieses Gesetzes für Diebstähle, Betrügereien oder Sachbeschädigungen sind bei wechselseitiger Zufügung frei und nur dem Zivilrecht unterworfen:

1. Eheleute, Aszendenten, Deszendenten oder in derselben Linie Verschwägerte;
2. der verwitwete Ehegatte in bezug auf die seinem verstorbenen Ehegatten gehörenden Gegenstände, sofern diese nicht in anderen Besitz übergegangen sind;
3. Geschwister und verschwägerte Personen.

B. Der Strafausschließungsgrund dieses Artikels gilt nicht für Außenseiter, die an einer solchen Straftat teilnehmen.

III. Buch

Von den Übertretungen

I. KAPITEL

Übertretungen der öffentlichen Ordnung

Artikel 571

Mit Freiheitsentzug von 1 bis zu 30 Tagen oder Geldstrafe von 1 bis zu 30 Tagesbußen oder beiden Sanktionsarten wird bestraft:

1. wer beim Absingen der Nationalhymne auf amtlichen und öffentlichen Veranstaltungen oder bei der Entfaltung der nationalen Insignien bei gleicher Gelegenheit nicht die gebotene respektvolle Haltung einnimmt;
2. wer die Ordnung an einem Gerichtshof oder bei einem Einzelrichter oder bei öffentlichen Veranstaltungen irgendeiner Korporation, Organisation, Einrichtung, Anstalt oder eines öffentlichen Amtes in weniger schwerwiegender Weise stört;
3. wer bei öffentlichen Schaustellungen oder bei Feierlichkeiten oder Zusammenkünften zahlreicher Personen oder bei Menschenansammlungen die Ordnung in weniger schwerwiegender Weise stört;
4. wer seinen wahren Namen, seine Heimat, seinen Stand oder Wohnort gegenüber der Behörde, deren Beauftragten oder gegenüber dem öffentlichen Amtsträger, der in Erfüllung seiner Dienstpflichten danach zu fragen hat, verschweigt;
5. wer Waffen gebraucht, ohne hierfür die von der zuständigen Behörde im Einklang mit den geltenden gesetzlichen Bestimmungen ausgegebene Lizenz erhalten zu haben;
6. wer innerhalb von Ortschaften oder auf bevölkerten öffentlichen Plätzen Feuerwaffen in die Luft abschießt, ohne die Absicht, Schaden auszurichten;
7. wer ohne Erlaubnis der zuständigen Behörde Raketen oder Schwärmer explodieren läßt, oder wer Feuerkugeln aufsteigen läßt, oder wer sich irgendwelcher Feuerwerkskörper oder ähnlicher Gegenstände bedient, die geeignet erscheinen, Schaden oder Alarm zu verursachen;
8. wer öffentliche Schaustellungen ohne Erlaubnis der zuständigen Behörde darbietet;
9. wer Laternen beschädigt oder die öffentliche Straßenbeleuchtung auslöscht;
10. wer sich ohne Grund weigert, zahlungshalber gesetzliche Zahlungsmittel der Republik in der Form und dem Betrag, die von den einschlägigen Gesetzen festgelegt sind, anzunehmen;
11. wer sich ohne Grund tätlich der Ausführung einer öffentlichen Arbeit, die durch die zuständige Behörde angeordnet oder zugelassen ist, widersetzt;

12. wer durch seine Familienstreitigkeiten einen Skandal hervorruft und dadurch die öffentliche Ordnung in nicht erheblicher Weise stört;
13. wer Träume deutet, sich mit Voraussagen oder Weissagungen befaßt und dadurch die öffentliche Ruhe beeinträchtigt oder stört;
14. wer sich der Hexenkunst, dem „ñañiguismo" oder irgendeinem anderen Kult oder Aberglauben, der der Zivilisation oder den guten Sitten zuwiderläuft, widmet;
15. wer sich ohne besondere Erlaubnis auf öffentlicher Straße zusammenfindet, um Maskenzüge, Umzüge, Congatänze oder andere Tanzveranstaltungen afrikanischen Charakters durchzuführen;
16. wer zu nicht zugelassenen Zeiten maskiert einhergeht.

II. KAPITEL

Übertretungen in bezug auf die Ordnung und Sicherheit in Ortschaften

Artikel 572

Mit Freiheitsentzug von 1 bis zu 30 Tagen oder Geldstrafe von 1 bis zu 30 Tagesbußen oder beiden Sanktionsarten wird bestraft:

1. wer mit der Aufsicht über einen Geisteskranken betraut ist und diesen auf belebten Straßen und öffentlichen Plätzen ohne die erforderliche Überwachung einhergehen läßt;
2. der Eigentümer oder Besitzer von wilden oder schädlichen Tieren, der diese frei umherlaufen läßt oder es ihnen ermöglicht, Schaden anzurichten, oder der die einschlägigen Verordnungen oder Anordnungen übertritt;
3. der Eigentümer oder Besitzer von zahmen oder Haustieren, der diese in den Straßen und auf den Fußwegen einer Ortschaft umherstreifen läßt;
4. wer gegen die zur Vermeidung der Ausbreitung von Feuer erlassenen Bestimmungen an solchen Orten verstößt, an denen sich Apparate oder Stoffe befinden, die Feuer hervorrufen können;
5. der Eigentümer von baufälligen oder in schlechtem Zustand befindlichen Gebäuden, der es unterläßt, die notwendigen Maßnahmen zu treffen, um ein Unglück oder Schäden zu verhindern, die durch den Zustand des Gebäudes entstehen können;
6. wer Bürgersteige, Straßen oder öffentliche Plätze mit Fahrzeugen, Wagen oder sonstigen Geräten irgendwelcher Art oder durch Handlungen, die einen Menschenauflauf hervorrufen, versperrt;
7. wer auf eine Straße oder auf öffentliche Plätze Steine oder andere Gegenstände wirft oder Wasser schüttet, sofern die Tat in diesem Gesetzbuch nicht mit schwererer Strafe bedroht ist;
8. wer auf dem Gelände vor seinem Anwesen Gegenstände liegen läßt, die Passanten schädigen oder belästigen können;
9. wer es beim Betrieb einer Fabrik oder eines öffentlichen oder privaten Werkes unterläßt, darin die Beleuchtung, die Signale, die Absperrungen oder Schranken anzubringen, die erforderlich sind, um Schäden oder Gefahren zu vermeiden; sowie derjenige, der diese Vorrichtungen unbefugt verändert oder beseitigt;

10. wer Statuen, Anlagen, Bäume oder irgendeinen anderen Gegenstand der öffentlichen Verschönerung mit Steinen bewirft, beschädigt oder beschmutzt, oder wer auf Straßen, in Parks, Gärten, Spazierwegen oder öffentlichen Anlagen Zerstörungen vornimmt, sofern die Tat in diesem Gesetzbuch nicht mit schwererer Strafe bedroht ist;
11. wer auf irgendeine Weise den über die Verschönerung der Ortschaften erlassenen Bestimmungen zuwiderhandelt;
12. wer durch Schreie, lärmendes Verhalten oder Betätigung von Instrumenten die Ruhe derjenigen stört, die arbeiten oder sich ausruhen, oder wer für die Nachbarschaft lästige Tiere hält;
13. wer sich an besiedelten Orten oder an Orten mit starkem Verkehr mit Pferd oder Wagen so fortbewegt, daß damit eine Gefahr für die Fußgänger hervorgerufen wird;
14. wer außerhalb der in Artikel 561 genannten Örtlichkeiten an irgendeiner Art Glücksspiel, Poker oder Zufallsspiel teilnimmt oder es fördert; es sei denn, das Spiel dient lediglich dem Zeitvertreib oder der Entspannung;
15. die bloßen Besitzer von Berechtigungsscheinen oder Zulassungsscheinen für nicht genehmigte Verlosungen oder Lotterien, gleichgültig, ob diese in der Republik oder im Ausland veranstaltet werden;
16. Personen, die in Zeitungen oder anderen Publikationsorganen Anzeigen oder Mitteilungen inserieren, die sich auf nicht genehmigte Lotterien oder Verlosungen beziehen; sowie, falls die Täter nicht festgestellt werden können, die Direktoren, Verleger und Drucker der genannten Publikationsorgane.

III. KAPITEL

Übertretungen in bezug auf die guten Sitten und den öffentlichen Anstand

Artikel 573

Mit Freiheitsentzug von 1 bis zu 30 Tagen oder Geldstrafen von 1 bis zu 30 Tagesbußen oder beiden Sanktionsarten wird bestraft:

1. wer auf Straßen oder öffentlichen Plätzen im Hemd oder einem anderen ähnlichen Kleidungsstück umherläuft und dadurch einen unanständigen oder unmoralischen Anblick bietet;
2. wer auf Straßen oder öffentlichen Plätzen obszöne Worte ausspricht oder unanständige oder anstößige Gesten oder Bewegungen vollführt;
3. wer einer Frau gegenüber unflätige oder kränkende Aussprüche oder Gebärden gebraucht, oder wer sie mit aufdringlichen Anträgen oder mit Frechheiten in Wort oder Schrift bestürmt;
4. wer Personenansammlungen dazu ausnutzt, einen anderen in unanständiger oder belästigender oder ungehöriger Weise zu berühren;
5. wer sich damit beschäftigt, in das Innere von Häusern durch Schlüssellöcher, Fensterläden, Lücken, Spalte oder irgendeine andere Öffnung zu schauen;

6. wer unanständige oder verletzende Witze durch das Telefon oder irgendein anderes Verständigungsmittel mitteilt;
7. wer Medikamente oder Behandlungsweisen für Geschlechtskrankheiten in einer Weise anbietet, die den öffentlichen Anstand verletzt;
8. der Eigentümer eines beliebigen Unternehmens, der Bücher, Postkarten, Lithographien oder Zeitschriften pornographischen oder unanständigen Inhalts zum Verkauf anbietet;
9. wer in öffentlichen Anlagen nackt oder unzulänglich bekleidet badet;
10. eine Frau, die in der Öffentlichkeit nicht die erforderliche Zurückhaltung wahrt;
11. wer auf irgendeine andere, in diesem Gesetzbuch nicht geregelte Art und Weise in der Öffentlichkeit Handlungen vornimmt, die dem Anstand oder den guten Sitten widersprechen.

IV. KAPITEL

Übertretungen sanitärer Vorschriften

Artikel 574

Mit Freiheitsentzug von 1 bis zu 60 Tagen oder Geldstrafe von 1 bis zu 60 Tagesbußen oder beiden Sanktionsarten wird bestraft:

1. wer in anderen als den in Artikel 463 dieses Gesetzbuches geregelten Fällen sanitäre Verordnungen übertritt;
2. wer die in der Militärverordnung Nr. 165 Jhrg. 1901 enthaltenen Bestimmungen über die Impfpflicht übertritt;
3. wer in Ausübung des Berufs eines Geburtshelfers die in dem Präsidialdekret Nr. 1753 Jhrg. 1917 enthaltenen Strafvorschriften übertritt;
4. wer offensichtlich an einer Geschlechtskrankheit leidet und nicht die nach Sachlage angemessenen hygienischen Regeln der Isolierung und Abstinenz einhält;
5. wer Kehricht, tote Tiere oder stinkende oder unsaubere Gegenstände auf Straßen oder öffentliche Plätze wirft, und wer öffentliche Quellen oder Trinkanlagen verunreinigt;
6. wer den Aufsichtsbestimmungen von Quarantänebeamten, deren Aufsicht er unterworfen ist, zuwiderhandelt; ferner derjenige, der einer unter Quarantäne stehenden Person bei der Verwirklichung solcher Absichten oder bei der Umgehung der Überwachungsvorschriften in irgendeiner Form unter Zuwiderhandlung gegen die Bestimmungen der Militärverordnung Nr. 242 Jhrg. 1901 Beistand leistet;
7. wer den in dem Apothekergesetz vom 19. Februar 1912 oder den Strafbestimmungen der Ausführungsverordnung (Präsidialdekret Nr. 1607 Jhrg. 1920) zuwiderhandelt;
8. wer den Bestimmungen der Präsidialdekrete Nr. 943 vom 19. Oktober 1912 und Nr. 66 vom 3. Januar 1934 über die Wasserversorgung und Nr. 1440 vom 6. Oktober 1922 über die Flaschenabfüllung von Wasser- und Erfrischungsgetränken zuwiderhandelt.

V. KAPITEL

Übertretungen in bezug auf die Arbeitsgesetze

Artikel 575

Mit Freiheitsentzug von 1 bis zu 60 Tagen oder Geldstrafe von 1 bis zu 60 Tagesbußen wird bestraft:

1. wer den in dem Präsidialdekret Nr. 2583 vom 8. November 1933 und der Ausführungsverordnung vom 6. Dezember des gleichen Jahres in der geltenden geänderten Fassung enthaltenen Bestimmungen über die Nationalisierung der Arbeit zuwiderhandelt;
2. wer den in dem Gesetz vom 4. Mai 1910 oder dessen Ausführungsverordnung vom 6. August des gleichen Jahres, dem Gesetz vom 20. Juli 1933 und dem Gesetz Nr. 136 vom 3. Mai 1935 enthaltenen Bestimmungen über die Schließung von Unternehmungen zuwiderhandelt;
3. wer den in dem Präsidialdekret Nr. 2687 vom 15. November 1933 und der Ausführungsverordnung vom 6. Oktober 1934 enthaltenen Bestimmungen über Arbeitsunfälle zuwiderhandelt;
4. wer in Ausübung des Berufes eines Eisenbahnmaschinisten den Bestimmungen des Reglements vom 1. Februar 1901 zuwiderhandelt;
5. wer unter Zuwiderhandlung gegen die Bestimmungen des Gesetzes vom 2. Juni 1928 und seiner Ausführungsverordnung vom 27. Dezember des gleichen Jahres anläßlich der Zubereitung von Brot, Backwaren und ähnlichen Gegenständen während der Nachtstunden arbeitet;
6. eine Person männlichen Geschlechts, die Aufgaben, Tätigkeiten oder Beschäftigungen ausübt, die Frauen vorbehalten sind, und zwar unter Zuwiderhandlung gegen die Bestimmungen des Gesetzes vom 3. August 1917 Art. V, des Gesetzes vom 18. Mai 1922 oder von dessen Ausführungsverordnung vom 18. November 1925;
7. wer während der Arbeitszeit den in dem Präsidialdekret Nr. 1693 vom 19. September 1933, dessen Ausführungsverordnung vom 19. Oktober des gleichen Jahres und in dem Gesetz Nr. 53 vom 29. März 1935 enthaltenen Bestimmungen zuwiderhandelt;
8. wer die in dem Gesetzesdekret Nr. 781 vom 28. Dezember 1934, dessen Ausführungsverordnung vom 5. April 1935 und in dem Gesetzesdekret Nr. 147 vom 14. August 1935 enthaltenen Bestimmungen über die Beschäftigung schwangerer Frauen und die Sicherheit arbeitender Mütter zuwiderhandelt;
9. Arbeitgeber und Arbeiter, die unter Zuwiderhandlung gegen die Bestimmungen des Gesetzes Nr. 91 vom 12. April 1935 den gesetzlichen Anordnungen der Arbeitsbehörde (Secretaria del Trabajo) nicht Folge leisten, sowie der Chef oder Angestellte eines Industrie- oder Handelsunternehmens, der sich der Inspektion dieses Unternehmens durch Beamte oder Inspekteure der genannten Behörde widersetzt;
10. wer Frauen oder Minderjährige mit Tätigkeiten oder Arbeiten beschäftigt, die durch die Gesetzesdekrete Nr. 598 vom 16. Oktober und Nr. 647 vom 31. Oktober 1934 verboten sind;

11. wer bei der Anheuerung oder Repatriierung von Seeleuten oder bei der Beschäftigung von Minderjährigen auf Schiffen unter cubanischer Flagge den in den Gesetzesdekreten Nr. 592 vom 16. Oktober und Nr. 659 und 660 vom 6. November 1934 enthaltenen Bestimmungen zuwiderhandelt;
12. wer den im Gesetzesdekret Nr. 450 vom 28. August 1934 und in dem Gesetz Nr. 40 vom 22. März 1935 enthaltenen Bestimmungen über die Sonntagsruhe und den den Arbeitern und Angestellten zu gewährenden Jahresurlaub zuwiderhandelt;
13. wer bei Malerarbeiten und ähnlichen Tätigkeiten den in dem Gesetzesdekret Nr. 215 vom 16. Mai 1934 und dessen Abänderungen enthaltenen Bestimmungen über den Gebrauch von Bleiweiß und anderen ähnlichen Substanzen zuwiderhandelt;
14. wer den in dem Gesetz vom 4. Oktober 1929 und seinen Abänderungen enthaltenen Bestimmungen über die Pensionierung der Eisenbahnbeamten, den Bestimmungen des Gesetzes vom 4. Juli 1927 und seinen Abänderungen über die Pensionierung der Seeleute, und den Bestimmungen des Gesetzesdekretes Nr. 172 vom 23. August 1935 über die Pensionierung der Angehörigen des Zeitungswesens zuwiderhandelt;
15. wer den in dem Gesetzesdekret Nr. 727 vom 30. November 1934, dem Dekret Nr. 291 vom 20. Februar 1935 und dem Gesetz Nr. 65 vom 2. April 1935 enthaltenen Bestimmungen über die Mindestlöhne zuwiderhandelt;
16. wer die in dem Gesetzesdekret Nr. 446 vom 24. August 1934 enthaltenen Bestimmungen über Arbeitsverträge und Vereinbarungen übertritt.

VI. KAPITEL

Übertretungen in bezug auf die persönliche Unversehrtheit

Artikel 576

Mit Freiheitsentzug von 1 bis zu 30 Tagen oder Geldstrafe von 1 bis zu 30 Tagesbußen oder beiden Sanktionsarten wird bestraft:

1. wer einen anderen durch Worte mißhandelt, falls die Tat kein Vergehen darstellt;
2. der Vater, Vormund, Aszendent oder Meister, der bei der Züchtigung von seiner Gewalt oder Aufsicht unterstellten Minderjährigen das gebotene Maß überschreitet;
3. der Minderjährige, der es gegenüber seinen Eltern, Lehrherren, Vormündern oder Aszendenten an dem schuldigen Respekt und der geschuldeten Rücksicht fehlen läßt;
4. der Vater, die Mutter, der Vormund oder die mit der Obhut für einen Minderjährigen betraute Person, wenn sie in einem ihrer Vermögenslage unproportionalen Maße Erziehung, Unterhalt oder den dem Minderjährigen zu gewährenden Beistand vernachlässigen;
5. der Vater, Vormund oder die mit der Obhut für einen Minderjährigen betraute Person, wenn sie durch Nachlässigkeit oder Unachtsamkeit dazu beitragen, daß der Minderjährige sich betrinkt oder Narkotika irgendeiner Art verwendet;

6. wer bei Ausübung des Berufes eines Akrobaten, Kunstturners, Zirkusartisten oder bei einer ähnlichen Tätigkeit die Personalpapiere von Jugendlichen zwischen 16 und 21 Jahren, die er bei seiner Schaustellung beschäftigt, auf Ersuchen der zuständigen Behörde nicht vorzeigt;
7. wer anläßlich seiner Teilnahme an Theateraufführungen oder anderen öffentlichen Schaustellungen die den Zuschauern geschuldete Achtung durch Äußerungen, Spottverse, Anspielungen, Handlungen oder Gesten verletzt;
8. wer einen anderen mit schmutzigen oder anderen Gegenständen bewirft, ohne einen Schaden zu verursachen.

VII. KAPITEL

Übertretungen in bezug auf das Eigentum

Artikel 577

Mit Freiheitsentzug von 1 bis zu 30 Tagen oder Geldstrafe von 1 bis zu 30 Tagesbußen oder beiden Sanktionsarten werden bestraft:

1. Personen, die zur Jagd oder zum Fischfang ein fremdes Anwesen oder ein umfriedetes Feld ohne Erlaubnis des Eigentümers betreten;
2. Personen, die sich aus irgendeinem Grund oder unter irgendeinem Vorwand erdreisten, Pflanzungen oder Saatfelder zu betreten;
3. Personen, die ohne Erlaubnis des Eigentümers ein ummauertes oder umzäuntes Anwesen betreten;
4. Eigentümer von Vieh oder Haustieren, die dadurch, daß sie dieses sich selbst überlassen oder ungenügend beaufsichtigen, Schaden an fremdem Eigentum verursachen;
5. Personen, die auf fremdes Eigentum oder auf eine öffentliche Straße Steine, Materialien oder irgendwelche anderen ähnlichen Gegenstände werfen, um Schaden zu verursachen, oder die Obstbäume, Gärten oder Saatflächen mit Steinen bewerfen.

VIII. KAPITEL

Verwaltungsübertretungen

Artikel 578

Mit Freiheitsentzug von 1 bis zu 60 Tagen oder Geldstrafe von 1 bis zu 60 Tagesbußen oder beiden Sanktionsarten wird bestraft:

1. wer den in den Kommunalverordnungen und -anordnungen enthaltenen Bestimmungen zuwiderhandelt;
2. wer den in der Militärverordnung Nr. 368 Jhrg. 1900 und in dem Schulgesetz vom 18. Juli 1909 enthaltenen Bestimmungen zuwiderhandelt und dadurch einen Schaden an fremdem Eigentum hervorruft;
3. wer den Bestimmungen des Gesetzesdekretes Nr. 788 vom 28. Dezember 1934 über die obligatorische Eintragung in das Fremdenregister zuwiderhandelt;
4. wer den Bestimmungen des Dekretes Nr. 67 vom 18. Januar 1909 in der geltenden, seine späteren Änderungen und Zusätze berücksichtigenden Fassung über die Ausübung der Jagd zuwiderhandelt;

5. wer sich dem Fischfang widmet unter Zuwiderhandlung gegen die Bestimmungen der Militärverordnung Nr. 99 Jhrg. 1900 und der Generalanordnung für den Fischfang vom 24. Mai 1923, sowie gegen die Bestimmungen der Militärverordnung Nr. 102 Jhrg. 1899, der Militärverordnung Nr. 352 Jhrg. 1900 und dem Dekret Nr. 63 vom 19. Januar 1909;
6. wer beim Verkauf von Fischwaren die Bestimmungen des Präsidialdekretes Nr. 1426 vom 3. Oktober 1919 übertritt;
7. wer die in dem Gesetz Nr. 3 vom Mai 1926 und im Dekret Nr. 495 vom 13. April 1926, im Dekret Nr. 351 vom 20. März 1924 und den Forstverordnungen vom 24. August 1877 enthaltenen Strafbestimmungen über die Forstnutzung und Forstreserve, die Ausbeutung, den Einschlag und das Abbrennen von Wäldern übertritt;
8. wer die in dem Dekret 772 vom 24. Mai 1922 enthaltenen Strafbestimmungen über die Erhaltung von Palmen und Obstbäumen übertritt;
9. wer den in den Militärverordnungen Nr. 108 vom 14. März 1900 und Nr. 217 vom 28. Mai des gleichen Jahres enthaltenen Strafbestimmungen über den Gebrauch des Spornes, die Tierquälerei und die Veranstaltung von Stierkämpfen zuwiderhandelt;
10. wer den in der Militärverordnung Nr. 353 Jhrg. 1900 enthaltenen geltenden Bestimmungen über den Viehverkehr zuwiderhandelt;
11. wer den Bestimmungen des Gesetzes vom 2. Juli 1909, des Dekretes Nr. 3 vom 13. Januar 1910 und des Gesetzes vom 7. Juli 1924 über die Veranstaltungen von Hahnenkämpfen und den Import von Kampfhähnen in das Territorium der Republik zuwiderhandelt;
12. wer den Bestimmungen der Verordnung Nr. 34 vom 7. Februar 1902 über die Bahnpolizei in einer Weise zuwiderhandelt, die in diesem Gesetzbuch nicht an anderer Stelle mit Strafe bedroht ist;
13. wer den in dem Präsidialdekret Nr. 395 vom 19. März 1928 und dessen geltenden Abänderungen, sowie dem Präsidialdekret Nr. 2622 vom 3. Oktober 1934 enthaltenen Bestimmungen über den Verkehr auf Landstraßen und öffentlichen Wegen und deren Unterhaltung und über den öffentlichen Omnibusverkehr zuwiderhandelt;
14. wer unter Zuwiderhandlung gegen die Bestimmungen des Gesetzes vom 7. Juli 1909 und des Präsidialdekretes Nr. 1643 vom 12. September 1933 Lose der Nationallotterie öffentlich anbietet oder verkauft;
15. wer elektrische Sirenen an Privatautomobilen oder -fahrzeugen unter Zuwiderhandlung gegen die Bestimmungen des Präsidialdekrets Nr. 1301 vom 17. Mai 1934 verwendet;
16. (aufgehoben durch Gesetz vom 24. 4. 1944);
17. die Eigentümer oder Verwalter von Hotels, Gaststätten, Beherbergungsbetrieben usw., die die in dem Präsidialdekret Nr. 3047 vom 23. November 1934 enthaltenen Bestimmungen übertreten;
18. wer die in dem Gesetz Nr. 3 vom August 1918 enthaltenen Bestimmungen über das Verbot, alkoholische Getränke an Angehörige der bewaffneten Streitkräfte zu verkaufen, übertritt;

19. wer Obst oder Gemüse unter Zuwiderhandlung gegen die Bestimmungen des Gesetzes vom 20. Juni 1928 und des Präsidialdekretes Nr. 861 vom 29. Mai 1929 exportiert;
20. wer frische Früchte, Gemüse und Gartenerzeugnisse unter Zuwiderhandlung gegen die Bestimmungen des Präsidialdekretes Nr. 740 vom 10. Mai 1923 importiert;
21. wer unter Zuwiderhandlung gegen die Bestimmungen des Präsidialdekretes Nr. 1752 vom 22. Oktober 1928 die unter dem Namen Cheese Cloth bekannten Stoffe importiert;
22. wer die in dem Gesetzesdekret Nr. 63 vom 5. Juli 1935 enthaltenen Strafbestimmungen über die Kontrolle der Kaffeeproduktion übertritt;
23. wer beim Anbau, bei der Aufbereitung, bei der Fertigung und beim Handel mit Tabak die in dem Präsidialdekret Nr. 266 vom 28. Februar 1922, Nr. 892 vom 30. Mai 1929, in dem Gesetzesdekret 643 vom 30. Oktober 1934 und in dem Gesetzesdekret 447 vom 9. Dezember 1935 enthaltenen Bestimmungen übertritt;
24. wer unter Zuwiderhandlung gegen die Bestimmungen des Gesetzesdekretes 163 vom 21. August 1935 heimlich einen Handel ausübt.

IX. KAPITEL

Regeln für die Anwendung der Sanktionen

Artikel 579

A. In wegen Übertretungen anhängigen Strafverfahren darf in keinem Fall eine 60 Tage überschreitende freiheitsentziehende Sanktion oder eine 60 Tagesbußen überschreitende Geldstrafe, noch dürfen beide Sanktionen zusammen auferlegt werden.

B. Die Richter und Gerichtshöfe haben bei der Zumessung der für Übertretungen aufzuerlegenden Sanktionen durch vorsichtiges Ausüben ihres Ermessens innerhalb der für jeden Fall festgesetzten Grenzen auf dasjenige Sanktionsmaß zu erkennen, das sie für angemessen halten.

C. In Verfahren, die durch besondere Verwaltungsgesetze oder auf Grund von anderen, durch dieses Gesetzbuch nicht außer Kraft gesetzten Bestimmungen in die Zuständigkeit der Korrektionsgerichte fallen, sind die Richter nicht an das Maß der hier festgesetzten Sanktionen gebunden, sondern haben frei zu entscheiden, welche Sanktionen innerhalb der in Absatz A dieses Artikels bezeichneten Grenzen aufzuerlegen sind.

D. Bei Nichtzahlung von solchen Geldstrafen, die in wegen Übertretungen anhängigen Verfahren auferlegt worden sind, unterliegt der Verurteilte der Schuldhaft (apremio personal) dergestalt, daß 1 Tag je einer auferlegten Tagesbuße gleichgeachtet wird, ohne daß indessen diese subsidiäre Schuldhaft 60 Tage überschreiten darf.

E. Personen, denen Übertretungen zur Last fallen, dürfen die Rechtswohltaten der Artikel 97 und 98 und darf die in Artikel 92 Abs. B geregelte Befugnis zur Ratenzahlung nicht bewilligt werden.

IV. BUCH

Von den sichernden Maßregeln

I. KAPITEL

Von den sichernden Maßregeln im allgemeinen

Artikel 580

A. Sichernde Maßregeln können gegenüber natürlichen oder juristischen Personen, Inländern oder Ausländern, sofern sie sozial gefährlich sind und sich auf dem Territorium der Republik befinden, in jedem der folgenden Fälle angewandt werden:

1. wenn die in der Sache erkennenden Richter oder Gerichte für erwiesen erachten, daß in der Person des Angeklagten eines der ständigen Anzeichen für Gefährlichkeit, wie sie in Artikel 48, B genannt sind, vorliegt;
2. wenn das Gericht in seinem Urteil davon ausgeht, daß einer der erschwerenden Umstände der Artikel 39, 40 und 41 vorliegt;
3. wenn der Angeklagte freigesprochen worden ist, weil in seiner Person in bezug auf seine mit Strafe bedrohte Tat ein die Zurechnungsunfähigkeit bedingender Umstand nach Maßgabe des Artikels 35 gegeben war;
4. wenn das Urteil davon ausgeht, daß in der Person des Angeklagten einer der folgenden Umstände vorliegt: Artikel 37, Abs. A Ziff. 1, Abs. B oder Abs. M; Artikel 26, Abs. E oder der in Artikel 29 vorgesehene Umstand;
5. wenn mittels eines der in Artikel 48, Abs. C vorgesehenen Verfahren für erwiesen erachtet wird, daß bei einer nicht in ein Strafverfahren verwickelten Person einer der ständigen Umstände der Gefährlichkeit, wie sie in Artikel 48 B aufgezählt sind, vorliegt;
6. wenn das Gericht es außer in den Fällen des Artikel 48 B in Ausübung des ihm durch Artikel 67 zugestandenen Ermessens und unter Berücksichtigung der Umstände und der Schwere der begangenen Straftat und der persönlichen Umstände des Schuldigen für wahrscheinlich erachtet, daß dieser weitere in diesem Gesetz als Vergehen strafbare Taten begehen wird.

B. Sie können gleichfalls angewandt werden:

1. wenn wegen einer im Ausland begangenen Tat das Verfahren im Inland fortgeführt oder erneuert wird;
2. wenn das Strafverfahren im Ausland durchgeführt worden war und die darin verwickelten oder abgeurteilten Personen sich auf dem Territorium der Republik befinden.

Artikel 581

A. Sichernde Maßregeln können aus Anlaß der Begehung einer Straftat oder um die Begehung einer solchen zu verhindern, verhängt werden.

B. Im ersten Fall heißen die Maßnahmen „postdeliktive sichernde Maßregeln“, im zweiten Fall „prädeliktive sichernde Maßregeln“.

C. Es dürfen nur solche sichernden Maßregeln verhängt werden, die in diesem Buch näher bestimmt sind.

D. Eine prädeliktive sichernde Maßregel darf nur verhängt werden, wenn in der Person des Betroffenen einer der Fälle des Artikel 48 B vorliegt.

Artikel 582

A. Postdeliktive sichernde Maßregeln werden ausschließlich von dem Richter oder dem Gerichtshof verhängt, der über die Straftat entscheidet.

B. Prädeliktive sichernde Maßregeln werden in der durch Artikel 48 C vorgesehenen Art und Weise durch die zuständige gerichtliche Behörde verhängt.

C. In einer Strafsache können der Richter oder der Gerichtshof, die das Urteil gefällt haben, auch:

1. eine neue, nicht bereits im Urteilsspruch erkannte Maßregel verhängen, wenn das spätere Verhalten des Angeklagten dies erfordert;
2. eine auferlegte sichernde Maßregel aufheben, wenn der gefährliche Zustand, der sie veranlaßte, nachträglich entfällt oder die erkannte Maßregel durch eine andere, für die Zwecke der sozialen Verteidigung geeignetere ersetzen;
3. eine neue sichernde Maßregel während der Vollstreckung einer früher erkannten an deren Stelle treten lassen; sie können auch von einem Widerruf der früheren Maßregel absehen, wenn der Betroffene neue oder andere Symptome der Gefährlichkeit zeigt.

D. Gleichermaßen können der erkennende Richter oder das erkennende Gericht während des Vorverfahrens eine geeignete sichernde Maßregel verhängen, wenn in der Person des Angeschuldigten einer der folgenden Fälle gegeben ist:

1. wenn er minderjährig ist;
2. wenn er Anzeichen einer geistigen Erkrankung, des Kretinismus oder des Schwachsinns aufweist;
3. wenn er taubstumm, Alkoholiker oder rauschgiftsüchtig ist, oder wenn er an Geschlechtskrankheiten im Ansteckungsstadium leidet.

Artikel 583

A. Sobald die gesetzliche Mindestfrist einer sichernden Maßregel verstrichen ist, hat der Richter oder das Gericht den Betroffenen von neuem zu überprüfen, um sich darüber schlüssig zu werden, ob dessen gefährlicher Zustand noch andauert, oder ob die Symptome der Gefährlichkeit verschwunden sind; sie haben dabei folgende Regeln zu beachten:

1. Wenn der Betroffene sich weiterhin in gefährlichem Zustand befindet, hat die Gerichtsbehörde einen neuen Termin festzusetzen, der in keinem Fall die vom Gesetz für die weitere Untersuchung des Betroffenen vorgesehene Minimalfrist überschreiten darf.
2. Wenn die Symptome der Gefährlichkeit verschwunden sind, ist die auferlegte sichernde Maßregel aufzuheben.

3. Wenn die Symptome der Gefährlichkeit des Betroffenen verschwunden sind, ist die auferlegte sichernde Maßregel *jederzeit,* gegebenenfalls, sobald die gesetzliche Mindestfrist verstrichen ist, aufzuheben.

B. Eine neue Überprüfung des von der sichernden Maßregel Betroffenen ist auch dann vorzunehmen, wenn seit ihrer Anordnung im Hinblick auf den Anlaß ihrer Anordnung ein so langer Zeitraum verstrichen ist, daß eine Änderung der Verhältnisse des Betroffenen möglich erscheint.

Artikel 584

A. Wenn jemand zu verschiedenen Zeiten verschiedene Straftaten begangen hat, für welche jeweils ein und dieselbe sichernde Maßregel angebracht erscheint, so ist ausschließlich diese Maßregel anzuwenden.

B. Wenn die Anwendung mehrerer sichernder Maßregeln in Betracht kommt, so haben Richter oder Gericht die gleichzeitige oder aufeinanderfolgende Vollstreckung derjenigen Maßnahmen, die sie zur bestmöglichen Verwirklichung der sozialen Verteidigung für erforderlich halten, anzuordnen.

II. KAPITEL

Einteilung der sichernden Maßregeln, Regeln für ihre Bestimmung

Artikel 585

A. Die sichernden Maßregeln zerfallen in:
1. persönliche,
2. vermögensrechtliche.

B. Die persönlichen Maßnahmen werden unterteilt in:
1. verwahrende,
2. nicht verwahrende.

C. Die persönlichen verwahrenden Maßnahmen sind:
1. Überweisung in eine landwirtschaftliche Kolonie oder eine Werkstatt oder ein Arbeitshaus;
2. Einschließung in einem Krankenhaus, einer Bewachungsanstalt, einer Irrenanstalt oder einer Besserungsanstalt (reformatorio);

D. Die nicht verwahrenden persönlichen Maßnahmen sind:
1. das Verbot, bestimmte Örtlichkeiten aufzusuchen;
2. zeitweilige Entsetzung aus Beschäftigung oder Dienst, Beruf, Amt oder Tätigkeit;
3. Unterstellung unter behördliche Aufsicht;
4. Landesverweisung;
5. fürsorgerische Maßnahmen für verbrecherische oder gefährliche Jugendliche;
6. Veröffentlichung des Urteils nebst Gründen;
7. Landesverweisung bei Ausländern;

E. Vermögensrechtliche sichernde Maßregeln sind:
1. Kaution für Rechtschaffenheit oder gute Führung;
2. Beschlagnahme einzelner Gegenstände;
3. Betriebsschließung.

Artikel 586

Die in dem vorangehenden Artikel aufgezählten sichernden Maßregeln sind von Richtern oder Gerichten gegenüber solchen Personen, bei denen eine entsprechende Verurteilung angebracht erscheint, in folgender Weise zu verhängen:

1. Einer landwirtschaftlichen Kolonie, Werkstatt oder einem Arbeitshaus der Regierung sind zu überweisen:
   a) Gewohnheits-, Berufs- oder Hangverbrecher, welche sämtlich und immer einer besonderen Abteilung zuzuweisen sind;
   b) Personen, die, ohne bisher im Urteil zu Gewohnheits-, Berufs- oder Hangverbrechern erklärt worden zu sein, ein neues nicht nur fahrlässiges Delikt begehen, das sie als Gewohnheits-, Berufs- oder Hangverbrecher ausweist; ferner diejenigen, die sich während der Vollstreckung einer freiheitsentziehenden Sanktion nicht gut geführt haben;
   c) Landstreicher, Spieler, Raufbolde und gewohnheitsmäßige Bettler, sofern sie volljährig und geistig gesund sind;
   d) Verurteilte, bei denen Richter oder Gericht in Anbetracht ihrer während der Vollstreckung der auferlegten Sanktion beobachteten Führung zu der Auffassung gelangt sind, daß der Sanktion eine verwahrende sichernde Maßregel folgen sollte;
   e) Verurteilte unter behördlicher Aufsicht, die ein vorsätzliches Delikt begehen oder in irgendeiner Form den Auflagen zuwiderhandeln, die ihnen vom Gericht erteilt worden sind, unbeschadet ihrer im letztgenannten Falle eintretenden Straffälligkeit nach Maßgabe der in Buch II Titel VI, Kapitel IX enthaltenen Bestimmungen;
   f) und allgemein Delinquenten in all jenen Fällen, in denen infolge der zu Tage getretenen Anzeichen ihrer Gefährlichkeit Mittel erforderlich erscheinen, die den Zwecken der Prävention materiell angepaßt sind und ausreichen, um die kriminellen Gewohnheiten und Neigungen des Verwahrten zu ändern, indem sie seine Wiederanpassung an das Gemeinschaftsleben fördern.
2. In ein Krankenhaus oder eine Verwahrungsanstalt sind einzuschließen:
   a) psychisch oder physisch anomale Verbrecher;
   b) Alkoholiker, Rauschgiftsüchtige und Taubstumme;
   c) Geschlechtskranke in der Ansteckungsperiode;
   d) Personen, die wegen nicht nur fahrlässiger Straftaten verurteilt sind, sofern ihre Verantwortlichkeit infolge einer Krankheit oder chronischer Alkoholvergiftung oder durch den Genuß von Rauschgiften oder infolge von Taubstummheit gemindert ist;
   e) Der Richter kann in gewissen leichten Fällen ersatzweise die Unterstellung unter behördliche Aufsicht als sichernde Maßregel anordnen. Diese Ersetzung entfällt, wenn es sich um Personen handelt, die wegen chronischer Alkoholvergiftung oder Vergiftung durch Rauschgifte zu milderen Sanktionen verurteilt worden sind; in diesem Fall ist ihrer Einschließung in einem Krankenhaus oder einer Bewahrungsanstalt vor anderen verwahrenden Maßregeln der Vorzug zu geben. In Ausnahmefällen

kann der Richter, falls besondere pathologische Umstände in der Person des Betroffenen in Betracht zu ziehen sind, anordnen, daß die Einschließung nach Beendigung der Vollstreckung einer freiheitsentziehenden Sanktion durchzuführen ist.

3. In eine gerichtliche Irrenanstalt sind einzuschließen:
   a) Personen, die nach Verübung eines mit Freiheitsentzug über 3 Jahre bedrohten Deliktes wegen Geisteskrankheit für unzurechnungsfähig erklärt worden sind;
   b) Straftäter, die während der Vollstreckung einer 3 Jahre übersteigenden freiheitsentziehenden Sanktion in Geisteskrankheit verfallen.
4. In eine gewöhnliche Irrenanstalt sind einzuschließen:
   a) Personen, die nach Verübung einer Straftat, für die das Gesetz eine freiheitsentziehende Sanktion unter 3 Jahren oder irgendeine andere Sanktion androht, wegen Geisteskrankheit für unzurechnungsfähig erklärt worden sind;
   b) Verurteilte, die während der Vollstreckung einer freiheitsentziehenden Sanktion unter 3 Jahren oder irgendeiner anderen Sanktion in Geisteskrankheit verfallen;
   c) Personen, die, ohne straffällig geworden zu sein, von der zuständigen Gerichtsbehörde für geisteskrank erklärt worden sind.
5. In Besserungsanstalten (Reformatorios) werden eingeschlossen:
   a) die verbrecherischen Minderjährigen in jedem Fall;
   b) die gefährlichen Minderjährigen, deren Einschließung durch die Behörde angeordnet ist. Diese sind von den verbrecherischen Minderjährigen vollkommen getrennt zu halten;
6. Die in Artikel 585 D Ziff. 2, 3 und 6 aufgezählten nichtverwahrenden persönlichen sichernden Maßregeln sind anzuwenden:
   a) in den Fällen, in denen sie in Buch II als Haupt- oder Nebensanktionen ausdrücklich angedroht sind;
   b) nach Ermessen der Richter oder Gerichte in all jenen Fällen, in denen der gefährliche Zustand des Individuums ihre Anwendung erfordert.
7. Die Unterstellung unter behördliche Aufsicht ist immer anzuordnen:
   a) wenn die gegenüber dem Täter erkannte Sanktion 10 oder mehr Jahre Freiheitsentzug beträgt;
   b) in allen Fällen des Strafnachlasses oder der bedingten Freiheit während der Dauer der in Buch I festgesetzten Fristen;
   c) gegenüber Berufs- und Gewohnheitsverbrechern in jedem Fall;
8. Das Verbot, bestimmte Örtlichkeiten aufzusuchen, ist in allen Fällen gewohnheitsmäßiger Trunksucht aufzuerlegen, aber es kann darüber hinaus auch in bezug auf jede andere Örtlichkeit auferlegt werden, wenn Richter oder Gericht dies für angebracht halten.
9. Die Landesverweisung als sichernde Maßregel ist, abgesehen von den Fällen des Buches II, in denen sie ausdrücklich vorgesehen ist, nur anzuwenden, wenn es sich um Straftaten gegen die Person oder gegen die Ehre handelt und wenn eine 3 Jahre überschreitende freiheitsentziehende Sanktion oder eine 200 Tagesbußen überschreitende Geldstrafe verhängt worden ist.
10. Die fürsorgerischen Maßnahmen gegenüber Jugendlichen sind anzuwenden:

a) gegenüber verbrecherischen Jugendlichen, die nicht in Besserungsanstalten einzuweisen sind;
b) gegenüber gefährlichen Jugendlichen nach Maßgabe der einschlägigen Bestimmungen der Jugendgesetzgebung.

11. Je nach den persönlichen Verhältnissen des Jugendlichen, dem Unrechtsgehalt der Tat, die ihm zur Last fällt, oder den Besonderheiten seines gefährlichen Zustandes sind die fürsorgerischen Maßnahmen, die angewandt werden können, folgende:
a) Einschließung des Minderjährigen in seiner Wohnung;
b) Überweisung in ein Internat (Pupilaje escolar);
c) Unterbringung des Minderjährigen in einem angesehenen Heim, einem Fürsorgeheim (Patronato), in Privat-Erziehungsanstalten für Jugendliche oder Sonderanstalten für technische Erziehung;
d) Einweisung in eine Krankenanstalt.

12. Die Ausweisung eines Ausländers wird in den in Artikel 64 vorgesehenen Fällen durchgeführt.

13. Die vermögensrechtlichen sichernden Maßregeln sind anzuwenden:
a) in all den Fällen, in denen sie in Buch II vorgesehen sind;
b) gegenüber juristischen Personen, deren Geschäftsführung als für die soziale Ordnung gefährlich erklärt worden ist, in Fällen, in denen sie mit Schließung für eine 60 Tage überschreitende Zeitdauer oder mit einer 300 Tagesbußen übersteigenden Geldstrafe bestraft worden sind.

14. Wenn das Gesetz die Anwendung einer sichernden Maßregel vorschreibt und eine nähere Bestimmung über die anzuwendende Maßnahme fehlt, so ist auf Unterstellung unter behördliche Aufsicht zu erkennen.

15. Wenn durch ein Sondergericht (Tribunal de urgencia) die Einschließung einer jener verdächtigen Personen, auf die sich Artikel 48 B Ziff. 13 des Gesetzbuches der sozialen Verteidigung bezieht, angeordnet wird, so dauert die sichernde Maßregel, vorbehaltlich gegenteiliger Anordnung des erkennenden Gerichtes, solange, wie der Staatsnotstand (Estado de emergencia) oder der Kriegszustand oder die Störung der öffentlichen Ordnung, durch die die Maßnahme ausgelöst worden war, andauert.

III. KAPITEL

Befristung der sichernden Maßregeln

1. Abschnitt

Die persönlichen sichernden Maßregeln

Artikel 587

A. Das Erlöschen der sichernden Maßregeln ist grundsätzlich von der Dauer des gefährlichen Zustandes bei dem Individuum, auf das sie angewandt wurden, abhängig.

B. Von dieser Regel sind ausgenommen:
1. die sichernden Maßregeln, für die, wenn sie als Sanktionen angewandt werden, in Buch I eine Maximalgrenze festgelegt wird;
2. die sichernden Maßregeln, für die in Buch IV eine Minimalgrenze festgesetzt wird.

Artikel 588

Die Minimalgrenze der sichernden Maßregeln ist folgende:

1. Die Überweisung in eine landwirtschaftliche Kolonie, eine Werkstatt oder ein Arbeitshaus dauert mindestens 1 Jahr. Für Gewohnheitsverbrecher beträgt die Mindestdauer 2 Jahre, für Berufsverbrecher 3 und für Hangverbrecher 4 Jahre.
2. Ein wegen einer nicht nur fahrlässigen Straftat wegen geistiger Teilerkrankung oder alkoholischer oder Rauschgiftvergiftung zu einer herabgesetzten Sanktion verurteilter Täter wird in eine gerichtliche Irrenanstalt, ein Krankenhaus oder eine Verwahrungsanstalt für eine Mindestdauer von 1 Jahr eingewiesen, wenn die im Gesetz für die Tat vorgesehene Sanktion auf Freiheitsentzug zwischen 5 und 10 Jahren lautet.
3. Wenn die für die begangene Straftat im Gesetz angedrohte Sanktion die Todesstrafe oder Freiheitsentzug nicht unter 10 Jahren ist, so beläuft sich die Einschließung in einer Krankenanstalt, einer gerichtlichen Irrenanstalt oder in einer Verwahrungsanstalt auf mindestens 3 Jahre.
4. Bei Freispruch wegen Unzurechnungsfähigkeit gemäß Artikel 35 Abs. A, B, C und E ist auf Einschließung in einer gerichtlichen Irrenanstalt, einer Krankenanstalt oder einer Erziehungsanstalt für die Dauer von mindestens 2 Jahren zu erkennen, wenn es sich um Straftaten handelt, für die das Gesetz eine freiheitsentziehende Sanktion von 5 bis zu 10 Jahren androht.
5. Gleichermaßen beträgt die Einschließung in einer entsprechenden Anstalt mindestens 3 Jahre, wenn das Gesetz für die begangene Straftat die Todesstrafe oder eine 10 Jahre übersteigende freiheitsentziehende Sanktion androht.
6. Die Einschließung in einer Besserungsanstalt, angewandt als sichernde Maßregel gegenüber jugendlichen Verbrechern, dauert mindestens 1 Jahr. Wenn der Jugendliche während der Vollstreckung volljährig wird, ist er behördlicher Aufsicht zu unterstellen, sofern Richter oder Gericht nicht seine Überweisung in eine landwirtschaftliche Kolonie, eine Werkstatt oder ein Arbeitshaus anordnen.
7. Die Unterstellung unter behördliche Aufsicht dauert mindestens 1 Jahr, wenn sie als sichernde Maßregel verhängt worden ist.
8. Die Ausweisung eines Ausländers hat in den Fällen, in denen sie nicht endgültigen Charakter hat, eine Mindestdauer von 1 Jahr.
9. Das Verbot, eine Örtlichkeit oder eine Einrichtung zu besuchen, gilt mindestens für die Dauer von 1 Jahr.
10. In Fällen, in denen einer sichernden Maßregel unterworfene Personen deren Vollstreckung vereiteln, ist die Dauer der in der Vollstreckung unterbrochenen sichernden Maßregel, unbeschadet der in den Bestimmungen des Buch II, Titel VI, Kapitel IX dieses Gesetzbuches vorgesehenen Sanktionen so zu berechnen, daß die Zählung mit dem Tage, an dem die Vollstreckung fortgesetzt wird, nochmals beginnt. Diese Bestimmung ist nicht auf Personen anzuwenden, die sich in gerichtlichen Irrenanstalten oder in Heil- oder Verwahrungsanstalten befinden.

2. Abschnitt

Vermögensrechtliche sichernde Maßregeln

Artikel 589

A. Die Kaution für Rechtsschaffenheit oder gute Führung wird durch Bar-Hinterlegung der vom Richter oder Gericht festgesetzten Summe bei der Entschädigungskasse geleistet; sie muß mindestens 100 Pesos betragen und darf 1000 Pesos nicht überschreiten.

B. Es kann auch statt dessen Sicherheit durch eine zahlungsfähige Gesellschaft geleistet oder eine hypothekarische Sicherheit zu Gunsten der Kasse eingetragen werden, sofern sich Richter oder Gericht, die die Sicherheit verantwortlich entgegennehmen, damit zufrieden geben.

C. Die Sicherheit oder die Hinterlegung sind für die Dauer von mindestens 1 Jahr und höchstens 5 Jahren, gerechnet von dem Tage ab, an dem die Kaution geleistet wurde, aufrecht zu erhalten.

D. Wenn die Sicherheit innerhalb der nicht verlängerungsfähigen Frist, die Richter oder Gericht festgesetzt haben, nicht beigebracht wird, ist nach den Bestimmungen des Artikel 61, Abs. C zu verfahren.

E. Wenn der Betroffene während der Zeitspanne, für die Kaution geleistet worden ist, keine Straftat begeht und auch den vom Richter oder Gericht gegebenen Anordnungen nicht zuwiderhandelt, ist die Hinterlegungssumme zurückzugeben oder die hypothekarische Sicherheit oder geleistete Bürgschaft aufzuheben.

F. Wenn der Betroffene dagegen eine neue Straftat begeht oder den von Richter oder Gericht gegebenen Anordnungen zuwiderhandelt, ist die hinterlegte Summe der Kasse endgültig zuzuführen oder die Sicherheit oder Bürgschaft, die geleistet worden ist, unverzüglich und ohne weiteres Rechtsmittel in Anspruch zu nehmen.

Artikel 590

A. Die besondere Beschlagnahme umfaßt:

1. die Einziehung der Erzeugnisse oder Werkzeuge der Straftat nach Maßgabe der Bestimmungen des Artikel 65 und der Vorschriften, die damit im Zusammenhang stehen;
2. die Pfändung oder Rückbehaltung bestimmter Gegenstände, Effekten, Materialien oder Waren, deren Gebrauch, Handel oder deren Besitz nach Auffassung von Richter oder Gericht für die soziale Ordnung schädlich erscheinen oder zur Verübung einer Straftat führen können;

B. Die Bestimmungen der Ziff. 2 des vorangehenden Absatzes sind nicht anzuwenden, wenn Gebrauch, Handel oder Besitz durch behördliche Ermächtigung zugelassen werden können.

Artikel 591

A. Die Maßnahme der Firmenschließung ist in all den Fällen anzuordnen, in denen die Straftat durch den Inhaber der Firma, mag dieser eine Einzelperson oder eine Personengemeinschaft sein, unter Mißbrauch der ihm erteilten Lizenz oder unter Zuwiderhandlung gegen Verwaltungs- oder Polizeianordnungen begangen worden ist.

B. Wird die Schließung als sichernde Maßregel angeordnet, so beläuft sie sich auf mindestens 5 und höchstens 30 Tage.

IV. KAPITEL

Ergänzende Vorschriften

Artikel 592

A. Grundsätzlich sind die sichernden Maßregeln nach Verbüßung der auferlegten Sanktion zu vollstrecken.

B. Dessen ungeachtet ist in Fällen des Strafnachlasses oder der bedingten Verurteilung die in Betracht kommende oder auferlegte sichernde Maßregel bereits dann zu vollstrecken, wenn der bedingt Entlassene die Rechtswohltaten des Strafnachlasses oder der bedingten Freiheit zu genießen beginnt.

C. Gleichermaßen ist die Vollstreckung einer gegen eine zurechnungsfähige Person gerichteten sichernden Maßregel zu unterbrechen, wenn der Betroffene zwischendurch eine freiheitsentziehende Sanktion zu verbüßen hat; nach Beendigung der Vollstreckung einer solchen Sanktion ist die Vollstreckung der sichernden Maßregel wieder aufzunehmen.

D. Wenn ein und derselben Person verschiedene sichernde Maßregeln auferlegt worden sind, so sind diese in der Reihenfolge zu vollstrecken, die Richter oder Gericht festgelegt haben; verwahrende sichernde Maßregeln sind jedoch immer zunächst zu vollstrecken.

E. Wenn die einer verwahrenden sichernden Maßregel unterworfene Person von einer geistigen Erkrankung oder geistigen Störung befallen wird, ist ihre Einweisung in eine gerichtliche Irrenanstalt, eine Krankenanstalt oder eine Verwahrungsanstalt bis zur Wiederherstellung ihrer Gesundheit anzuordnen.

F. Wenn nach Wiederherstellung der Gesundheit die Anzeichen der Gefährlichkeit, die die Anwendung der Maßregel veranlaßt hatten, noch nicht verschwunden sind, ordnen Richter oder Gericht die Überweisung des Betreffenden in eine landwirtschaftliche Kolonie, Werkstatt oder in ein Arbeitshaus an, falls es nicht genügt, ihn behördlicher Aufsicht zu unterstellen.

Artikel 593

A. Wenn verwahrende sichernde Maßregeln gegenüber Personen weiblichen Geschlechtes angeordnet werden, so sind die Betroffenen zwecks Einschließung in Anstalten zu verlegen, die ausschließlich für Frauen bestimmt sind. Falls solche Anstalten nicht bestehen und auch nicht eingerichtet werden können, sind die Betroffenen unter strenger Verantwortlichkeit der Richter oder Gerichte, die die Maßregel angeordnet haben, und der Beamten, die sie vollstrecken oder vollstrecken lassen, völlig getrennt von Personen männlichen Geschlechts zu halten.

B. In jeder einzelnen Anstalt ist ein besonderer, die Erziehung, Heilung oder die Arbeit in der Anstalt umfassender Behandlungsplan aufzustellen, der die kriminologisch bedeutsamen Neigungen und Gewohnheiten und ganz allgemein die Gefährlichkeit des einzelnen Sicherungsverwahrten zu berücksichtigen hat. Zu diesem Zweck hat die Anstaltsleitung dem Richter oder Gericht, die die Maßnahme verhängt haben, mindestens allmonatlich oder, falls erforderlich oder besonders angeordnet, auch öfter über den Zustand der ihr anvertrauten Sicherungsverwahrten Bericht zu erstatten.

Artikel 594

A. Die sichernden Maßregeln erlöschen:

1. durch den Tod des Betroffenen;
2. durch Ablauf der für die auferlegte Maßregel maßgeblichen Vollstreckungsdauer;
3. durch Amnestie oder Gnadenerweis, sofern diese die auferlegte sichernde Maßregel besonders ergreifen;
4. durch Widerruf seitens des Richters oder Gerichtes;
5. durch Wegfall der Anzeichen der Gefährlichkeit, des gefährlichen Zustandes oder der Gefahr.

B. In den Fällen 4 und 5 des vorangehenden Absatzes erlöschen diejenigen sichernden Maßregeln, für die eine gesetzliche Mindestfrist in diesem Buch vorgesehen ist, erst dann, wenn diese gesetzliche Mindestfrist verstrichen ist.

Kolibri 360 GmbH
Ferdinand-Jühlke-Straße 7
99095 Erfurt, Deutschland
produktsicherheit@kolibri360.de